Herman Bang
Exzentrische Existenzen

Erzählungen und Reportagen

Herausgegeben, übersetzt
und mit einem Nachwort versehen
von Ulrich Sonnenberg

Insel Verlag

© Insel Verlag Frankfurt am Main und Leipzig 2007
Alle Rechte vorbehalten,
insbesondere das des öffentlichen Vortrags
sowie der Übertragung durch Rundfunk und Fernsehen,
auch einzelner Teile.
Kein Teil des Werkes darf in irgendeiner Form
(durch Fotografie, Mikrofilm oder andere Verfahren)
ohne schriftliche Genehmigung des Verlages reproduziert
oder unter Verwendung elektronischer Systeme
verarbeitet, vervielfältigt oder verbreitet werden.
Druck: Druckhaus Nomos, Sinzheim
Printed in Germany
ISBN 978-3-458-17341-0

1 2 3 4 5 6 − 12 11 10 09 08 07

Inhalt

Erzählungen

Stille Existenzen

Ein kleiner Seitenweg führte hinunter zum Haus, ein kleiner Seitenweg mit Weidenbäumen an beiden Seiten und voll mit sehr großen Steinen, die eine Kutschfahrt gefährlich werden ließen; aber das war im Grunde nicht weiter schlimm, denn auf diesem Weg fuhren niemals Kutschen. Pastor Skeel besaß weder Pferd noch Wagen, und wollte er zu seiner Gemeinde oder seine Frau zum Einkaufen in die Stadt, dann mußten sie zu Fuß gehen; es sei denn, der Bezirkspastor bot ihm als Dank für eine Haustaufe, die Skeel seinem Kollegen abgenommen hatte, einen Platz in seiner Kalesche an. Der Bezirkspastor war ein einigermaßen beleibter und auch ein etwas träger Mann, der ein kleineres Amt mit nur einer Kirche einem größeren mit zweien vorgezogen hatte, außerdem hielt er nichts von Haustaufen. Im übrigen versäumte der taube Skeel ja nichts: sein grönländisches Gesangbuch würde früh genug fertig werden. Daher sah man nicht selten Pastor Skeels gebeugte Gestalt in vollem Ornat den kleinen Weg mit den Weiden und den großen Steinen hinaufgehen und wieder heimkommen; mal um zu taufen, dann wieder, um einem armen Sterbenden den letzten Trost zu spenden. Und wenn er auf diese Weise den Aufgaben seines heiligen Amtes nachkam, sah er so glücklich aus, daß man dem Bezirkspastor beinahe recht geben mochte, wenn er meinte – der Doktor war da indes etwas anderer Ansicht –, es wäre doch geradezu eine Gnade, den tauben Mann in dieses Hundewetter mit Schneegestöber, Hagel und einem beißenden Nordwind zu jagen.

Abgesehen davon war Pastor Skeel nahezu immer daheim. Seine Taubheit war ihm unangenehm, und nur ungern wollte er jemandem zur Last fallen. Darum hatte er sich im vergangenen Winter auch aus der L'hombre-Runde zurückgezogen, in der er bisher mit dem Bezirkspastor und dem Arzt gespielt hatte. Eigentlich liebte er eine kleine Partie bis zu einem Einsatz von zwanzig und einer halben Øre, doch seine Frau hatte bemerkt, daß er den anderen beschwerlich war. Und so beschloß er mit einem kleinen resignierten Seufzer, für den folgenden Dienstag abzusagen, und seither war der Landvermesser zum dritten Mann mit einem schärferen Gehör geworden.

Skeel blieb zu Haus in seinem ethnographischen Museum, wie die junge Frau des Arztes sein Haus launig bezeichnete. Und tatsächlich war es beinahe ein Museum, eine eigentümliche Ansammlung von altem, unbequemem Mobiliar: Stühle mit geraden, hohen Rückenlehnen; klobige, kalte Schränke mit den traditionellen Verzierungen aus der Zeit des frühen Empire; alte, vergilbte Bilder mit Pinselstrichen, die kaum noch zu erkennen waren; chinesische Kuriositäten, die ein Verwandter seiner Frau aus dem Land des Konfuzius mit nach Hause gebracht hatte: Fächer und närrische Schächtelchen, die stets eine kleinere enthielten; ein Seidenmantel für eine chinesische Schönheit; ein mit kalten, klaren Farben gemaltes Portrait des schlitzäugigen Steuermanns; ganze Reihen von langen, mit Segelgarn umwickelten Pfeifen mit kostbar bemalten Köpfen, Napoleon, Josefine und Marschall Ney. Und dann all die Dinge aus Grönland: Eiderdaunendecken und kunstvolle, aus Vogelfedern gearbeitete Lampenuntersetzer; große Vogeleier und weiche Felle, Messer und Hausrat; und natürlich die Miniatur seiner Dienstwohnung dort oben, an langen Tagen mit einem einzigen Messer im Schein einer Tranleuchte geschnitzt. Das Dach läßt sich abnehmen, und im Wohnzimmer steht jedes einzelne Möbelstück genau nachgebildet an seinem rechten Platz. Und die Kirche mit allen Bankreihen und der Kanzel, an der Wand sind ebendie Psalmen angeschlagen, die von der Gemeinde gesungen wurden, als er zum letzten Mal zu ihr sprach. Welch ungeheure, die Geduld auf eine harte Probe stellende Arbeit, all das mit einem einfachen Messer zustande zu bringen! Und vor allem, welch eine naive Hingabe gehörte dazu, so etwas zu tun.

Ja, das Haus war ein Museum, doch für ihn und seine Frau waren die Kuriositäten Erinnerungen, und noch das kleinste Vogelei ein Andenken. Sie hatten ihn so sehr geliebt dort oben – aber dann kam die Taubheit, und nun saß er hier an dem kleinen Weg mit dreihundert Reichstalern als Pension und seinem grönländischen Gesangbuch.

Es war auf einer seiner langen Fahrten geschehen, dort oben im Land des Schnees, wo es im Schlitten über gefrorenes Land und das gefrorene Meer ging, sobald man an einen Fjord kam. Sein Ziel waren einige einsame Hütten im Süden gewesen, südlich der Kolonie. Es war etwas Neues, daß der Pastor derartige Reisen unternahm, um in jeder einzelnen Hütte von ihm zu erzählen, der zum Ärmsten und Geringsten von allen wurde, um die Geringen zu erlösen. Doch Pastor Skeel tat es … Aber dann auf einer dieser Fahrten, als er sich draußen auf dem Fjord befand, begann sich das Eis plötzlich zu verschieben … Gerettet wurde er, und er setzte die Reise zu den Hütten südlich der Kolonie sogar noch fort; als er jedoch nach Hause kam, hatte er sein Gehör fast verloren. Immerhin hatte er acht Stunden mit dem ganzen Unterkörper im eiskalten Wasser zubringen müssen.

Und die Augen seiner Frau litten unter dem Anblick des ewigen Schnees, glitzernd und glänzend wie tausend Edelsteine. Sie erblindete beinahe. Also kehrten sie heim, und nun saßen sie in dem weißen Haus an dem kleinen Weg, und niemand wußte von ihren Entsagungen oder bewunderte ihre Opfer. Aber das verlangten sie auch nicht.

Die Sonne lodert und glüht und taucht das Rosenbeet in ein gleißendes Feuerbad. Still liegt die Hitze über den mit

Kies bestreuten Wegen und der halbversenkten Rasenfläche. Die Spalierkirschen beginnen sich in der Glut zu röten. Sogar den Spatzen, die sich gewöhnlich im Sonnenschein tummeln, ist es zu heiß, sie verbergen sich hinter den Blättern des Rotdorns.

In der Gartenlaube mit dem grünen Tisch und den grünen Bänken ist es kühl und frisch. Der wilde Wein wuchert und hält mit seinen dichten Blättern die Sonne ab. Darum haben sie sich nach dem Mittagessen hierhergesetzt.

Der Vormittag geht mit der Übersetzung des Gesangbuchs dahin; er übersetzt langsam, er hat ja keine Eile; und wenn ein Lied fertig ist, feilt er noch lange daran. Oft greift er zu dem Manuskript, den langen Stunden liebevoller Arbeit, und freut sich leise, daß all diese schönen Lieder nun auch für die dort oben im Land der langen Nächte gesungen werden.

Sie beschäftigt sich im Haus, bereitet das Essen vor, kocht. Dann kommt die Mittagszeit, und sie stellt die Mahlzeit auf den Tisch – immer eines seiner einfachen Lieblingsgerichte, die übrigens im Lauf der Zeit auch ihre geworden sind. Nach Tisch setzen sie sich ins Wohnzimmer, und er liest ihr vor. Monoton, so wie Taube es tun, die ihre eigene Stimme nur wie ein undeutliches Gemurmel zu hören scheinen, einschläfernd und ohne Nuancen. Doch sie hört ihm immer wieder gern zu, so wie damals, als er ihr während ihrer Verlobungszeit zum ersten Mal aus »Axel und Walburg« vorlas.

Bisweilen unterbricht er sich und fragt etwas. Der eine weiß stets, was der andere antworten wird, aber sie stellen die Fragen dennoch, nur um die Antworten zu hören, die sie von vornherein vermuten.

»Das ist eine dumme Geschichte, Jakob«, sagt sie.

»Was sagst du?« fragt er mit der Hand hinter dem Ohr.

»Ich sage, es ist eine dumme Geschichte … so geht es nicht zu auf der Welt.«

Er lacht. »Du schließt von uns auf andere, Frau«, sagt er. »Allerdings war es mit uns nun auch sehr einfach. Du warst leicht einzufangen, Mutter.«

Er nennt seine Frau oft »Mutter«, es stammt aus der Zeit, als ihr Junge noch lebte – der einzige, den sie hatten, und den sie dort oben im Schnee begraben mußten.

»Das ist nicht wahr, Jakob«, sagt sie und errötet. »Du hattest nur nicht den Mut, darum wollte ich dir helfen …«

»Ja, sicher. Und als ich dann die rote Rose pflückte und sie dir gab, hast du sie ohne weiteres geküßt …«

»Nun ja, und dann?«

»Tja, dann waren wir verlobt …«

»Hast du es etwa bereut, Jakob?« fragt sie schelmisch direkt in sein Ohr. Und da sie schon so nah ist, schließt er ihr den Mund mit einem Kuß.

Aber was er gesagt hat, ist wahr. Er war damals Kaplan bei ihrem Vater. Sie war zwanzig Jahre alt, groß und blond und schlank; ihre Augen strahlten, und ihre Wangen waren rot, voll und rund wie eine reife Frucht. Und er liebte sie furchtsam und ängstlich wie ein Kind. Während des Tischgebets und in der Kirche, wenn er predigte, hatte er nur Augen für sie, und oft bat er seinen Gott um Vergebung, daß er mehr an Maries Schönheit als an seinen Seelenfrieden dachte. Und doch wagte er es nicht, die Unruhe seiner Seele zu besänftigen und sie zu fragen und um ihre Hand anzuhalten.

Dann eines Tages geschah es, daß sie sich im Garten des Pfarrhauses begegneten. Sie trug einen Korb Erdbeeren, den sie einem Kranken bringen wollte. Als er sie ganz am Ende des Gartenweges sah, erschrak er und wollte wieder umkehren. Doch sie hatte ihn ebenfalls gesehen und rief ihn an – rasch lief sie den Weg hinauf und ging neben ihm. Wie schön sie war. Die Rundung der Wangen, das weiße Tuch, das locker hinter ihrem Ohr steckte – einem hübschen, hellroten Ohr –, und die Nase, die sich ein ganz klein wenig nach oben bog, nur ein ganz klein wenig. Und dann dieses Lächeln, das fast immer ihren Mund umspielte und ihn wie immer so ängstlich werden ließ.

Er wollte etwas sagen – irgend etwas. Doch dieses irgend etwas konnte er nicht herausbringen; vielleicht weil er in Wahrheit nur eines sagen wollte – und das blieb ihm im Halse stecken.

»Woran denken Sie?« fragte sie, als sie den halben Weg hinter sich hatten.

»An nichts«, sagte er leise und wandte den Kopf ab, denn er spürte, wie er errötete.

»An nichts«, wiederholte sie lächelnd und sah zu ihm hinüber; er war einfach stehengeblieben und riß, während er so dastand, die Rosen ab und verstreute die Blätter auf der Erde.

»Aber Skeel, Sie plündern ja völlig sinnlos die Rosen …« Er errötete noch tiefer, zuckte zusammen und hörte sofort auf.

»Ja …«, sagte er mechanisch.

»Man kann Rosen vernünftiger nutzen, als ihnen die Blätter abzureißen«, sagte sie und lächelte noch immer. So ein schalkhaftes Lächeln, das ganz unten in den Mundwinkeln saß und sich nicht beherrschen ließ.

»Ja«, er drehte sich um, als hätte er einen Stoß bekommen, »man könnte …« Er stolperte über seine Worte, versuchte es noch einmal und öffnete halb den Mund … Aber nein, es wollte nicht heraus. Dann gab er es auf.

»Zum Beispiel könnten Sie mir eine geben«, sagte Marie und trat einen Schritt vor. Das Lächeln hatte nun vollends die Macht übernommen.

»Ja.« Er wollte wegsehen, hinunter auf den Boden oder nach rechts, nur sie nicht ansehen. Doch sie zog seinen Blick an sich, und furchtsam und bittend schaute er auf.

»Dann machen Sie es doch«, lachte sie und trat ganz nah an ihn heran, wobei das hellrote Ohr noch stärker errötete.

Er nahm eine Rose und reichte sie ihr mit zitternder Hand. Was war das? Führte sie die Rose an ihre Lippen, küßte sie seine Blume?

Ja – und dann waren sie verlobt. »Ich pflückte eine Rose«, pflegte er zu sagen, »tja, und dann hatte ich sie …«

Gegen Abend gehen sie den kleinen Weg entlang, sie eingehakt an seinem Arm. Sie setzen sich auf die Brücke am Moor und schauen nach Westen … auf die rötlich schimmernden Wolken der Abendsonne.

So vergeht der Tag in dem weißen Haus an dem kleinen Weg, während der Sommer den Winter ablöst und der Winter den Sommer. Und es ist zu hoffen, daß der taube Pastor sein grönländisches Gesangbuch beenden darf, bevor sich seine Augen schließen.

Denn es gibt nur wenige, die eine Arbeit lieben, die ihnen außer ein paar Eskimos niemand dankt und die den Lohn nur in sich selbst trägt.

Pernille

»Aber so beeilen Sie sich doch, Jungfer Olsen«, sagt sie, während sie in Pernilles kleinen, spangenbesetzten Schuhen auf der Stelle trippelt. »Es ist bereits nach neun.«

Sie hat sich so unmäßig auf diesen Karneval gefreut. Noch nie war sie beim Karneval gewesen, nun ja, das heißt, einmal bei einer Maskerade: zu Hause hatten Pastors einmal einen Kostümball gegeben, sie war eine Pierette gewesen, und der Gutsverwalter hatte sie während einer Mazurka umworben. Er ging als Landsknecht aus Wallensteins Zeit und trug einen großen Knebelbart, um seine Hasenscharte zu verbergen. Aber das war nichts Rechtes, sie kannten sich ja alle untereinander und hatten daher auch gleich die Masken abgenommen ... Aber heute abend war es richtig, groß, unglaublich schön ... so ... ja, eigentlich wußte sie ja gar nicht so genau, wie ... Aber sie freute sich, zog an ihren langen Handschuhen und zupfte an der weißen Schürze der Pernille ...

»Könnte das Fräulein bitte ein bißchen stillstehen«, sagt Jungfer Olsen ungerührt. »Sonst piekse ich das Fräulein noch.«

»Ja, natürlich, Jungfer Olsen, nur ich freue mich doch so wahnsinnig, so unglaublich, Jungfer Olsen.«

»Das Fräulein wird doch schon mal getanzt haben«, sagt Jungfer Olsen, während sie Pernilles Hut an den Haaren feststeckt.

»Ja, getanzt schon«, erwidert Pernille mitleidig, »aber man geht doch nicht zum Karneval wegen des Tanzes, Jungfer Olsen. Bestimmt nicht wegen des Tanzes – es ist etwas ... etwas ganz anderes.«

Und Pernille lacht in den Spiegel.

»Meinen Sie, daß es viele Pernilles geben wird, Jungfer Olsen?« fragt sie.

»Das weiß ich wirklich nicht, mein Fräulein.«

»Na ja, aber ganz bestimmt nicht sehr viele, die so perfekt sind wie ich, denn Onkel Bernhard hat mir eine Zeichnung gegeben.« Und dann lächelt sie ihrem eigenen Spiegelbild zu. »Vielleicht auch nicht sehr viele, die so hübsch sind wie ich«, denkt Pernille und errötet bei dem Gedanken, denn sie findet sich selbst reizend.

Sie schaut auf die ansehnliche Gestalt und auf den Hut, der ein wenig schräg sitzt.

– Ja, sagt sie sich, nett sehe ich aus, und vor Freude beginnt sie zu summen.

»Waren Sie noch nie beim Karneval, Jungfer Olsen?« fragt sie und schaut dabei weiter in den Spiegel.

»Nein, mein Fräulein.«

»Arme Jungfer Olsen«, sagt Pernille.

Und dann fährt sie mit Onkel William und Tante Fanny davon.

Was für ein Herzklopfen sie im Wagen hat, sie spürt, wie sie rot und bleich zugleich wird und wie klamm ihre Hände sind.

»Nun, Marie«, sagt Onkel William.

»Ach, Onkel, ich freue mich so maßlos, aber ich weiß nicht – wenn wir doch bloß schon da wären. Ich bin so verwirrt. Es ist die Freude.«

»Nein, Onkel William, das ist doch abscheulich, überhaupt nicht so, wie ich es mir vorgestellt habe«, sagt Pernille. »Die Masken glotzen so garstig.« Sie hängt sich fest an seinen Arm, ängstlich und ganz erschrocken. »Und dieser gräßliche Henrik verfolgt mich die ganze Zeit ...«

»Und ich dachte, du wolltest dich amüsieren«, sagt die Tante.

»Nun ja, ich amüsiere mich ja auch, Tante« – sie versteckt

sich ganz hinter dem Onkel – »aber ich hatte gedacht, daß
… wo wohl Herr Herløv ist?« fragt sie dann übergangslos
und ein bißchen hastig.

»Weiß der Himmel. Er hat bei Großhändler Bechwiths zu
Abend gegessen. Natürlich kann er die Gesellschaft und die
hübsche Frau Kramer nicht einfach so verlassen.«

»Nein«, sagt Pernille, »natürlich kann er das nicht.« Ohne
ein weiteres Wort geht sie ein wenig auf und ab. Dann sagt
sie noch einmal, »natürlich nicht.«

Doch Herr Herløv kam.

Sie sitzen hinter ein paar hohen Pflanzen – Pernille und
er –, sie sitzen bereits seit einer ganzen Weile dort, und Onkel William ist verzweifelt, weil er sie nicht finden kann.

»Aber – ich habe Sie doch sofort wiedererkannt, Herr
Herløv. Ich hätte Sie unter Tausenden erkennen können.
Nur mich haben Sie nicht erkannt.« Sie sieht sich ein wenig
um. »Die Leute sehen doch lächerlich aus, oder? Finden Sie
nicht?«

»Tja – a, es ist schon schwierig genug, seine eigene Kleidung zu tragen, aber die anderer Leute, das ist so gut wie
unmöglich …«

»Ich hatte mir Karneval ganz anders vorgestellt«, sagt Pernille und schiebt ihren kleinen Schuh ein Stück unter dem
Kleid hervor.

»Was haben Sie sich denn vorgestellt, mein Fräulein?«
fragt er lächelnd.

»Ach, eigentlich habe ich etwas Dummes gedacht – jetzt
sehe ich es ein. Aber ich hatte geglaubt, daß die Menschen
alle viel hübscher wären und daß … daß es viel mehr Ritter
gäbe …«

Er lacht.

»Ja, es war dumm, aber jetzt bin ich froh, daß ich mich so
wunderbar amüsiere.«

Der Lärm des Karnevals umschwirrte sie, sie saßen im

Schutz der dichten Büsche. Aus dem Tanzsaal war der verwirrende Klang der Orchestermelodien zu hören. Hin und wieder, wenn der Lärm anschwoll, mußten sie sich ganz dicht zueinander beugen, um zu verstehen, was sie sagten.

Pernille schien der Platz hinter den Lorbeerbäumen ein herrliches Versteck zu sein, und Herløv vergaß die andere Gesellschaft vollkommen. Sie war so bezaubernd; diese anmutige kleine Pernille war ein ganzer Frühling, und es gab viele Frau Kramers. Frau Kramer konnte er auch morgen, übermorgen, jeden Tag noch sehen, aber Pernille war der Frühling, unberührt und frisch, anmutig und bezaubernd. Er ergab sich diesem Zauber. Die ganze Zeit über wunderte er sich, daß er bisher nie bemerkt hatte, wie hübsch und frisch sie war. Er hatte sie immer für recht nett und anspruchslos gehalten, und doch hatte er sie nie wirklich gesehen. Aber jetzt, heute abend, war er überwältigt von ihr.

»Sie sind reizend, Fräulein Holm«, sagte er plötzlich, »ganz reizend.«

Und sie war reizend: Ihre roten Lippen lächelten, die Augen lachten, der Glanz des Glücks lag verzaubernd über ihren Zügen. Die kleine Pernille war verliebt. Zum ersten Mal verliebt. Alles wird zu Träumen und Wünschen, zu unwillkürlichem Wohlbehagen und zur Sehnsucht. Die erste Leidenschaft ist die allererste Frucht der Liebe, geboren in der Kindheit des Herzens an einem Frühlingstag der Seele. Die Blume öffnet sich zur Hälfte, und der Sonnenstrahl, der ihre weißen Becher küßt, dringt spielerisch zwischen ihre Blätter ... Es ist das erste Mal, daß sie von der Sonne geküßt wird.

Doch Marie liebte ihn seit langem, den ganzen Winter schon, so lange, wie sie hier war und Unterricht nahm. Es war eine Liebe, die nur von wenigem lebte, von einem Blick, einer flüchtigen Begegnung, einem Händedruck. Wer so liebt wie sie, braucht keine Worte, sie ist glücklich, wenn sie ihn nur sieht – und sie braucht auch keine Gunst, sie würde sich ihrer nur unwürdig fühlen.

An den Tagen, an denen sie ihm begegnete, schien es ihr, als wären alle Menschen glücklicher und die Sonne würde heller scheinen; noch viele Stunden später spürte sie seinen Händedruck und sehnte sich nach ihm, wenn sie ihn nicht sah. Aber niemals hatte sie daran gedacht, ihn zu küssen.

In diesem Winkel, hinter dem Lorbeer, begann ihre Liebe zu wachsen. Sie wurde geweckt von den Melodien der Musik, entfaltete sich unter der Hitze des Karnevals und schöpfte Mut in dieser fröhlichen Nacht.

»Wollen wir tanzen?« fragte Herløv.

Sie tanzten.

Ach, wie schön klang diese Musik, wie der Gesang der Vögel, dachte Pernille, aber sie sagte es nicht, sie wagte es nicht; er würde sie auslachen, er lachte so oft, wenn sie davon erzählte, was sie in ihrem tiefsten Inneren wirklich fühlte. Sie waren ja auch dumm und affektiert, all diese Dinge, die man sich insgeheim selbst anvertraute. Sie mochte nicht sprechen, lieber wollte sie ganz ruhig in seinem Arm liegen und sich tragen lassen – weit, weit weg tragen lassen. Sie legte den Kopf an seine Schulter. Wie sicher er sie führte! Man fühlte sich so geborgen in seinen Armen. Wenn ihre Mutter hier wäre, sie würde weinen! Sie würde sich zu ihr legen und richtig ausweinen – lange, lange.

Sie spürte, er gehörte ihr, ganz und gar ihr, sanft sah er auf sie herab, fragend und lächelnd. Vielleicht war da etwas in seinem Lächeln, das sie nicht richtig verstand, etwas, das sie seltsam ängstlich und schüchtern werden ließ, und doch war sie glücklich. Es mußte Liebe sein, so wie er sie ansah und so sicher, wie er sie davontrug – es mußte Liebe sein ...

Er führte sie von der Tanzfläche, hinaus aus dem Saal. Beiden war heiß geworden, sie mußten verschnaufen – der Atem ging ein wenig schneller, rote Flecken zeigten sich auf den Wangen. Fast hing sie ein bißchen zu fest an seinem Arm, doch er hatte große Angst, daß sie jemand in dem Gedränge anrempeln könnte.

Sie setzten sich in einen kühlen Saal.

»Hier ist es wunderbar«, sagte sie und lehnte sich gegen das Bassin des Springbrunnens. »Aber drinnen war es auch schön«, fügte sie hinzu und sah zu ihm auf.

»Nur so ein furchtbares Gedränge«, sagte er.

»Ach ja? Mir kam es gar nicht so vor.«

Sie saßen eng beieinander, in einer Vertiefung des Bekkenrandes. Sie sprachen nicht viel. Wenn sie schwiegen, konnten sie ganz leise die Musik von oben hören, das schien ihnen beiden am schönsten. Sie mußten nicht sprechen, sie waren glücklich, nur hier zusammenzusitzen. Hinter ihnen plätscherte leise der Springbrunnen, so sanft, als plaudere er im Takt der Musik, die von oben aus dem Tanzsaal zu hören war.

Doch dann begann ihr Schweigen Pernille zu verwirren, und sie wollte es brechen.

»Wie haben Sie sich amüsiert?« fragte sie. Und als sie das sagte, bekam sie einen roten Kopf: Sie wußte doch genau, daß er sich gut amüsiert hatte.

»Ausgezeichnet natürlich«, erwiderte er, und beide lächelten, als sich ihre Blicke trafen. »Und Sie?«

»Ich? Oh, ich hätte es niemals für möglich gehalten, daß man sich so wunderbar amüsieren kann.«

Dann verstummten sie wieder. Der Springbrunnen murmelte unaufhörlich. Pernille hatte das Gefühl, als wollte er etwas sagen, aber sie wagte nicht, ihm zuzuhören …

Er sah sie an, er hatte ihre Hand genommen, sprach gedämpft. Und während die Stunden der Nacht vergingen, wurden mehr als nur halbe Worte gewechselt und ganze Versprechungen gegeben.

Als er ihr in den Mantel half, küßte er sie in den Nacken,

direkt unter den Haaransatz. Das Blut schien ihr zu brennen, dort aufzulodern, wo er sie geküßt hatte, und sie sah ihn an. Sie hatte Tränen in den Augen.

»Nein, Tante, ich werde mich nicht erkälten«, ruft sie. Sie schließt die Tür und dreht den Schlüssel zweimal um. Sie muß allein sein, ganz allein. Sie hat das Bedürfnis, ihre Gedanken zu ordnen, sich selbst zu erzählen, was sie erlebt hat.

Aber sie will noch nicht mit dem Denken beginnen; sie will zuerst ins Bett, und dann will sie dort ganz ruhig liegen und alles noch einmal durchträumen ... Nur schnell ins Bett ...

Ja, es ist herrlich zu lieben, so herrlich, daß sie überhaupt nicht weiß, wie sie es fassen soll. Wie in ein großes Meer kann sie in ihr Glück eintauchen. Lange lag sie ganz still da, mit gefalteten Händen und geschlossenen Augen. Hin und wieder lächelte sie, ein sanftes, langlebiges Lächeln. Dann schüttelte sie kurz den Kopf und stand auf, um das Licht zu löschen, sie griff zur Kerze und setzte die Füße auf den Teppich.

Mit der Kerze in der Hand ging sie durchs Zimmer, blieb vor dem Spiegel stehen und hob die Kerze, damit der Lichtschein auf ihr Gesicht fiel, dann lächelte sie, errötete und pustete die Kerze hastig aus ... und tänzelte in der Dunkelheit über den Teppich zurück. Plötzlich begann sie, den Walzer zu summen, den sie mit ihm getanzt hatte, lange lag sie da und sang ihn leise vor sich hin. Und schließlich schlief sie ein, eingelullt von ihrem eigenen Gesang.

Es war schon spät am Tag, als sie erwachte. Zunächst hatte sie Mühe, sich zurechtzufinden, doch als sie nach und nach zu sich kam, tauchte sie ein in ein unendlich seliges Wohlbehagen, eine Geborgenheit, die sie mehr anrührte, als ihr selbst bewußt war. Dann verspürte sie eine heftige Sehnsucht, ihn zu sehen. Aber er mußte ja im Lauf des Tages kommen.

Am Nachmittag kam der Onkel mit einem Brief.

»Er ist für dich, Marie«, sagte er, »welcher Satan mag dir wohl geschrieben haben?«

Marie rang nach Atem. Sie fühlte einen Stich in der Brust, nahm den Brief.

Ja – er war von ihm, sie erkannte die Handschrift, er hatte einmal ein paar Worte an die Tante auf die Rückseite einer Visitenkarte geschrieben … warum wagte sie nicht, ihn zu öffnen?

Sie faltete den Brief auseinander. Nicht mehr als drei Zeilen standen dort. Ihre Hand zitterte.

»Auch für Sie, mein Fräulein, ist all das, was gestern abend geschah, ja nur ein glücklicher Spaß gewesen.«

Der Brief entglitt ihren Händen. Als würden ihre Gefühle gefrieren und ihre Atemzüge keuchend in der Brust ersterben. Sie sah nur den Brief, der an ihrem Kleid herabfiel. Das Papier war ein grauer Fleck in all dem Schwarz.

»Na, von wem ist er?« fragte der Onkel.

»Von Herrn Ingerslev«, sagte sie. »Er bittet mich, morgen zu spielen.«

Gern wäre sie aus dem Zimmer gegangen, doch in ihrem Schoß lag so etwas wie ein schweres Gewicht. Sie konnte nicht aufstehen … »Ein Spaß – ein Spaß« – sie lehnte den Kopf an die Wand und schloß die Augen. Sie spürte, daß ihre Wangen eiskalt waren …

Ein Spaß – ein glücklicher Spaß …

Vor dem Altar

Da ist er!

Die Hälse werden gereckt, die Augen mit Operngläsern bewaffnet. Der Bräutigam schreitet mit seinem Trauzeugen durch die Kirche, durch ein Spalier von neugierigen Köpfen und aneinandergedrängten Körpern. Er ist groß, dunkel, vielleicht etwas zu schlank; das weiße Hemd ist glatt und faltenlos, sein Chapeau-bas blau gefüttert. Wenn man genau hinsieht, scheint er unter den Augen geschminkt zu sein − möglicherweise sind es aber auch nur dunkle Ringe. Und während er hinauf zum Chor geht, folgt ihm von Zuschauer zu Zuschauer ein flüsterndes Gemurmel: Er ist umgeben vom Raunen seiner Vergangenheit.

»Wie alt ist er?« − »Dreißig ... na ja, er war mal hübsch, aber jetzt ist wirklich nicht mehr viel an ihm dran.« − »Nein, das ist wohl wahr: Er ist ja völlig kahl.« − »Ja, und das ist auch kein Wunder ...«

»Wo sie wohl ist?« − »Wer?« − »Emilie, ich kannte sie gut, die Ärmste, sie nähte bei der Etaträtin.« − »Und dann hat er?« − »Sie kam dann jedenfalls ins Stift ...«

»Sie erinnern sich doch noch an sie ... Mein Gott, so was liest man doch ständig in der Zeitung ... Fanny Jansen, die im Tivoli gesungen hat − wir wohnten doch damals in der Skindergade. Sie erinnern sich doch, Kammerrats wohnten oben, und wir zogen aus, weil sie immer das Wasser im Ausguß stehen ließen. Vierzehn Jahre ist das jetzt her. Wie die Zeit vergeht!« −

»Natürlich waren sie verlobt, Emilie; ich weiß es doch von Augusta persönlich. Aber dann löste sie die Verlobung auf, weil ... uh, nein, das kann ich nicht erzählen ... er benahm sich abscheulich!« − »Abscheulich?« − »Ja, einmal im Treppenhaus, und danach hat sie das beendet ...«

Er hat den Chor erreicht. Man zieht die Köpfe ein, man setzt sich, man kommt zur Ruhe. Die Bankreihen sind überwiegend von Damen besetzt: alte Freundinnen der Familie; junge Mädchen, die es wunderbar finden, Hochzeiten zuzuschauen; Klatschweiber, die eine Stunde totzuschlagen suchen; flatterhafte Wesen, die nichts zu tun haben und die Kirche für ein Theater halten; Näherinnen, die die Moden studieren; Dienstmädchen, die gekommen sind, um das Paar zu bewundern oder zu beneiden. – Und alle bringen sie den Staub der Straße mit, den Dreck der Rinnsteine und das Alltagsgeschwätz.

Die Kirche ist bis auf den letzten Platz gefüllt. Das verworrene Flüstern, das leise Gemurmel, das anschwillt und wieder abfällt, wirkt einschläfernd. Das Licht der angezündeten Kandelaber kämpft mit dem Tageslicht: Ein gelbgrauer, kalter Schimmer liegt über dem Kirchenraum. Thorvaldsens Apostel wirken noch strenger in diesem graukalten Licht; Christus steht wie immer mit ausgestreckten Händen über dem Altar, als richte er eine Bitte an diese Menge, über die er eigentlich gebieten sollte. Der flackernde Schein der Gaslampen zeichnet eine beinahe lebendige Mimik in ihre Gesichtszüge.

Am Vormittag fand eine Beerdigung statt ... die Kandelaber waren mit Flor umwunden, und vor dem Chor stand ein Sarg, mit Blumen bedeckt. Im übrigen war alles gleich. Unten in der Kirche ein flüsterndes Gemurmel, eine Gruppe von Männern, die über Geschäfte sprechen, sich Anekdoten erzählen, lästern. Die strengen Apostel betrachteten die Menge mit dem gleichen kalten Blick, und am Altar streckte Christus dieselben Hände in derselben Weise aus ... hier und da ein feuchtes Auge ... ansonsten alles ganz genauso.

Es kommt wieder Leben in die Menge. Man reckt den Hals, man drängelt, man schubst.

Es ist eine Dame in Blau. Unmäßig dick, mit einem großen, runden Gesicht und Vergißmeinnicht im Haar. Dann folgen in kurzen Abständen die übrigen Hochzeitsgäste, die Herren mit einem nervösen Zittern in den Knien, die Damen keck, mit rundum entblößten Hälsen, langen Schleppen und Rosenbuketts in den Händen. Das bewundernde Murmeln der Zuschauer läßt die Wangen erröten, man sieht sich um, nickt einem Bekannten zu.

Da ist der Bruder der Braut, der Maler. Er hat sich das Haar kräuseln lassen, sein weißes Halstuch ist aus Seide und unglaublich groß. Dennoch kann er mit seiner Berühmtheit nicht recht umgehen und verliert beinahe seinen Zylinder, den er linkisch in den Händen hält.

Zum Schluß erscheint die Etaträtin: eine ältere Dame, groß, stattlich, in einem stahlgrauen Seidenkleid mit breiter Schleppe.

Wieder wird gemurmelt …

»Der Etatrat stand doch am Rande des Ruins … während der Krise, Sie erinnern sich … Und dann opferte sich seine Frau.« – »Opferte sich?« – »Ja, damals war sie ja noch eine junge Frau und eine ungewöhnlich hübsche Frau …« – »Mein Gott, das ist doch nicht möglich!« – »So? Na ja, wenn Sie's besser wissen.« – »Nein, aber es ist so entsetzlich.« – »Ja, da haben Sie wohl recht, aber wahr ist es trotzdem. Und dann reiste sie Hals über Kopf nach London, und ihr Mann wurde von Konsul G. gerettet – ach ja, einer der Hausfreunde hat ein so komisches Lied über die Reise geschrieben.« – »Aber der Etatrat?« – »Ach, liebes Fräulein Liisberg, der Etatrat … So sind die Männer.«

Die Leute werden ungeduldig, ständig stehen sie auf und setzen sich wieder. Die Herren des Gefolges zerknüllen die Hochzeitslieder zwischen den Fingern, der ein oder andere ruft sich die Rede, die er bei Tisch halten will, noch einmal ins Gedächtnis; ein junger Marineoffizier kokettiert mit einer Dame in Rosa; einige gähnen, ohne es zu verbergen;

zwei Studenten unterhalten sich halblaut und lachen hinter ihren parfümierten Taschentüchern. Die Damen sitzen wie die Sperlingspapageien auf der Stange. Die Gaslampen werfen ein unruhiges Licht auf die blendenden Farben, die weißen Spitzen und die halb entblößten Arme. Auf der Empore werden sie von gierigen Operngläsern verschlungen.

»Sie kommt!«

Drei Schläge an der Tür, die Orgel wird angestimmt. Unten in der Kirche verwirrtes Gedränge, oben im Chor ängstliche Spannung: »Wie wird sie die Schleppe tragen?«

Sie ist mittelgroß, mit aschblondem Haar. Weiche Züge. Wie bei einer edlen Frucht ist die Haut von Flaum überzogen, die Lippen sind sanft geschwungen, darauf ein wehmütiges Lächeln. Der weiße Atlas umfließt sie wie ein schimmernder Strom.

Ihr Vater, der Kammerherr, hält sich aufrecht. Der schwarze Schnurrbart glänzt, und mit dem Pinsel hat er versucht, die Falten seines Gesichts zu verbergen.

»Hübsch!« – »Reizend!« – »Süß!«

Wie ein Brausen hat das Geflüster der Menge ihren Weg begleitet. Jetzt hat sie den Chor erreicht, und die Orgel übertönt die Stimmen der Flüsternden, die Schritte der Gehenden, den Lärm der Türen, die umherschwirrenden Gerüchte.

»Dem Kammerherrn soll es ja finanziell gar nicht gutgehen.« – »Ja, natürlich nicht. Glauben Sie denn, diese aristokratische Familie würde sonst eine derartige Mesalliance gutheißen?« –

»Es heißt, sie sei mit ihrem Vetter verlobt gewesen.« – »Ja, Gott bewahre, das stimmt. Es war eine Kinderverlobung.« – »Aber sie sieht doch sehr glücklich aus.« – »Mein Gott, sie weiß ja nicht, worauf sie sich einläßt, das arme Kind!«

»Ist der Vetter auch hier?« – »Ja, der da, der große Blonde ganz oben in der zweiten Reihe – ein netter Mann.« – »Ei-

27

gentlich eigenartig, daß er dabei ist.« – »Ach was, er wird sich schon zu trösten wissen« ...

Die Orgel verstummt. Der Kammerherr bietet seiner Tochter den Arm und führt sie die Stufen zum Altar hinauf. Der Bräutigam folgt hastig. Der Pastor wendet sich ihnen zu.

Unten in der Kirche wird um Ruhe gezischt, gedrängelt, gelauscht. Vor der Christusfigur, deren Schatten die Nische ausfüllt, steht der Bräutigam, etwas nonchalant und gebückt. Die Braut läßt ihren Blick in dem des Pastors ruhen. Das Licht spielt in den Falten ihres Kleides und spiegelt sich im Diamantschmuck auf ihrer Brust. Die Schleppe, die in den Tüll des Schleiers übergeht, zieht sich über die mit Teppich bezogenen Stufen wie ein schaumbedeckter, blinkender Fluß.

Der Pastor spricht zu ihnen.

Er erinnert an den Ernst der Ehe, er bezeichnet die Ehe als das gemeinsame Streben zweier Seelen zu Gott. Aber dann verläßt er ziemlich schnell die religiöse Seite der Sache – der Etatrat war nicht sonderlich religiös, und auch der Kammerherr wird »nie im Hause Gottes gesehen« – und malt mit sanfter, einschmeichelnder Stimme ein zartes Bild von Agnes' Kindheit; er spricht vom Schatten der Kammerherrin, die aus den fernen Wohnungen ihre Tochter umschwebt, über das mütterliche Auge, dessen liebender Blick den Tod überwindet.

Agnes sieht die zarte Gestalt ihrer Mutter auf dem Sterbebett. Sie selbst kniet neben dem Bett. Aus dem Nebenzimmer hört man das Geräusch der Schritte des Kammerherrn – wenn er sich der Tür nähert, zuckt die Sterbende zusammen. Und Agnes ahnt zum ersten Mal, daß etwas Furchtbares zwischen ihnen stehen muß, zwischen ihm, der dort drinnen rastlos umhergeht, und ihr, ihrer Mutter, die sterben will, ohne ihn zu sehen ...

»Und die Erinnerung an all diese Liebe werden Sie in ihr

neues Heim mit sich nehmen. Es ist schön, wenn Kinder ihr Heim im Schutz trauter Erinnerungen an das Elternhaus bauen können.«

Agnes schaudert, als hätte sie eine kalte Hand berührt.

»Und Sie, mein Bräutigam, preisen Sie sich glücklich! Sie weihen sich an der Schwelle ihres Mannesalters einem edlen Werk: der treue Beschützer einer treuen Ehefrau zu sein. Und bestimmt werden in dieser Stunde auch in Ihrem Herzen friedlich bewahrte Erinnerungen wach: die Erinnerung an einen rechtschaffenen Vater, der Ihnen in jeder Beziehung ein nachahmenswertes Vorbild sein kann …«

Die Etaträtin führt ihr Taschentuch an die Augen – sie hat das Gefühl, als würde sie von einem plötzlichen Schwindel erfaßt. Dann denkt sie an die wachsamen Operngläser und hebt den Kopf, stolzer als zuvor. – Aber sie hört nicht mehr zu. Denn vor ihrem Auge erscheint das Bild eines hohen Eichenholzzimmers in der Stadt, dunkel, mit einem großen Schreibtisch aus Eichenholz zwischen den Fenstern. Und hinter dem Schreibtisch sitzt ein kleiner, schmuddeliger Mann, der sich erhebt, als sie eintritt, sich erhebt und lächelt – lächelt …

Vor dem Altar durchfährt es den Sohn wie ein elektrischer Schlag.

Die Herren sitzen unruhig, rutschen auf ihren Stühlen und schauen in ihre Zylinder. Die Damen putzen sich die Nase oder halten die duftenden Blumenbuketts hoch, um ein Gähnen zu verbergen. Unten in der Kirche ein unablässiges Begleitgemurmel.

Und in der Nische Christus mit den ausgebreiteten Armen.

»Amen!«

Der Pastor greift zum Altarbuch. Es kommt Bewegung in die Gäste. Für die Herren ist das Buch das erste Signal, daß es bald Zeit ist, zu Tisch zu gehen, für die Damen, sich auf den

Aufbruch vorzubereiten. Sie richten ihre Frisuren, stecken die Blumen fester, ordnen eine Falte im Kleid. Hinten, in der dritten Reihe, sitzt eine alte Tante und weint. Man hört ihr Schniefen, als der Pastor die Fragen vorliest.

»Und so frage ich Euch, Adolf Julius Boeck: Habt Ihr Euch mit Gott im Himmel, Eurer eigenen Überzeugung sowie mit Euren Verwandten und Freunden beraten, ob Ihr dieses ehrbare Mädchen, das bei Euch steht, zu Eurer ehelichen Gemahlin nehmen wollt?«

»Ja. Mit Gott im Himmel.« – Ihm fällt ein, wie ihm seine Mutter zum ersten Mal von dieser Partie erzählt hat. Es war in der Nacht nach einem Ball, und er hatte daran gedacht, wie weich sie beim Tanz in seinem Arm gelegen hatte. Dann hatte er gesagt, er würde tun, was er könne. Und nun fragte man ihn, ob er sich mit »Gott im Himmel« beraten habe.

»Wollt Ihr von nun an mit ihr leben, in guten wie in schlechten Zeiten, wollt Ihr, was Gott der Allmächtige Euch auch zufügen mag, mit Eurer Ehegemahlin leben, wie es sich für einen Ehrenmann gehört?«

»Ja« – kaum, daß er ein Lächeln unterdrücken kann: »Mit Eurer Ehegemahlin leben, wie es sich für einen Ehrenmann gehört« –, er ist kurz davor, sich zu seinem Freund Frederik Brasen umzudrehen, der hinter ihm sitzt und das Hochzeitslied auswendig lernt. Brasen hat erst kürzlich geheiratet. Eines Vormittags hatte er ihn dann auf der Straße getroffen und ihm erzählt, daß am Abend auf dem Schießstand ein Junggesellentreffen stattfinden würde. »Ich bin dabei«, hatte Brasen gesagt. »Du, ein verheirateter Mann!« – »Ja, natürlich, schließlich hat der Pastor gesagt, daß ich mit meiner Frau leben soll wie ein Ehrenmann.« Nun mußte er ständig an diesen flauen Witz denken, gerade jetzt, wo er ernst sein sollte.

»Und wißt Ihr Euch frei davon, einer anderen Frau, die noch lebt, ein Eheversprechen abgegeben zu haben, das diesem entgegenstehen würde?«

»Ja.« − Ja, natürlich kann er mit einem Ja antworten − das andere war schließlich nur ein Scherz gewesen. So etwas sagte man im Notfall. Alle machten es so, und seither hatte er doch für sie und das Kind gut gesorgt − und als das Kind starb, war er vormittags auf den Friedhof gegangen und hatte den Totengräber einen Rosenstock auf das Grab setzen lassen −, er hatte sich wahrlich nichts vorzuwerfen.

Bei den Fragen des Pastors erwacht die Gemeinde. Die Monotonie seiner Stimme, die bekannten Worte wirken beschwörend. Man spitzt die Ohren, um die leisen »Jas« zu hören, man will sie hören. Manch einer, der über etwas mehr Gespür verfügt, glaubt, ersticken zu müssen … Die Damen verbergen die Gesichter hinter ihren Blumensträußen. Sie erröten ein wenig, vielleicht ist es aber auch nur der Schein der Rosen.

»Gleichermaßen frage ich Euch, Agnes Mathilde Løvenfeldt.«

Der Kammerherr steht aufrecht vor den Altarstufen, beim Klang seines Namens versteift sich sein Rücken.

»Habt Ihr Euch mit Gott im Himmel, Eurer eigenen Überzeugung sowie mit Euren Verwandten und Freunden beraten, ob Ihr diesen ehrbaren Junggesellen, der bei Euch steht, zu Eurem ehelichen Gemahl nehmen wollt?«

»Ja« − Bisher schien es eine andere zu sein … eine Fremde, die mit ihr nichts zu tun hatte. Doch nun … kommt es so nahe … es gibt für sie kein Entrinnen. Und plötzlich durchfährt sie der Gedanke, daß dieses eben gesagte »Ja« sie entsetzlich knebeln wird. Sie hält den Kopf gesenkt, ihr Körper bebt unter dem schimmernden Atlas … fest umgreift sie das Geländer …

Der Pastor fragt weiter.

Und jede seiner Fragen erscheint ihr als ein Spaten Erde auf die Träume ihrer Jugend. Es brennt in ihrem Kopf, ihre Lippen sind trocken. In der Dämmerung hatte sie am Klavier gesessen und gespielt, als ihr Vater erregt und verstört hereinkam und ihr erklärte, er wäre kompromittiert, wenn sie ihn nicht durch eine Heirat mit dem reichen Boeck rette … und sie müsse wissen, daß ein Løvenfeldt eine Verletzung seiner Ehre nicht überlebt …

»Und wißt Ihr Euch frei davon, einem anderen Mann, der noch lebt, ein Eheversprechen abgegeben zu haben, das diesem entgegenstehen würde?«

Sie hört nichts mehr … sie weiß, daß sie verkauft ist. Tante Elisabeth hat gesagt, die Liebe wäre eine Gewohnheit, also wird sie wohl lernen, ihn zu lieben … Denn hat sie jemand anderen geliebt? Nein, nein … es war ein Traum, nichts anderes. Dieser Sommer war der glücklichste ihres Lebens, ja, aber es war eben doch nur ein Traum … und nun müßte sie ihn vermutlich vergessen – vielleicht, nein, ganz bestimmt –, nur wird das nicht einfach sein.

Adolf hat sich ihr zugewandt … er betrachtet ihr Gesicht, die bebende Brust, auf der der Diamantschmuck blinkt, die Hüfte, die sich unter der Seide des Brautkleids rundet …

Die Hochzeitsgesellschaft ist nervös … hier geschieht etwas Ernstes, etwas Entscheidendes, etwas Ergreifendes. Unruhig tanzen die Blumen auf den Dekolletés der Damen. Die Herren glätten ihre Handschuhe, schlagen die Beine übereinander und betrachten ihre Stiefel.

»So gebt einander die Hände.«

Ohne nachzudenken, streckt Agnes ihm ihre Hand entgegen … er greift sie mit einem kaum spürbaren Druck, der Puls in seinen Fingerspitzen klopft; sie sieht zu ihm auf … etwas liegt in seinem Blick, etwas … sie errötet und schaut hinauf zu Christus. Er steht da wie immer, mit ausgebreiteten Armen, voller Mitleid und Anteilnahme … doch sie findet keine Ruhe bei Gott. Sie spürt den prüfenden Blick ihres Mannes, und sie hat das Gefühl, als trockne ihr ein Schrei in der Kehle ein …

32

»Was Gott der Allmächtige zusammengefügt hat, das soll der Mensch nicht scheiden.«

Der Mensch nicht scheiden ... aber es gibt doch Scheidungen ... sie kann doch, sie könnte doch ...

Der Pastor liest die Worte der Schrift, die alttestamentarische Erzählung von der Schöpfung des Weibes. Und es scheint, als würden die heiligen Worte von der Glut des Orients erhitzt.

Die Wölbung des Chores läßt die Sätze widerhallen ... der letzte Ton stirbt langsam wie ein leises Flüstern. Es liegt so viel menschliche Wärme in diesen göttlichen Worten ... so viel Hitze, erregte Beredsamkeit, das Morgenland spricht ... wie eine Woge der Begierde geht es durch den Raum. »Ich will dir viel Mühsal schaffen, wenn du schwanger wirst; unter Mühen sollst du Kinder gebären. Und dein Verlangen soll nach deinem Manne sein, aber er soll dein Herr sein.«

Agnes ist verwirrt ... sie hört die Worte wie eine ferne Drohung, wie ein heraufziehendes Unwetter, das sich ihrem Leben nähert. Und der Mann läßt die Augen nicht von ihr. Vor dem Altar Gottes beginnt er, seine Frau zu *genießen*. Vor dem Altar des Gottes, der gesagt hat: Wenn dich aber dein rechtes Auge zum Abfall verführt, so reiß es aus und wirf es von dir. Es ist besser für dich, daß eines deiner Glieder verderbe und nicht der ganze Leib in die Hölle geworfen werde.

Christus steht da, rein, erhaben, aus Marmor gehauen. Und doch scheinen die Gaslampen ein zuckendes Lächeln um seinen Mund zu legen, als schlössen sich seine reinen Lippen um ein Seufzen.

> »Den Weg zu teilen, ist gar herrlich
> Für zwei, die sich gefunden haben –
> Von Herzen ist man doppelt fröhlich
> Denn Sorgen sind nur halb zu tragen.

Welch Seligkeit
Ein Weg zu zweit,
Wenn's Federkleid
Die Liebe ist.«

Sie wußte nicht, wie sie an ihren Platz gekommen ist; er
hatte ihren Arm genommen und sie geleitet. Die Töne des
Liedes umschwirren sie, ohne sie zu erreichen … nur der
Refrain brennt sich ihr ein wie eine drohende Frage.

Der Psalm ist vorbei. Und mit einemmal beginnen alle
um sie herum zu schwatzen wie Kinder, die zu lange still zu
sein hatten. Die Damen lächeln, die Herren bieten den Arm,
schmeicheln einem entblößten Hals, loben eine epochema-
chende Toilette. Man umringt sie, drückt ihr die Hand, küßt
sie. Sie erkennt Tante Elisabeths feuchte Küsse.

Dann gehen sie durch die Kirche.

Kopf an Kopf, Hunderte von gierigen Blicken, neidi-
schen Augenaufschlägen, prüfenden Mienen. Von der Orgel
brausende Akkorde. Bis zum Ende des Ganges nur Gesicht
an Gesicht. Die ganze Kirche hat sich in ein einziges wach-
sames Auge verwandelt. Die Seidenkleider rascheln. Bewun-
derndes Murmeln, Flüstern, Lächeln, gedämpfte Gespräche.
An den Säulen stehen die Apostel, groß, streng und graugelb
in dem diffusen Licht.

Sie erreichen die Kirchentür. Er flüstert ihr etwas zu,
beugt sich über sie, küßt sie. Sie spürt, daß seine Lippen sehr
warm sind.

Dann fährt die Kutsche vor. Er legt seinen Arm um sie,
um ihr hineinzuhelfen … sie spürt sein Zittern … sie ordnet
die Schleppe, lehnt sich zurück … alles, ohne ihn anzusehen.

Mit geheimnisvoller Miene schließt der Kirchendiener
die Tür der Kutsche.

Franz Pander

Franz Panders Mutter arbeitete als Waschfrau. Ihr Mann war Schreiner gewesen und hatte sich zu Tode getrunken.

Möglicherweise war dieser Schreiner gar nicht der Vater von Franz. Denn bisweilen nahm Madame Pander Franz' Kinderhand zwischen ihre aufgesprungenen Hände, spreizte seine erstaunlich schlanken Finger und bewunderte deren gewölbte Nägel mit ihrer zartrosa Färbung. Und dann sagte Madame Pander, so wären *seine* Finger und *seine* Nägel gewesen. Der Schreiner war damit wohl kaum gemeint.

Vielleicht war Franz ein Bastard. Er war ein zärtlicher Junge, und er war kitzlig wie alle Kinder der Liebe, so heißt es zumindest. Und er war sensibel wie keiner der anderen Jungen in der Kleinen Dammstraße.

Die anderen nannten ihn die »Jungfer«. Eines Tages, als die Schüler der Freischule in der Elbe badeten, hatte der Witzbold der Klasse ihn so genannt: So schneeweiß und zart war Franz' Körper – und seitdem hatte er diesen Namen behalten.

Er paßte ausgezeichnet. Franz spielte nie, er fluchte nie, und er rauchte nicht. Der Teufel mochte wissen, was er eigentlich trieb. Vor den Haustüren der Kleinen Dammstraße, wo die anderen Jungen mit Murmeln spielten oder Rad schlugen, sich stritten oder prügelten, war er nie. Auch zu Hause in der Mansarde nicht. Mutter Pander saß abends manchmal stundenlang da und wartete voller Sorge, bis Franz nach Hause kam.

»Wo bist du bloß gewesen, Franz?«

»Nirgendwo.«

»Du bist ja nie irgendwo gewesen.«

»Hat die Konsulin dir was mitgegeben?«

»Ja, sie hatten gestern eine Gesellschaft. Es ist feines Essen.«

Madame Pander holte die Pastete aus dem Kachelofen, die dort zwischen zwei Tellern stand. Franz aß sie und schnalzte dabei leise mit der Zunge wie ein Gourmet.

»Das sind Champignons«, sagte er. Er liebte die Reste, die Mutter in den »guten« Häusern bekam, in denen sie wusch, und er wollte von ihr ganz genau wissen, wie die einzelnen Speisen hießen und wie man sie aß. Für gewöhnlich, wenn er mit der Dammstraßen-Kost vorliebnehmen mußte, aß Franz nicht viel, und das wenige, das er zu sich nahm, bestreute er derart mit Pfeffer, daß Madame Pander nieste, wenn sie nur zusah – so verdarb er die gute Wurst.

Den ganzen Nachmittag trieb sich Franz am Jungfernstieg herum. Stundenlang stand er vor den großen Schaufenstern der Galanteriegeschäfte. Am besten gefielen ihm die glänzenden, vergoldeten Bronzegegenstände und die Dekorationen, bei denen lange Seidenstoffe dahinflossen. Dort stand er dann und staunte. Am längsten konnte er jedoch in die Schaufenster der Buchhändler starren. Er liebte die Ölfarbendrucke. Bilder, auf denen in Samt gekleidete Männer mit Frauen in Seide zu Tisch saßen, rot der Faltenwurf, und auf dem Tisch Pokale aus Gold.

An der Ecke vom Neuen Wall hing eines dieser Stücke: Eine dunkelhaarige Frau in einem goldfarbenen, tief ausgeschnittenen Kleid aus Atlasseide, zwei Perlenreihen im Haar, reichte eine feingliedrige, diamantengeschmückte Hand einem Pagen in Weiß, der sich tief verbeugte – stundenlang stand Franz vor diesem Bild, bis ihm ganz heiß davon wurde und er rote Wangen bekam. Denn er war jetzt vierzehn Jahre alt.

An den Winterabenden las er; all die Romane, in denen eine wüste Phantasie Herzoginnen, deren stolze Hälse

Brillanten zieren, und schmachtende Marquisen in Rosen-Orangerien auftreten ließ.

Oder er strich in dem reichen Stadtviertel an der Alster umher und suchte nach festlich erleuchteten Etagen. Dort wartete er dann an den Toren, bis die Equipagen vorfuhren und er Herzklopfen bekam, weil er den Damen so nah war, die mit gerafften Seidenschleppen aus den Kutschen stiegen, gefolgt von schlanken Herren mit Nackenscheiteln und dem Duft nach Pomade.

Franz war verrückt nach allem, was gut roch. Was Madame Pander – so hin und wieder – ganz unschuldig (»was macht denn das schon, es denen zu nehmen, die's haben?« sagte sie zu Madame Fürst an der Heißmangel) von dem ein oder anderen Toilettentisch an Eau de Lubin oder Esbouquet in einer kleinen Flasche, die sie vorsorglich in der Tasche hatte, mitnehmen konnte (»Herrgott – es ist doch für den Jungen«), benutzte Franz geradezu unmäßig.

Aber so etwas hatte *er* auch getan – er, dessen Hände und Fingernägel Franz geerbt hatte.

Und darüber hinaus die gesamte Statur. Denn Franz war hochaufgeschossen und auf dem besten Weg, ein hübscher Bursche zu werden. Blaue Augen, bei denen man nicht recht wußte, ob sie schwermütig oder teilnahmslos schauten, ein kleiner Mund mit roten Lippen – eigentlich zu klein für einen Mann –, und diese vornehme, gerade Nase, mit Nasenlöchern, die so leicht zu zittern begannen.

Ein schlanker und geschmeidiger Körper.

So sah er aus.

Daher wollte die Mutter ihn auch im Bekleidungsgewerbe unterbringen. Herr Schaltz hatte angeboten, ihn zu nehmen.

»Heutzutage muß man die glatten Gesichter kaufen«, sagte Herr Schaltz, »und ertragen, wenn sie sich durch einen Griff in die Kasse ausstaffieren wie die Prinzen. Oder – Gott sei mir gnädig – man sieht den ganzen Tag lang nicht ein einziges Frauenzimmer zur Tür hereinspazieren.«

Aber Franz wollte nicht ins Bekleidungsfach. Letzten Winter, als er sich eines Abends am Jungfernstieg herumtrieb, war er vor einem großen Hotel stehengeblieben. Ein Verein veranstaltete einen Ball. Equipage um Equipage hatte er heranrollen sehen, Damen, die ausstiegen, und im Vestibül Schwärme von Kellnern in ihren schwarzen Fräcken und weißen Bindern. Wie sie sich über die Damen beugten, wenn sie ihnen die seidenen Umhänge von den Schultern nahmen, flüsternd mit ihnen sprachen und vor ihnen durch Säle schritten, die im Licht erstrahlten.

Das wollte Franz sein.

Er sollte in einem Lokal in der Schaumburgerstraße lernen. Ein finsteres Wirtshaus, in dem ein paar Dutzend betrunkene Stammgäste verkehrten, um ihre Krüge zu leeren. Franz litt unter der Arbeit: All diese fettigen Biergläser in dem dreckigen Wasser spülen zu müssen, mit *seinen* Händen; und er litt unter der Luft und ihrem Gestank nach Bockbier und Tabak.

Aber er wußte, daß diese Jahre notwendig waren, und er wartete. Und er freute sich auch, denn er sah, daß er Tag für Tag hübscher wurde. Wenn er abends todmüde in seine Kammer kam, konnte er lange mit einem brennenden Kerzenstummel vor seinem Stückchen Spiegel sitzen und glücklich sein Gesicht betrachten. Zärtlich pflegte er jeden Zoll seiner Schönheit, und für jeden Schilling Trinkgeld schützte er seine Hände mit Lilienmilch und anderen Mitteln.

Der Sohn des Wirtes kehrte heim. Er arbeitete als reisender Kellner und kam gerade aus London, allerdings nur zu Besuch.

Er steckte voller Geschichten über prächtige Hotels mit klafterhohen Spiegeln, Treppen aus reinstem Marmor und Portieren aus Seide. Geschichten von vornehmen Namen und Weinen, deren Preise Franz nie für möglich gehalten hätte, und langen Table d'hôte-Reihen an blumengeschmückten Tischen …

Franz verschlang jeden seiner Berichte.

Und eines Vormittags, als das Wirtshaus leer war und der Wirt und sein Sohn es sich auf einem Sofa gemütlich gemacht hatten, erzählte der Weitgereiste »Geschichten« von drüben. Franz wusch in seiner Ecke ab.

»Man hat ja so seine glücklichen Momente — dort in London« — der Kellner blies den Zigarrenrauch durch die Nase und sprach London mit englischem Akzent aus, »teuflisch, diese englische Aristokratie — schwupp, und schon hat so eine goldblonde, schlanke Miss ein Auge auf einen geworfen —, sie schaut dich drei, vier Male ganz genau an, daß es dir kalt den Rücken herunterläuft und du die Elektrizität geradezu spürst, wenn du dich ihr mit der Schüssel näherst … Na ja — man hat ja Routine und kennt die Zimmernummer …«

Der Wirt und sein Sohn lachten vertraulich, und der Sohn berichtete von ein paar »verdammt erfolgreichen Korkenziehern«.

»Natürlich war er hübsch, dieser John Jennings — ein flotter Bursche … Aber daß Lady Haverland tatsächlich mit ihm durchgebrannt ist und so ziemlich alles mitgehen ließ, und der Lord in die Röhre guckte — das finde ich dann doch … und Förner, der hat jetzt eine Millionärstochter geheiratet — das hat er nur seinen Beinen zu verdanken …«

Franz war aus seiner Ecke gekommen. Mit aufgekrempelten Ärmeln stand er ein paar Schritte vom Tresen entfernt und starrte den Weitgereisten an.

»Daß so etwas möglich ist.«

Seine Gesichtsfarbe wechselte, während er zuhörte. Plötzlich drehte sich der Sohn des Hauses um und sah ihn an.

»Na, Junge, dir hat's wohl die Sprache verschlagen …«, sagte er und hörte nicht auf, ihn anzuschauen. Halblaut lachte er seinem Vater zu: »Der Bub wird Glück haben.«

An diesem Vormittag klirrten die Gläser in Franz' Abwaschschüssel besonders laut.

Franz war zwanzig Jahre alt, als er sich im Jungfernstieg-Hotel vorstellte.

Der Direktor drehte sich auf seinem Stuhl herum und betrachtete seine Hände mit den spitzen Fingernägeln, während er so tat, als läse er in Franz' Zeugnis.

»Schön … Eine dritte Stellung im Restaurant ist vakant. Sie können morgen anfangen.«

Als Franz zur Tür hinaus war – er war blaß geworden –, wandte sich der Direktor an den Buchhalter, der abwechselnd Rechnungen schrieb und sich in der Nase bohrte: »Na, ein netter Zugvogel – nicht wahr?«

Die ersten Tage lief Franz glücklich staunend umher. Er schlich sich vom Restaurant auf die Galatreppe, begierig, ihren Teppich unter seinen Füßen zu spüren und seine Hand über den schwarzen Marmor des Geländers gleiten zu lassen. Er stellte sich auf den Treppenabsatz, wo die Damen dicht an ihm vorübergingen, lächelnd und mit Blumen in den Händen; seine Augen folgten ihren Gestalten – mit ständigem Herzklopfen –, bis sie an der Biegung verschwanden, er sah ihre Toiletten und nahm eigentlich mehr den Duft ihrer Kleider wahr, als daß er an sie selbst dachte.

Er kehrte zurück zum Restaurant und ging in den großen Table d'hôte-Saal. Er empfand ein zufriedenes Wohlbehagen in diesem Saal. Das Licht, das gedämpft durch gewaltige, buntverglaste Fensterscheiben fiel, die hohen, von Marmorsäulen getragenen Bögen und die Kronleuchter, prachtvoll wie in einer Kirche.

Er verlor sich in seinen Gedanken, bis ein Kollege ihn weckte: »Verdienen Sie gut, wenn Sie hier so herumstehen, Herr Kollege? – Wir haben das Haus voll …«

Er begann wieder zu servieren. Einzelne Gänge des Menüs an die Tische des Restaurants zu bringen und abzuräumen, Weine zu ordern und sie aufzuziehen. Genüßlich, nahezu berauscht wie ein Rekonvaleszent, sog er den Duft der Speisen ein, und ohne zu begreifen, ohne daß es eine konkrete Ursache gegeben hätte, bewegte er sich wie jemand, der die Freuden einer ersten Liebe erlebt.

Und am Abend, wenn das Licht in den Sälen endlich gelöscht wurde und die anderen Kellner rasch nach oben liefen und sofort einschliefen, müde wie Akrobaten, blieb er in dem dunklen Saal des Restaurants zurück; er konnte sich nicht losreißen von der Dunkelheit dort drinnen, wo der Springbrunnen so leise im Bassin zwischen den großen Pflanzen plätscherte, die in der Finsternis bis in die Kuppel ragten.

Lange trieb er sich auf den halbdunklen Korridoren herum und summte leise vor sich hin, und wenn er endlich nach oben kam, wo seine Schlafkameraden mit glühenden Köpfen und offenem Mund tief schliefen, lag er noch stundenlang wach und spürte in seinem Kopf ein Sausen wie nach einem Weinrausch.

Dennoch war er tagsüber nicht müde.

So verging die erste Zeit. Langsam gewöhnte sich Franz an das neue Leben, und es kam eine Phase des Übergangs, in der er sich sehr müde fühlte und ständig hätte schlafen können.

Seine Kollegen waren auch keine Abwechslung. Sie sprachen über ihre eigenen Angelegenheiten, über die Stellen, die sie gehabt hatten, und darüber, wieviel sie verdienten. Sie hatten eine Freundin unter den Zimmermädchen oder in der Küche, und im übrigen schliefen sie den größten Teil ihrer Freizeit.

Über die Gäste sprachen sie selten.

Und das war das einzige, was Franz interessierte.

Johanne, das Zimmermädchen aus dem ersten Stock, eine große und robuste Wienerin, lauerte Franz seit einiger Zeit jedesmal auf, wenn er sich am Vormittag »hübsch machen« ging; es gefiel ihr, ihm einen kleinen Klaps zu geben, ihn am Hals zu kitzeln und sich mit ihm in einem der Zimmer zu balgen, die sie saubermachte.

Eines Tages schubste sie ihn auf das ungemachte Bett, auf dessen Kante er saß, und schlug ihm mit dem Staubwedel ins Gesicht.

Mit einemmal beugte sie sich herab, küßte ihn auf den Hals und hielt ihn dabei fest.

Franz bäumte sich auf, er war ganz blaß geworden.

»Laß mich los«, sagte er, »ich will nicht.«

Wütend stieß Johanne ihn von sich.

»Was bildest du dummer Bengel dir wohl ein?« sagte sie und fügte höhnisch hinzu: »Louis – du bist wie – ein Louis.«

Seit diesem Tag machte Johanne ihn bei den anderen Mädchen schlecht. Im Grunde hegten sie alle eine stille Wut gegen Franz. Denn am liebsten hätten sie sich alle gern mit ihm eingelassen, nur er sah sie nicht. Keinerlei Augenzwinkern, nicht der geringste Schubs gegen die Wand in den Fluren, kein Kniff in die Arme – nichts. Als ob sie überhaupt keine weiblichen Wesen wären. So war er, es war unglaublich.

Franz bemerkte sie gar nicht.

Doch am Abend des Tages, an dem Johanne ihn aufs Bett geworfen hatte, passierte diese Sache mit Miss Ellinor aus der Fünfzehn.

In Nummer Fünfzehn wohnte eine vornehme Familie, Engländer, Vater, Mutter und Tochter.

Die Familie hatte bereits einige Zeit dort gewohnt. Sie setzten sich immer an einen der Tische von Franz, obwohl es von der Tür her zog, und Miss Ellinor hatte immer zehn

Dinge zu fragen und zehn Dinge, die zu bringen waren, und dann fiel ein Armband herunter, oder die Serviette lag direkt zu ihren Füßen.

Franz war überwältigt. Als ob ihn etwas an den kleinen Serviertisch neben der Tür fesselte. Von dort konnte er sie im Profil sehen. Und er begann alles, was er am Tisch zu tun hatte, ein wenig zu verzögern: Wenn er ein Glas reichte, wenn er eine Schüssel anbot, wenn er sprach, wenn er sich vorbeugte. Und er mußte mit sich kämpfen, um sich von ihr zu lösen, es kribbelte ihm in den Fingern, sie nur einmal zu berühren.

Er konnte seinen Blick nicht von ihrer Gestalt abwenden, und er betrachtete sie häufiger, als es sich gehörte, und jedesmal, wenn er sich ihr näherte, stand sein Herz still.

Wenn sie nicht da war, wurde er unruhig; er konnte nicht stillstehen, geistesabwesend nahm er dann alles in die Hand und sah nichts und niemanden.

Er zuckte zusammen, wenn sie durch die Tür trat. Er grüßte nicht – alle anderen begrüßte er; sie lächelte, und ein wenig atemlos bat sie um ein Sodawasser, eine Zeitung. Und immer hatte sie ein paar Worte für ihn, und dann mußte er einen Fussel von ihrem Mantel entfernen oder ihr bei ihrem Sonnenschirm helfen. Der war ausgesprochen widerspenstig, entweder ließ er sich nicht aufspannen oder nicht zuklappen.

Es fiel ihnen schwer, sich zu trennen.

Franz glaubte und glaubte doch wieder nicht, er erwartete nichts, und er erhoffte sich nichts. Und doch mußte er ihr nahe sein.

Wenn sie einfach nur dasäße, an seinem Tisch, den ganzen Tag, und so spielerisch ihre Hände über die Balustrade gleiten ließe, wie sie es für gewöhnlich tat, während sie ganz leise summte. Wenn sie das nur tun würde.

Er wurde immer unruhiger. Und er fing an, sich ihr unmerklich zu nähern – er mußte es tun –, eine Sekunde die Tischkante streifen, auf der ihre Hand so oft lag, und lange – so daß sie es wahrnahm – eine bestimmte unbedeckte Stelle an ihrem weißen Hals betrachten.

Miss Ellinor spitzte ihren kleinen Mund, sah ihn an und lachte; dann berührte sie sanft ihren hageren Papa und sah auch ihn an und lachte; sie legte ihre Hand auf den Tisch, direkt neben seine, sie sah ihn an und lachte.

Er dachte nur an das eine: sie zu berühren.

Mit der Zeit – denn sie blieben einen um den anderen Tag – hatte er indes das Gefühl, als müsse er ersticken. Sein gesamtes Wesen wurde von ihr aufgesogen. Tag und Nacht nur sie: Ihre Hand, wie sie da gelegen hatte; so viele Male hatte sie mit ihm gesprochen und dabei hatte sie ihn angesehen – ja, bestimmt …

Nachts konnte er nicht mehr schlafen, er wickelte sich aus den Decken und wieder in sie hinein. Wiederholte immer wieder dasselbe. *Da* hatte ihre Hand gelegen – hatte sie ihn berühren wollen? *Dort* hatte sie gelacht, *das* hatte sie gesagt – die ganze lange Nacht lag er wie von einem Fieber gepackt da und grübelte.

Und als er sich mit einemmal im Bett aufsetzte, sah er die Kollegen, wie sie bleich und fett dalagen und im Halbdunkel des gedämpften Gaslichts strampelten. Sie waren ihm so widerlich, daß er sie hätte verprügeln können.

Miss Ellinors Verhalten änderte sich nicht. Sie spielte in der Hitze seiner Begierde wie ein kleine Katze im Schein des Kohlenfeuers.

… Dann kam dieser Abend. Franz war im ersten Stock eingesetzt. Sie waren auf einem großen Fest.

Franz lief ziellos auf und ab und fand nicht eine Minute Ruhe. Er ging ins Servierzimmer und wieder hinaus, er faßte alles an und erledigte nichts. Ununterbrochen lief er treppauf und treppab. Endlich kamen sie. Er erkannte ihre

Stimme – sie hatte die Angewohnheit, auf den Gängen immer ein wenig zu laut zu sprechen –, und sein Herz stand still.

Er nahm einen Leuchter und trat auf den Flur.

»Sie hier?« sagte sie.

»Ja – heute abend.« Ihm versagte die Stimme.

Sie schaute ihn einen Augenblick an, ehe sie durch die Tür ging, die er geöffnet hatte.

»Aber wieso?« fragte sie.

»Mein Kollege ist krank«, antwortete er und zündete die Kerzenleuchter auf dem Kamin an.

Die Mutter kam herein und ging ins Nebenzimmer. Die Tür war halb geöffnet.

Miss Ellinor nahm vor dem Spiegel ihre Perlenkette ab. Franz hätte gehen müssen, aber er blieb mit dem Leuchter in der Hand stehen.

Dann trafen sich ihre Blicke im Spiegel. In diesem Moment ergriff er ihren Arm, beugte sich vor und küßte ihre Schulter. Er kam aus dem Zimmer und spürte nur noch, wie ihr Puls während des Kusses geklopft hatte.

Dann ergriff ihn eine unbändige Freude. Er konnte sich nicht beherrschen, er lachte und sang. Er alberte mit einem schlaftrunkenen Kollegen herum, schwatzte und wußte selbst nicht, was er sagte.

Er lief die Flure entlang und trat gegen die Stiefel, die nur so herumflogen.

Schließlich ging er hinauf. Mit einer eigenartigen Feierlichkeit zog er sich aus und legte sorgfältig jedes einzelne Kleidungsstück neben sein Bett, bevor er schlafen ging. Still lag er da und lächelte.

Aber am nächsten Tag reiste Miss Ellinor ab.

Als er sich beim Morgentee über sie beugte, sah sie ihm plötzlich ins Gesicht und sagte: »Heute reisen wir ab.«

»Sie wollen abreisen – warum?«

»Haben Sie geglaubt, ich würde hierbleiben?« Und Miss Ellinor lachte.

Mehr sagten sie nicht, und sie sahen sich auch nicht wieder.

Tagelang war Franz nicht mehr er selbst. Ständig gingen ihm seine spärlichen Erinnerungen durch den Kopf, und beinahe mechanisch verrichtete er seine Arbeit an den Orten, an denen sie sich nicht mehr aufhielt.

Ein lautes Geräusch oder ein neues Gesicht konnte ihn plötzlich erwachen lassen, und einen Augenblick sah er den Saal, die Balustrade, die bekannten Tische und die Menschen um ihn herum. Dann verfiel er wieder in seinen Dämmerzustand, alles quälte ihn, und in der Brust spürte er einen stechenden Schmerz.

So verging eine Weile, bis er eines schönen Tages aufwachte und auf einmal das Gefühl hatte, alles wäre so weit weg und so lange her, fast so, als wäre es gar nicht ihm passiert, oder er hätte es nur geträumt.

Und wollte er die Erinnerungen noch einmal heraufbeschwören, schien es, als habe er einen langen Weg zu gehen, und wenn es ihm gelungen war, stand er da und zerbrach sich den Kopf über seinen Schatz.

Wieder verlor er sich in seiner Selbstverliebtheit. *Das* war vorbei.

Er ging seiner stumpfsinnigen Arbeit nach, nachlässig und ohne auch nur einen Gedanken daran zu verschwenden.

Mit der Zeit überkam auch ihn der Kellnerhunger. Er litt beim Auf- und Abtragen der würzigen Gerichte. Ihr Duft lockte ihn, und er mußte sich beherrschen, um nicht plötzlich in eine der Schüsseln zu greifen und sich hastig und gierig zu befriedigen.

Bisweilen spürte er die Wut, wenn er Gästen von erlesenem Geschmack mit einem Trinkgeld-Lächeln Gerichte empfahl, die er selbst nicht probieren durfte, und aus seiner Ecke heraus verfolgte er begierig jeden Bissen, den die Gäste genossen.

Kam er aber in den Keller, in den Raum gegenüber der Waschküche, in dem die Kellner ihr Essen bekamen – die Luft hier war schwer vom Dampf der gekochten Wäsche, und schwitzend zogen die Kollegen ihre Frackjacken aus und saßen mit aufgeknöpften Westen beim Essen –, legte er satt und angewidert den Löffel hin.

Stumpf saßen sich die Kellner am Tisch gegenüber und rührten die pappige Grütze und das faserige Suppenfleisch der Bouillon kaum an.

Doch sobald Franz wieder in den Saal kam, schrie der Hunger in ihm. Und bleich servierte er die Gerichte und trug sie wieder ab, während er sie auf seiner trockenen Zunge schmecken konnte.

Hinter der Tür, auf dem Treppenabsatz, stopfte er eine Boulette in den Mund, riß einem Hühnchen ein Bein aus und schlürfte die Sauce aus der Schale, hastig und scheu.

Dienstagabends, wenn er frei hatte, zog er sich um und besuchte ein Restaurant, in dem man ihn nicht kannte. Den größten Teil des Weg rannte er und kam erhitzt und atemlos vor Hunger dort an. Dann zwang er sich, ganz langsam zu essen und ließ sich bedächtig jeden Bissen schmecken, bis er, fast wie im Rausch, immer mehr bestellte und hastig und maßlos aß, um einmal richtig satt, unmäßig satt zu werden und in trägem Wohlbehagen dazusitzen, leicht gebeugt, angetrunken, mit vielen halbleeren Gläsern vor sich.

Dann ging er nach Hause und fiel schnarchend in einen tiefen Schlaf.

Eines Dienstags abends kam er früh nach Hause und setzte sich vor dem Hotel auf eine Bank unter die Laternen.

Er war satt und hatte ein leichtes Schwindelgefühl.

Es hatte geregnet, und auf dem Gehweg standen reichlich

Wasserpfützen. Mit gerafften Röcken trippelten die Damen eilig um die Pfützen herum.

Franz schaute sich all die Füße an, hier eine Fessel, dort ein Bein, ein häßlicher Plattfuß in einer Galosche ... Neugierig sah er von den Füßen auf zu den schwankenden Gestalten. Die Gesichter wirkten so frisch unter den Schleiern.

Er versuchte, einen Blick zu fangen. Sah *sie* ihn nicht an? Er stand auf und ging ihr nach.

Unruhig folgte er ihr, die Augen auf die schlanke Figur und den Nacken geheftet, der unter dem aufgesteckten Haar schimmerte ... Aber sie bog am Neuen Wall ab und drehte sich nicht um ...

Er ging zurück, hielt erneut unruhig Ausschau und verfolgte eine schlanke Gestalt, die mit besonders wiegenden Hüften dahinglitt ... Sie ging in einen Torweg, und er verlor sie aus den Augen.

Wieder lief er ziellos umher.

Ein Straßenmädchen verstellte ihm in den Weg.

»Was würde meinem kleinen Freund denn gefallen?« fragte sie.

Franz zuckte zusammen und sah ihr ins Gesicht. Dann legte er seinen Arm in ihren, und gemeinsam gingen sie den Gehsteig hinunter, auf die Lichter des Alsterpavillons zu.

»Na, mein Liebling, langweilst du dich?« Das Mädchen wurde zuckersüß.

Doch plötzlich ließ Franz ihren Arm los und rannte davon.

»Was, du willst mich wohl zum Narren halten« – Das Mädchen kreischte – »Man weiß doch, was man will, Lümmel ... So ein – engagiert eine Dame – und will nichts ...«

Dann war Franz außer Hörweite.

Er rannte fast den ganzen Weg nach Hause. Daheim ging er sofort ins Bett. Die ganze Nacht warf er sich hin und her und schlief schlecht und unruhig.

Er träumte nur von Ellinor.

Gegen Morgen stand er auf. Im seinem Bett hielt er es nicht mehr aus. Er war unruhig, als stünde ihm etwas bevor, als sollte etwas geschehen. Er lief durch die Gänge, in denen es allmählich dämmerte; er trieb sich auf den Fluren herum, blieb vor den Türen stehen, hob behutsam die Damenschuhe hoch und schaute sie lange an – und er steckte die Hand hinein, dann glaubte er, die sanfte Wärme der Füße spüren zu können.

An diesem Tag zitterte er, wenn er sich nur einer Frau näherte. Sobald ihm der Duft eines gebeugten Nackens entgegenschlug, jagten ihm Ströme von Blut in die Wangen. Als hätte er plötzlich tausend Augen, um jede Schönheit zu sehen.

Die feine Kräuselung eines Haares an der Schläfe, die leichte Rundung einer Wange, eine Hüfte und eine Taille, um die man seinen Arm legen konnte – schon ein Lichtreflex auf einer satinbedeckten Brust reichte aus, um ihn in Versuchung zu führen.

In diesen Tagen stieg eine üppige Blondine im Hotel ab. Als sie das erste Mal das Restaurant betrat, setzte sie ihre goldene Lorgnette auf – Franz sah es – und musterte die Kellner. Dann wählte sie ihn.

Franz trat heran und wartete, daß sie etwas bestellen würde. Er hatte seine eigene Art zu stehen, den Kopf hielt er ein wenig gesenkt, die Hände halb verschränkt vor sich.

Der Gatte der Dame kam dazu und setzte sich.

»Nun, nehmen wir das Diner?« sagte er und drehte sich um. »Hm, hm …«, und er lachte. »Das ist ja ein wahrer Ganymed«, sagte er. »Ach – Kellner – zweimal das Diner …«

»Sehr wohl …« Franz entfernte sich ein paar Schritte. Dann sagte die Dame und nicht sonderlich leise: »Seine Hemdbrust war am saubersten, nicht wahr …«

Franz verbrachte drei Nächte vor der Tür der Dame;

scheu, an den Türrahmen gedrückt wie ein Dieb, aus Angst, den Schuhputzern zu begegnen, die mit ihren Putzkästen die Flure abgingen; vor Kälte klapperten ihm die Zähne.

Er schlich sich aus seinem Bett, das unter ihm brannte; er setzte sich in eines der Servierzimmer und riß ein Fenster auf, um Luft zum Atmen zu bekommen. Er verfluchte sich selbst, doch er konnte an nichts anderes mehr denken als an dieses Verlangen.

In seinen Gedanken sann er über ihre gleichgültigen Blicke nach und versah sie mit einer Hoffnung, so dumm, daß er selbst darüber lachen mußte. Er sah ihre Gestalt und hörte ihre Stimme, und er sah ihre Finger, rund wie weiße Nattern. Und er kehrte zurück an die Tür und stand dort, bis der Tag graute. Er wußte, es war völlig verrückt, und doch blieb er.

Und als sie abgereist war, kam eine andere. Nun gab es kein Halten mehr. Es waren nicht so sehr die Frauen, die er liebte, es waren ein Mund, ein Hals, ein Schönheitsfleck, ein Körper.

Er schaute jeder Frau nach. Er hoffte auf jede neue. Er wußte, daß er sich sehr deutlich anbot. Seine ganze Schönheit, die er natürlich mit der anderer Männer verglich, ihren Männern – er bot sie an. Sie aber sahen ihn überhaupt nicht.

Er stand daneben – wie eine Sache. Kam mit Schüsseln und Servietten – ein bloßer Gegenstand –, so deutlich konnte er sich sehen.

Nachts jedoch kamen die flüchtigen Erinnerungen an einen Blick auf sein Gesicht, an eine warme Hand, von der er Trinkgeld bekommen hatte. Und er regte sich auf über diese Almosen, die nur seinen Durst anekelten …

Häufig stahl Franz sich aus dem Restaurant, um ziellos auf den Fluren umherzuschweifen. Er lauschte an den Türen. Er schaute durch die Schlüssellöcher.

Bei der Table d'hôte, bei der Damen und Herren in einer

Reihe saßen, kam es vor, daß ein Mann, der sich lächelnd seiner Nachbarin zuwandte, plötzlich jäh zurückschreckte. Ein sonderbares Gefühl überkam ihn bei dem bleichen Gesicht über der Schüssel, wenn Franz auftauchte. Dem Burschen stand der Haß ja geradezu in den Augen.

Nach Tisch, beim Kaffee, wandte sich bisweilen einer der Herren, nachdem er sich eine Zigarre angezündet hatte, an seine Frau oder seine Schwester: »Verdammt hübscher Kerl.« Franz hörte es.

Und sie hob den Blick, sah ihn an wie einen Kleiderständer und sagte: »Nun ja – auf einem Kutschbock.«

So verging Tag um Tag.

Er dachte nur an das eine.

Wie ein Dieb stahl er flüchtige Berührungen, sie spürten es überhaupt nicht. Er beleidigte sie geradezu – sie merkten es nicht.

Und wenn sich ein neuer Tag dahingeschleppt hatte, und der Saal sich abends leerte, stand Franz stundenlang an die Balustrade gelehnt; regungslos, stier und bleich unter dem elektrischen Licht.

In seinem Hirn arbeitete eine leere Verzweiflung, eine ohnmächtige Wut, die nach einer Antwort suchte, keine fand und nicht wußte, wohin sie sich wenden sollte.

Manchmal ging er nach Hause. Er hatte das Gefühl, es würde ihn beruhigen.

Madame Pander weinte leise vor sich hin.

»Dann sitzt er da«, erzählte sie der Plätterin an der Heißmangel, »sieht aus wie das Leiden Christi und bringt kein Wort heraus. Aber man weiß doch, was das ist – ja – mein Gott – man es weiß doch ...«

Er wollte kein Licht – am besten wäre es im Dunkeln. Leise zog er seine Sachen aus und setzte sich auf das alte Sofa in der Ecke. Madame Pander holte einen Stuhl und setzte sich vor ihn.

51

Sie nahm seine Hände zwischen ihre und tätschelte sie sanft. Und er lächelte sie müde und still an und lehnte seinen Kopf gegen ihre Schulter.

»Was hast du, mein Junge – mein Kleiner –, was ist denn bloß los mit meinem Jungen?«

Er hielt ihre Hände fest umklammert und antwortete nicht. Und Madame Pander fühlte seine Stirn an ihrer Schulter brennen und sagte noch einmal mit einer Stimme, die vor Tränen kaum zu verstehen war: »Was hast du denn nur, mein Junge – mein Kleiner –, tun sie dir weh?«

Und wenn Franz sie wieder verlassen hatte, verfluchte Madame Pander bei der Plätterin die Frauen: »Sie sind schuld daran, dieses Pack – Herrgott –, es liegt doch nicht an den Gästen.«

An einem Dienstagabend ging Franz ins Theater. Zu Carl Schultze, um sich eine Operette anzusehen.

Es war die Geschichte einer türkischen Prinzessin.

Ein dicker Eunuch mit einem ausgestopften Bauch trat auf, er benahm sich derart verliebt, daß das ganze Haus vor Vergnügen johlte. Wieder und wieder wurde er herausgerufen, führte seine Gebärden vor, die immer unverschämter wurden, und sang dabei noch einmal sein Couplet:

>»Aber – es hat keinen Wert –
>Es hat keinen Wert.«

Franz saß in der Dunkelheit einer Loge. Er lehnte den Kopf an die Wand und weinte.

Als der erste Akt vorbei war, ging er.

Er ging hinunter zum Gänsemarkt, in eine der Gassen des Viertels. Dort blieb er in dieser Nacht.

Als er jedoch gegen Morgen erwachte und sie im Morgengrauen neben sich sah, fuhr er auf und rannte davon.

Er verspürte einen derartigen Ekel, daß er sich selbst hätte ausspucken können. Er fieberte, er hatte Kopfschmerzen. Ihm wurde so übel vor Ekel, daß er stöhnte.

Er ging nach Hause, aber ins Bett wollte er nicht. Über die Hintertreppe schlich er hinunter ins Restaurant.

Es wurde allmählich hell, ein graues Dämmerlicht fiel durch das Glasdach.

Franz setzte sich auf die Steintreppe, den Kopf auf die Hände gestützt.

Und als er hier still vor diesem Raum saß, dem Zeugen seines Lebens, floß alles in einem tiefen und bodenlosen, einem unbeschreiblichen Abscheu zusammen.

Er sah die Balustrade entlang – die Stühle waren auf die Tische gestellt, schmutzige Tischtücher lagen ausgebreitet darüber … Die künstlichen Palmen starrten tot aus ihren Majolikatöpfen.

Franz dachte keinen Gedanken, empfand keinen Schmerz. In seinem Bewußtsein entstand jedoch so etwas wie ein betäubtes Erstaunen darüber, daß dies das Leben war.

Der Lampenputzer hatte gestern abend nach dem Löschen der Lampen seine lange Leiter vergessen. Auf deren Stufen stand Franz, als er sich an dem Balken über der Tür erhängte.

Die Putzfrauen fanden ihn und veranstalteten einen gewaltigen Lärm, der Nachtportier kam hinzu.

Er sah scheußlich aus, die Zunge hing ihm aus dem Hals, er war noch warm.

Der Direktor erschien im Schlafanzug und fluchte, daß es im Saal hallte. Ein paar Kollegen schleppten ihn in eine Gepäckkammer im dritten Stock.

Sie räumten Reisetaschen und Hutschachteln von einem Tisch und legten ihn dort mitten zwischen die Koffer. Ein paar Kartoffelschälerinnen wuschen die Leiche und legten ein Bettlaken darüber.

Am Vormittag kam Johanne herein. Sie wollte ihn sehen.

Langsam hob sie das Laken, nur den Kopf ließ sie bedeckt. Sie weinte nicht, sondern sah ihn nur still an.

Er war weiß wie Marmor, noch nie hatte sie etwas so Schönes gesehen.

Und während sie den toten Körper betrachtete, der mit so viel vergeblicher Sorgfalt gepflegt worden war, stieß Johanne – sie wußte selbst nicht, warum – die geballte Faust zum Himmel empor.

Die vier Teufel

Die Glocke des Inspizienten erklang. Langsam begab sich das Publikum auf seine Plätze, während das Getrampel auf der Galerie, das Schwatzen im Parkett und die Rufe des Apfelsinenburschen die Musik übertönten – und schließlich kamen auch die gelangweilt aussehenden Herrschaften in den Logen zur Ruhe und warteten. Es kam die Nummer: *Les quatre Diables.* Man sah es am ausgespannten Netz.

Fritz und Adolphe liefen aus der Garderobe in den Gang der Artisten; die grauen Umhänge flatterten ihnen um die Beine, als sie über den Flur eilten und bei Aimée und Louise klopften und riefen.

Die beiden Schwestern, auch sie angespannt und nervös, warteten in den langen weißen Seidenumhängen, die sie gänzlich verhüllten – während die Garderobiere mit ihrem schiefsitzenden Kapotthut unablässig im Diskant schrie und nervös mit Puder, Armschminke und zerstoßenem Harz für die Hände herumlief.

»Kommt«, rief Adolphe, »es ist Zeit.«

Aber einen Moment noch liefen alle durcheinander, fahrig, vom Fieber gepackt, das alle Artisten überkommt, wenn sie das Trikot an den Beinen spüren.

Die Garderobiere schrie am lautesten.

Nur Aimée streckte Fritz ruhig die Arme aus den langen Ärmeln entgegen. Und hastig, ohne sie anzusehen, ohne ein Wort zu sagen, puderte er ihr mit einem Quast mechanisch die vorgestreckten Arme – wie er es immer tat.

»Kommt schon«, rief Adolphe erneut.

Hand in Hand gingen sie hinaus und warteten. Sie stellten sich am Eingang auf und hörten von drinnen die ersten Strophen des »Liebeswalzers«, zu dem sie arbeiteten.

Amour, amour
oh, bel oiseau
chante, chante,
chante toujours.

Fritz und Adolphe warfen ihre Umhänge auf den Boden und blieben in ihren rosafarbenen, schimmernden Kostümen stehen, einem Rosa, so blaß, daß es beinahe schon weiß war. Ihre Körper – jeder Muskel war zu sehen – schienen nackt zu sein.

Noch immer war die Musik zu hören.

Im Stall war es leer und ruhig. Ohne sich stören zu lassen, kontrollierten ein paar Stallknechte die Futtertröge, mißtrauisch hoben sie die schweren Kupferbehälter an.

Die Auftrittsstrophe erklang, »Die vier Teufel« betraten die Manege. Das Klatschen des Beifalls hörten sie wie ein undeutliches Brausen, Gesichter unterschieden sie nicht. Als würden sämtliche Fasern ihrer Körper bereits vor Anstrengung vibrieren.

Dann lösten Adolphe und Fritz rasch Louises und Aimées weite Umhänge, sie fielen in den Sand, und im Feuer von Hunderten von Operngläsern standen die Schwestern in ihren schwarzen Trikots nackt da, wie zwei Negerinnen mit weißen Gesichtern.

Sie schwangen sich ins Netz und kletterten hinauf, ein Weißer, eine Schwarze, ein Weißer, eine Schwarze, wie vier hitzige Tiere, verfolgt von sämtlichen Operngläsern.

Sie erreichten die Trapeze und begannen zu arbeiten. Als könnten sie zwischen den metallisch rasselnden Schaukeln fliegen, deren Messingstangen blinkten. Sie umfaßten sich, sie fingen sich, sie feuerten sich durch Schreie an; ihre weißen und schwarzen Körper schienen sich in einem rasenden Liebesakt zu verbinden und wieder zu lösen, sich in aufreizender Nacktheit zu vereinen und zu trennen. Und dazu

erklang der Liebeswalzer mit seinem schläfrig schmachten-
den Rhythmus, und das offene Haar der Frauen wehte ihre
schwarze Blöße herab, wenn sie durch die Luft flogen – wie
ein Umhang aus Atlasseide.

Sie hörten nicht auf. Jetzt arbeiteten sie übereinander,
Adolphe und Louise oben.

Der Beifall klang wie ein verworrenes Murmeln zu ihnen herauf, während die Artisten in ihrer Loge (in der die
Garderobiere immer ganz vorn saß und erhitzt mit bloßen,
klatschenden Händen Beifall spendete, noch immer den ro-
senbesetzten Kapotthut schief auf dem Kopf) den »Teufeln«
mit den Operngläsern folgten und die besondere Finesse
ihrer Trikots studierten, deren Verwegenheit in der Welt der
Artisten berühmt war.

– *Mais oui*, ihre Hüften sind nackt …

»Das ist ja gerade der Trick, man soll die Hüften sehen«,
fielen sie sich in der Artistenloge laut ins Wort.

Mademoiselle Rosa, die dralle Vorreiterin des »Ritter-
spiels aus dem sechzehnten Jahrhundert«, legte mühsam ihr
Opernglas aus der Hand.

»Nein, sie trägt kein Korsett«, sagte sie, unter ihrem eigenen dicken Panzer schwitzend.

Die »Teufel« arbeiteten weiter. Das elektrische Licht
changierte zwischen blau und gelb, während sie durch die
Luft schossen. Fritz schrie auf – die Beine eingehängt, fing
er Aimée mit seinen Armen.

Dann verschnauften sie und saßen nebeneinander auf
demselben Trapez.

Über sich hörten sie die Rufe von Louise und Adolphe.
Aimée kommentierte mit keuchender Brust Louises Arbeit.

»*Voyez donc, voyez*«, rief sie.

Louise wurde von Adolphes Beinen gefangen.

Doch Fritz antwortete ihr nicht. Während er gedankenlos
seine Hände an dem kleinen aufgehängten Tuch abtrockne-

te, starrte er nur hinunter auf den Logenrand, der sich hell und unruhig wie der weiße Zaun eines sich bewegenden Beetes unter ihnen erstreckte. Und plötzlich schwieg auch Aimée und starrte in die gleiche Richtung, bis Fritz sagte, als risse er sich los: »Wir sind dran«; sie erwachte mit einem Ruck.

Wieder trockneten sie sich die Hände an dem Tuch, ließen sich fallen und hingen an ihren Armen, als wollten sie die Kraft ihrer Muskeln auf die Probe stellen. Dann saßen sie wieder oben. Die Seele wohnte in diesen Augen, mit denen sie die Entfernung zwischen den Trapezen maßen.

Auf einmal schrien beide: »*Du courage!*«

Und Fritz flog voraus, rücklings auf das entfernteste Trapez zu, während Louise und Adolphe von oben einen lang anhaltenden Schrei ausstießen, als wollten sie ein Tier anspornen.

Amour, amour
oh, bel oiseau
chante, chante,
chante toujours.

Ihre große Nummer begann. Unter heiseren Rufen stießen sie sich rücklings ab, flogen aneinander vorbei, schafften es. Noch einmal sprangen sie und schrien erneut. Während Louise und Adolphe sich wie zwei unablässig rotierende Räder in ihren Schaukeln drehten, fiel plötzlich von oben, aus der Rotunde, ein Regen aus glitzerndem Gold, wie eine leuchtendgoldene Staubwolke, die langsam zu Boden sank – durch den blanken weißen Strom der elektrischen Lampen.

Einen Moment schienen die »Teufel« durch einen schimmernden Schwarm von Gold zu fliegen, während der langsam herabsinkende Staub ihre Nacktheit mit Tausenden von strahlenden Pailletten bedeckte.

Amour, amour
oh, bel oiseau
chante, chante,
chante toujours.

Dann schossen sie, einer nach dem anderen, kopfüber durch den glitzernden Regen in das ausgespannte Netz, und die Musik verstummte.

Wieder und wieder mußten sie sich zeigen.

Benommen stützten sie sich gegenseitig, als wäre ihnen gleichzeitig schwindlig geworden. Sie gingen hinaus und mußten wieder hinein. Dann ließ der Beifall nach.

Stöhnend liefen sie in die Garderoben. Adolphe und Fritz warfen sich auf eine Matratze am Boden, lang ausgestreckt und in eine Decke gehüllt. Dort lagen sie eine Weile, kaum in der Lage, irgend etwas wahrzunehmen. Dann standen sie auf und zogen sich um.

Adolphe sah von seinem Spiegel hinüber zu Fritz, der die Stallmeisteruniform angezogen hatte.

»Willst du Dienst tun?« fragte er.

Und Fritz erwiderte mürrisch: »Der Direktor hat mich darum gebeten.«

Er ging zu den anderen, die am Eingang Stallmeisterwacht hatten und sich, todmüde wie er, heimlich abwechselten, um ihre erschöpften Körper für einen Augenblick an der Wand auszuruhen.

Nach der Vorstellung traf sich die Truppe im Lokal. Die »Teufel« saßen zusammen an einem Tisch, alle vier so still wie die übrigen Gäste. An ein paar Tischen begann man, Karten zu spielen – noch immer ohne ein einziges Wort. Nur das Geräusch des Geldes, das über den Tisch geschoben wurde, war zu hören.

Vor dem Büffet warteten zwei Kellner und betrachteten diese schweigsamen Gäste mit einem gelangweilten Blick.

Träge saßen die Artisten auf den Bänken und Stühlen entlang der Wände, mit weit von sich gestreckten Beinen und schlapp herunterhängenden Armen, die aussahen, als wären sie aus den Gelenken gesprungen,.

Die Kellner fingen an, das Gas herunterzuschrauben.

Adolphe schob Geld neben eines der Biergläser und stand auf.

»Kommt«, sagte er. »Wir sollen gehen.«

Die drei anderen folgten ihm.

Kein Mensch war mehr auf den Straßen. Sie hörten nur das Geräusch ihre eigenen Schritte, als sie zu zweit nebeneinander gingen, genauso wie sie arbeiteten. Sie erreichten ihre Unterkunft und trennten sich auf dem dunklen Flur des ersten Stocks mit einem leisen »gute Nacht«.

Aimée blieb im Dunkeln auf dem Treppenabsatz stehen, bis Fritz und Adolphe im zweiten Stock waren und sich ihre Tür schloß.

Die Schwestern gingen hinein und zogen sich wortlos aus. Erst als sie im Bett lag, fing Louise an, über die Arbeit der anderen zu reden, wer in den Logen gesessen hatte, über die Stammgäste: sie kannte alle Gesichter …

Aimée saß noch immer auf der Bettkante, halb ausgezogen, ohne sich zu rühren. Louises Schwatzen wurde abgehackter, schließlich schlief sie ein.

Nach einer Weile erwachte sie wieder und setzte sich im Bett auf. Aimée saß noch immer auf demselben Fleck auf der Bettkante.

»Willst du denn nicht ins Bett?« fragte Louise.

Aimée löschte hastig das Licht.

»Doch, jetzt«, sagte sie und stand auf.

Aber sie konnte nicht schlafen. Ein Gedanke ging ihr nicht aus dem Kopf: Warum trafen sich Fritz' und ihre Augen nicht mehr, wenn er ihre Arme puderte …

Ein Stockwerk höher waren Fritz und Adolphe ebenfalls

schlafen gegangen. Doch Fritz warf sich wie unter Qualen in seinem Bett herum.

– Meinte sie *ihn*, und was wollte sie bloß, diese Frau aus der Loge? *Wollte* sie? Warum sah sie ihn sonst ständig so an? Warum strich sie sonst so nahe bei ihm herum? Galt es *ihm*?

Und *wollte* sie?

Er konnte an nichts anderes mehr denken als an diese Frau.

Vom frühen Morgen bis in die Nacht. Nur sie. Wie ein Tier in seinem Käfig umkreisten seine Gedanken diese eine Frage: Ob sie wirklich *wollte* – diese Dame aus der Loge.

Und überall, ständig und unablässig nahm er den Duft ihrer Kleider wahr, wenn sie herunterkam und an ihm vorbeiging.

Immer ganz dicht an *ihm* vorbei, wenn er als Stallmeister Dienst tat.

Aber war er gemeint? Und was wollte sie?

Verzweifelt warf er sich weiter herum und sagte ein ums andere Mal in die Dunkelheit hinein, als würde ihn der Begriff faszinieren: »*Femme du monde*«, wieder und wieder, ganz vorsichtig, wie verzaubert: »*Femme du monde*« …

Und er stellte sich all seine Fragen aufs neue: Ob sie wohl ihn meinte, meinte sie wirklich ihn?

… Aimée war wieder aufgestanden. Leise schlich sie durchs Zimmer. Im Dunkeln tasteten ihre Finger nach dem Rosenkranz, der in der Schublade lag, fanden ihn …

Im Haus war es ganz still.

II

Die »Teufel« hatten »gearbeitet«.

In der Garderobe schimpfte Adolphe, er warf Fritz vor, mit seinen ständigen Stallmeisterdiensten ihren Vertrag zu unterminieren, schließlich wären die »Teufel« davon freigestellt.

Doch Fritz antwortete überhaupt nicht. Abend für Abend zog er die Stallmeisteruniform an, stellte sich an den Logenaufgang und wartete, bis die »Dame aus der Loge« am Arm ihres Mannes die Treppe herunterkam und an ihm vorbeiging. Während des letzten Teils der Vorstellung hielt sie sich jetzt häufig im Stall auf. Dann folgte er ihnen.

Sie sprach mit den Stallknechten. Fritz ging ihr nach. Sie klopfte die Pferde, las laut die Namen, die über den Boxen hingen. Fritz ging ihr nach.

Ihn sprach sie nicht an. Aber sie tat alles für ihn – er wußte es; und durch tausend kleine Bewegungen, durch ein Aufrichten ihres Rückens, ein Ausstrecken des Armes, das Aufblitzen eines Blickes stellten sich beide, gleichsam heimlich, zur Schau. Sie beide. Ganz genau nahm der eine den anderen in Augenschein, während sie stets Abstand hielten – immer den gleichen Abstand, in dem sie zögerten und doch gebunden waren, als hätte sie ein gemeinsamer Instinkt mit einer besonderen Doppelschlinge verbunden, die sie unlösbar gefangenhielt. Sie ging weiter, las über einer neuen Box einen neuen Namen.

Fritz ging ihr nach.

Sie lachte, und sie ging weiter, und sie kam zurück, um die Hunde zu streicheln.

Fritz ging ihr nach.

Sie führte, er folgte.

Er schien sie nicht anzusehen. Doch seine Augen ruhten mit einem Blick auf dem Saum ihres Kleides, auf ihrer ausgestreckten Hand, wie er bei ungebrochenen Tieren zu beobachten ist, wenn sie gezähmt werden, einem lauernden und haßerfüllten Blick, der gleichzeitig weiß, daß er ohnmächtig ist.

Eines Abends ging sie auf ihn zu. Ihr Mann stand etwas abseits. Er schaute auf, und sie sagte leise: »Haben Sie Angst vor mir?«

Er schwieg eine Weile.

»Ich weiß nicht«, sagte er dann, heiser und schroff.

Und sie wußte nichts mehr zu sagen – verwirrt oder nahezu verängstigt (eine Furcht, die sie plötzlich nüchtern werden ließ) durch den gierigen Blick, den sie glühend auf ihren Füßen spürte.

Sie drehte sich um und verließ ihn mit einem kurzen Lachen, das ihr eigenes Ohr irritierte.

Am nächsten Abend tat Fritz keinen Stallmeisterdienst. Er hatte sich vorgenommen, sie zu meiden. Er spürte die uralte Furcht aller Artisten, die Frauen als ihr Verderben ansahen. Er betrachtete sie als mystische Feinde, die auf der Lauer lagen, geboren, um ihm nach seiner Kraft zu trachten. Und wenn er sich selten genug einmal hingab – spontan, gepackt von diesem nicht zu beherrschenden Instinkt –, dann in einer Art ohnmächtiger Verzweiflung, mit einem rachsüchtigen Haß auf die Frau, die ihm ein Stück seiner Glieder nahm, etwas von seiner Stärke raubte – seinem kostbaren Werkzeug, der eigentlichen Quelle seiner Existenz.

Vor dieser Dame aus der Loge aber fürchtete er sich doppelt, sie war eine Fremde und niemand von ihnen; was wollte sie? Allein der Gedanke an sie marterte sein langsam arbeitendes Hirn, das Denken nicht gewohnt war. Mit mißtrauischer Angst beobachtete er jede Bewegung dieser Fremden einer anderen Rasse, als wolle sie ihm irgend etwas geheimnisvolles Böses – er wußte, daß er nicht entkommen konnte.

Er wollte sie nicht mehr sehen – nein, er wollte sie nicht sehen.

Sein Versprechen einzuhalten fiel ihm nicht schwer, denn sie erschien ganz einfach nicht mehr. Zwei Tage, drei Tage – sie kam nicht. Am vierten Abend arbeitete Fritz wieder als Stallmeister. Doch sie kam nicht. Nicht an diesem Abend. Und auch nicht am nächsten.

Den ganzen Tag über dachte er voller Angst daran: »Wenn sie nun kommt«; und am Abend spürte er einen dumpfen Zorn, eine brutale, stumme Wut, weil sie nicht gekommen war.

So machte sie also einen Narren aus ihm. So also verspottete sie ihn. Sie, dieses *Weibsstück*. Er aber wollte sich rächen, er würde sie schon finden, sie, dieses *Weibsstück*.

Und er sah es vor sich, wie er sie mit Schlägen eindeckte, sie mit den Absätzen trat, sie malträtierte, bis sie sich krümmte, bis sie sich vor Schmerzen wand, bis sie durch seinen Gewaltausbruch halbtot liegenblieb: sie, dieses Weibsstück.

Nachts lag er stundenlang wach in seiner stummen Wut.

Und sein Verlangen wuchs zu einer verzweifelten Gier in diesen ersten Nächten, in denen er schlaflos dalag – er, der niemals unter Schlaflosigkeit gelitten hatte.

Dann kam sie – am neunten Tag.

Vom Trapez aus sah er ihr Gesicht – als könnte er mit anderen Sinnen als den Augen sehen –, und mit einem plötzlichen Satz, es war wie der sinnlose Jubel eines Jungen, ließ er seinen schönen, schlanken Körper in die Luft fallen und blieb an den ausgestreckten Armen hängen.

Ein leuchtendes Lächeln strahlte über sein Gesicht, als er sich wieder aufschwang.

> *Amour, amour*
> *oh, bel oiseau*
> *chante, chante,*
> *chante toujours.*

Sanft wiegte er den blonden Schopf im Takt des Walzers; er griff Aimées Hand, fest und glücklich wie seit vielen Tagen nicht mehr, und er sprach mit ihr.

»*Enfin – du courage*«, rief er laut.

Es klang wie ein Siegesschrei.

Rücklings stieß er sich ab und schrie, griff zu und flog, schoß durch die Luft.

> *Amour, amour*
> *oh, bel oiseau*
> *chante, chante,*
> *chante toujours.*

Als er in seiner Stallmeisteruniform in den Stall kam und sie sah, stand er stumm und feindselig da und betrachtete sie haßerfüllt mit diesem Blick, der ihr nicht richtig in die Augen zu sehen wagte.

Doch nach der Vorstellung, im Lokal, wurde er mit einemmal wieder übermütig, beinahe wild. Er lachte und führte Kunststücke vor. Er spielte mit Tassen und Bierkrügen und balancierte seinen seidenen Zylinder mit der Krempe auf der Spitze seines Stocks.

Die anderen Artisten ließen sich von seinen Späßen anstecken.

Der Clown Tom holte die Harmonika, stellte sich mit seinen langen Beinen breitbeinig über die Stühle und spielte.

Es wurde ein unerhörtes Spektakel. Alle führten Kunststücke vor. Mr. Fillis balancierte eine gewaltige Papiertüte auf der Nase, und zwei, drei Clowns gackerten, als wäre man mitten auf einem Hühnerhof.

Fritz stand auf einem Tisch und schrie am lautesten; er jonglierte mit zwei Glaskugeln, die er aus dem Kronleuchter geschraubt hatte, und rief mit einem strahlenden Lächeln in den Lärm: »*Adolphe, tiens.*«

Adolphe, der auf dem nächsten Tisch stand, fing die Kugeln.

Die Artisten waren mal oben, mal unten; einige auf den Tischen, andere auf Stühlen. Die Clowns gackerten, die Harmonika jammerte.

»*Fritz, tiens.*«

Wieder flogen die Kugeln, diesmal über die Köpfe der Clowns hinweg. Fritz fing sie und drehte sich plötzlich um:
»*Aimée, tiens.*«

Er warf sie ihr zu, und Aimée sprang auf. Aber sie war nicht schnell genug, die Kugel fiel zu Boden und zerbrach.

Fritz lachte und schaute von seinem Tisch auf das zersplitterte Glas.

»Scherben bringen Glück«, sagte er und lachte; dann stand er mit einemmal still und lächelte in das Licht des Kronleuchters.

Aimée hatte sich abgewandt. Blaß setzte sie sich wieder an die Wand.

Das Spektakel ging weiter. Die Uhr zeigte beinahe zwölf. Die Kellner schraubten das Gas herunter. Doch die Artisten hörten nicht auf, im Halbdunkeln verdoppelten sie nur den Lärm. Aus allen Ecken hörte man ein geradezu ohrenbetäubendes Gackern und Jammern; und auf dem Tisch unter dem Kronleuchter lief Fritz auf den Händen.

Er war der letzte, der aus dem Lokal kam. Er war so ausgelassen, als wäre er betrunken.

Sie machten sich alle gemeinsam auf den Weg. An den Straßen, in denen die Artisten wohnten, trennten sie sich. Viele sonderbare Laute waren als letzter Gruß zum Abschied in der Dunkelheit zu hören.

»Night«, rief Mr. Fillis, der durch die Nase sprach.

»Guten Abend, guten Abend …«

Schließlich wurde es still, und die vier Teufel liefen schweigsam wie gewöhnlich nebeneinander her.

Niemand sagte ein Wort. Nur Fritz konnte sich nicht beruhigen. Wieder ließ er seinen guten Hut auf der Spitze des Stocks durch die Luft schnurren.

Zu Hause wünschten sie sich gute Nacht.

Fritz riß in ihrem Zimmer zwei Fenster weit auf und begann so laut zu pfeifen, daß es in der ganzen Straße zu hören war.

»Du bist verrückt«, sagte Adolphe. »Was zum Teufel ist mit dir los?«

Fritz lachte nur.

»*Il fait si beau temps*«, erwiderte er bloß und pfiff weiter.

Unten hatte Aimée ebenfalls das Fenster geöffnet. Louise, die sich auszog, rief ihr zu, sie solle es wieder zumachen, doch Aimée blieb stehen und starrte auf die enge Gasse.

Lange hatte sie es nicht verstanden – nicht, warum seine Augen leer blieben, wenn er sie ansah, nicht, warum seine Stimme scheinbar müde wurde, wenn er mit ihr sprach, nicht, warum seine Ohren halb geschlossen waren, wenn sie mit ihm sprach …

Als wären sie nicht mehr zusammen, obwohl sie so nah beieinander saßen …

Er puderte ihr auch nicht mehr die Arme.

Seit gestern.

Er war so hastig und ungeduldig hereingekommen wie immer. Sie hatte ihm ihre Arme entgegengestreckt, aber er hatte nur draufgestarrt, gedankenlos, ohne sich zu erinnern.

»Jetzt pudere dich doch«, hatte er dann gereizt gesagt und war hinausgelaufen.

Und langsam, ohne es zu begreifen, puderte sie zögernd ihren linken Arm, dann den rechten …

Oh nein, nein, sie hätte es niemals für möglich gehalten, daß man so leiden konnte.

Aimée lehnte den Kopf gegen den Fensterrahmen, und die Tränen begannen ihr über die Wangen zu laufen.

Nun wußte sie alles. Nun verstand sie …

Plötzlich hob sie wieder den Kopf; auf einmal hörte sie Fritz, der angefangen hatte, laut vor sich hin zu summen. Es war der »Liebeswalzer«. Immer lauter summte er, jetzt sang er die Worte:

> *Amour, amour*
> *oh, bel oiseau*
> *chante, chante,*
> *chante toujours.*

So fröhlich sang er, so glücklich. Jeder Ton tat ihr weh, und doch blieb sie stehen – es war, als riefe ihr dieser Gesang ihr ganzes gemeinsames Leben in Erinnerung.

Wie gut sie sich erinnerte – wie gut sie sich seit dem ersten Tag an alles erinnerte.

Louise rief sie erneut, und gedankenverloren schloß Aimée das Fenster. Aber sie ging nicht zu Bett, sie setzte sich in der Dunkelheit nur still in eine Ecke.

III

So deutlich sah Aimée sie noch vor sich, Fritz und Adolphe am Tag ihrer Ankunft – um bei »Vater« Cecchi »angenommen« zu werden.

Es war morgens, Aimée und Louise lagen noch im Bett.

Mit gesenkten Köpfen standen die Jungen in der Ecke; mitten im Winter trugen sie kurze Kadettenhosen, und Fritz hatte einen Strohhut auf dem Kopf. Sie wurden ausgezogen, und Vater Cecchi betastete sie, dehnte ihre Beine und klopfte gegen ihre Brustkästen, bis sie weinten, während die alte Frau, die mit ihnen gekommen war, bloß leise wimmernd danebenstand, ganz still und verhutzelt – nur die schwarzen Blumen an ihrem Hut bebten ein wenig.

Sie fragte nichts. Sie hatte nur Augen für die Jungen und verfolgte, wie Cecchis Hände die beiden Nackten untersuchten …

Aimée und Louise sahen vom Bett aus zu. Vater Cecchi tastete sie noch immer ab, er fluchte. Das Leben der Jungen saß in ihren verängstigten Augen.

Dann wurden sie angenommen.

Die alte Frau sagte kein Wort, sie rührte die Jungen nicht an, und sie verabschiedete sich nicht einmal. Allerdings schien sie die ganze Zeit etwas zu suchen, wobei die Blumen an ihrem Hut bebten – irgend etwas, das sie nicht finden konnte. Und so ging sie auch hinaus, langsam und unschlüssig, bis die Tür sich hinter ihr schloß.

Fritz schrie, einmal nur, ein langer Kinderschrei, als würde er gestochen …

Dann gingen sie wieder in ihre Ecke und setzten sich hin, das Kinn auf den Knien, stemmten sie die geballten Fäuste auf den Boden. So saßen sie da, beide, ohne ein Wort zu sagen.

Vater Cecchi schickte sie in die Küche, Kartoffeln schälen. Aimée und Louise wurden hinterhergejagt. Zu viert saßen sie stumm um den Eimer.

Louise fragte: »Woher kommt ihr?«

Aber die Jungen antworteten nicht. Sie kniffen lediglich die Lippen zusammen und hielten den Blick gesenkt.

Es verging eine gewisse Zeit, bis Aimée flüsterte: »Was macht eure Mutter?«

Aber sie antworteten noch immer nicht – sie hockten einfach nur da, mit keuchender Brust, als würden sie innerlich schluchzen. Zu hören war nur das Geräusch der Kartoffeln, die ins Wasser plumpsten, wenn sie geschält waren.

»Ist sie tot?« flüsterte Louise.

Aber die Jungen antworteten auch weiterhin nicht, und die beiden Mädchen sahen nur still von einem zum anderen, und mit einemmal fing Aimée ganz leise an zu weinen, und dann Louise – beide saßen sie da und weinten.

Am nächsten Tag begannen die Jungen zu »arbeiten«.

Sie lernten den »Chinesischen Tanz« und den »Bauerntanz«. Drei Wochen später traten alle vier auf.

Wenn sie zu tanzen hatten, standen sie zu zweit in den Kulissen, Aimée mit Fritz, und Louise mit Adolphe; mit starren Augen lauschten sie der Musik des Orchesters und leckten sich über die Lippen vor Angst.

»Zieh deine Jacke runter«, sagte Aimée, die vor Lampenfieber kaum ruhig stehen konnte, dann zog sie selbst an Fritz' schiefsitzender Jacke.

»*Commencez*«, war aus der vordersten Kulisse von Vater Cecchi zu hören. Der Vorhang war offen, sie mußten hinaus.

Sie sahen die Lichterkette nicht, und sie sahen auch die Leute nicht.

Mit einem erschrockenen Lächeln führten sie die eingeübten Schritte vor, dabei zählten sie den Takt und bewegten die Lippen; die Augen hielten sie starr auf Cecchi geheftet, der vorn in der Kulisse mit den Füßen den Takt stampfte.

»Nach links«, flüsterte Aimée Fritz zu, der es sich nie merken konnte; der Angstschweiß lief ihr für sie beide, und auch ihr Gedächtnis hatte für beide zu arbeiten.

Alles in allem sahen sie aus wie die Wachsfiguren, die auf den Leierkästen tanzten.

Das Publikum klatschte und rief sie heraus. Apfelsinen flogen auf die Bühne. Sie sammelten sie auf und lächelten dankbar; doch sie mußten die Apfelsinen Cecchi abliefern, der sie nachts zu seinem Cognac mit Wasser verspeiste, wenn er mit dem Agenten Watson Karten spielte.

Nächtelang spielte Vater Cecchi mit dem Agenten in ihrer Unterkunft.

Die Kinder wachten auf, wenn sie sich stritten, und mit aufgerissenen Augen sahen sie ihnen dann von ihren Betten aus zu, bis sie todmüde wieder einschliefen.

Die Zeit verging.

Die »Cecchi-Truppe« kam zum Zirkus, und alle vier durchliefen das gesamte Handwerk.

Um halb neun fingen sie an zu trainieren. Zähneklappernd zogen sie sich um und begannen, in dem halbdunklen Zirkus zu arbeiten. Louise und Aimée liefen auf dem Seil und balancierten dabei mit zwei Flaggen zu Vater Cecchis Anweisungen, der rittlings auf dem Manegenrand saß.

Dann wurde das Pferd hereingebracht, und Fritz sollte den Jockeysprung vorführen.

Mit einer langen Peitsche bewaffnet, gab Vater Cecchi die Kommandos. Fritz sprang und sprang. Er schaffte es nicht. Er fiel auf die Bande. Er prallte gegen das Pferd. Die Peitsche knallte und traf sein Bein, auf dem sich lange Striemen abzeichneten.

Vater Cecchi kommandierte weiter. Mit den Tränen kämpfend, sprang der Junge und versuchte es dann noch einmal.

Wieder kam er nicht hinauf, wieder rutschte er ab.

Die alten Wunden an seinem Körper brachen auf und bluteten, das alte Trikot bekam Blutflecken.

Vater Cecchi rief lediglich immer wieder: »*Encore – encore.*«

Atemlos, und zwischen den einzelnen Atemzügen schluchzend, sprang Fritz mit schmerzverzerrtem Gesicht.

Die Peitsche traf ihn, und verzweifelt sagte er: »Ich kann nicht« – und doch mußte er es erneut versuchen.

Das Pferd bekam doppelt so viele Peitschenhiebe und flog mit dem schluchzenden Jungen dahin, dessen Glieder vor Schmerz zitterten.

»Ich kann nicht«, rief er in seiner Qual.

71

Schweigend sahen die Artisten vom Parkett und aus den Logen zu.

»*Encore*«, rief Cecchi, wieder sprang Fritz daneben.

Bleich, mit blutleeren Lippen, hatte sich Aimée in eine Ecke der Loge verkrochen und sah zu, ängstlich und verbittert.

Doch Vater Cecchi hörte nicht auf. Eine Stunde ging es so, fünf Viertelstunden. Fritz' Körper war eine einzige Wunde. Wieder und wieder fiel er, stampfte vor Schmerz in den Sand und stürzte erneut.

Nein, nun konnte nichts mehr gelingen. Mit einem Fluch wurde er fortgeschickt.

Aimée lief aus der Loge; stöhnend vor Schmerz hatte sich Fritz wie ein Tier hinter einem Stapel Faßreifen versteckt. Rasend vor Zorn, stieß er atemlos und mit geballten Fäusten abgehackte Flüche aus, einen Haufen Gassenausdrücke, Schimpfworte aus dem Stall.

Aimée saß still daneben. Nur ihre weißen Lippen zitterten.

Lange saßen sie in der Dunkelheit versteckt hinter dem Stapel; Fritz hatte den Kopf gegen die Wand fallen lassen, er schlief vor Schmerz und Erschöpfung, während Aimée mit ihrem bleichen Gesicht regungslos sitzen blieb, als wache sie über seinen Schlaf.

Die Jahre vergingen. Sie waren inzwischen erwachsen.

Vater Cecchi war gestorben. Der Hufschlag eines Pferdes hatte ihn getötet.

Aber sie blieben zusammen. Es gab Erfolge und Rückschläge. Sie hatten bei großen Unternehmen gearbeitet, aber auch die kleinen kennengelernt.

Deutlich konnte Aimée das weißgekalkte, nackte Provinz-Pantheon vor sich sehen, in dem sie in jenem Winter gearbeitet hatten. Eiskalt war es dort. Vor jeder Vorstellung trugen sie zwei Kohlebecken hinein, und der Rauch breitete sich im ganzen Zirkus aus, so daß man kaum atmen konnte.

Draußen im Stall streckten blaugefrorene Artisten ihre nackten Arme über eine Kohlenschüssel, und die Clowns hüpften in ihren Schirting-Schuhen auf der bloßen Erde herum, um sich warm zu halten.

Die Cecchi-Truppe arbeitete in allen Bereichen. Sie tanzten, und Fritz war Aimées Partner. Aimée trat als Parforcereiterin auf, und Fritz zurrte als Stallmeister ihren Sattelgurt fest.

Die Truppe arbeitete hart, sie bestritten das halbe Programm.

Doch es ging nicht. Woche für Woche verschwand ein Pferd aus den Boxen, es mußte verkauft werden, um Futter für die anderen zu beschaffen … Die Artisten, die Geld hatten, zogen weiter, und diejenigen, die bleiben mußten, hungerten, bis letztlich alles vorüber war und kein Weg an der Schließung vorbeiführte.

Pferde, Kostüme, alles wurde ihnen genommen, die Gerichtsvollzieher waren gekommen und hatten reinen Tisch gemacht …

Es war am Abend des Tages, an dem es geschehen war.

Schweigend und niedergeschlagen saßen die wenigen Artisten, die noch geblieben waren, in dem dunklen Raum. Sie konnten nicht gehen. Wahrscheinlich hätten sie auch gar nicht gewußt, wohin.

Der Direktor saß im Stall vor den leeren Boxen auf einer Futterkrippe und weinte, wobei er unablässig immer wieder dieselben Flüche in den verschiedensten Sprachen murmelte.

Alles war ganz still, wie tot.

Nur die Hunde – das Gericht hatte sie vergessen – lagen traurig und mit wachsamen Augen auf einem Haufen Stroh.

Die Cecchi-Truppe ging ins Zirkusrestaurant. Alles war

verlassen. Der Wirt hatte sein Büffet geschlossen und die Gläser verpackt. Die wild durcheinanderstehenden Stühle und Tische verstaubten.

Die vier saßen schweigend in einer Ecke. Sie kamen von der Post. Es war ihr täglicher Gang. Sie holten die Briefe der Agenten. Doch die Briefe enthielten nur Absagen.

Es war Fritz, der sie öffnete und las. Die drei anderen saßen dabei und wagten gar nicht erst zu fragen.

Er öffnete Brief um Brief, las langsam, beinahe mißtrauisch, und legte den Brief beiseite.

Die anderen sahen nur ihn an, schweigend und verzweifelt.

Dann sagte er: »Nichts.«

Und einmal mehr saßen sie still vor diesen traurigen Briefen, die zu keiner Lösung führten.

Fritz sagte: »So können wir nicht weitermachen. Wir müssen uns etwas Besonderes einfallen lassen.«

Adolphe zuckte die Achseln. »Es gibt doch von allem genug«, sagte er bissig, »oder weißt du was Neues?«

»Arbeit in der Luft zahlt sich aus«, sagte Fritz gedämpft.

Die anderen schwiegen, und Fritz sagte mit unveränderter Stimme: »Wir könnten in den Kuppeln arbeiten.«

Wieder breitete sich Stille aus, bis Adolphe beinahe wütend sagte: »Du bist dir deiner Glieder offenbar ziemlich sicher?«

Fritz antwortete nicht. Es war jetzt ganz dunkel, und eine Weile sagte niemand ein Wort.

»Wir könnten uns auch trennen«, sagte Adolphe dann heiser und sehr leise.

Alle hatten sie den gleichen Gedanken gehabt, und alle hatten sich darüber erschrocken. Nun war es gesagt, und Adolphe fügte hinzu, wobei er in den dunklen und verlassenen Raum starrte: »Man kann schließlich nicht ewig an derselben Schüssel hungrig bleiben.«

Er sprach in einem gepreßten, erregten Ton, wie Menschen, die die leere Futterkrippe leid sind, doch Fritz erwiderte nichts, er starrte reglos auf den Boden.

Sie standen auf und gingen wortlos hinaus. In allen Gängen war es dunkel und kalt.

Sie gingen dicht nebeneinander, als Aimée mit einer Stimme, die Fritz nur mit Mühe verstehen konnte, leise sagte: »Fritz, ich arbeite in der Luft.«

Fritz blieb stehen.

»Ich wußte es«, sagte er ebenso leise und nahm ihre Hand.

Louise und Adolphe sagten nichts.

Sie beschlossen, in dieser Stadt zu bleiben. Fritz verpfändete ihre letzten Ringe. Adolphe schrieb nur weiterhin den Agenten. Doch Fritz und Aimée arbeiteten.

Sie hatten im Pantheon Trapeze aufgehängt und begannen mit dem täglichen Training. Sie übertrugen einige Parterrenummern auf das Trapez und quälten stundenlang ihre schweißgebadeten Körper.

Viertelstunde um Viertelstunde waren Fritz' Kommandorufe zu hören. Dazwischen verschnauften sie und saßen nebeneinander auf demselben Trapez, mit einem müden und matten Lächeln.

Mit der Zeit gewöhnten sie sich an die Arbeit und nahmen die Hanlon-Voltaschen Figuren in Angriff. Sie probierten es mit Sprüngen zwischen den Schaukeln und fielen kopfüber in das aufgespannte Netz.

Aber sie versuchten es gleich noch mal, unter anfeuernden Schreien: »*En avant.*«

»*Ça va.*«

»*Encore.*«

Fritz schaffte es, Aimée fiel.

Sie arbeiteten weiter.

In ihren Augen lag ihre Seele, ihre Muskeln spannten sich wie Federn, ihre Stimmen klangen wie unterdrückte Kampfschreie – sie schafften es.

Sie verfolgten einander mit den Augen, gebannt, wie im Fieber: »*En avant – du courage.*«

Aimée hatte es geschafft: Ihre Muskeln bebten, als sie an dem Trapez hing, das am weitesten entfernt war. Sie versuchte es erneut, und abermals gelang es. Freude überkam sie. Als würden sie sich an der Kraft ihrer eigenen Körper berauschen. Sie flogen aneinander vorbei, und wieder verschnauften sie, schweißtriefend, lächelnd, Hand in Hand.

Überwältigt vor Freude, lobten sie ihre Körper, streichelten sich über die Muskeln, von denen sie getragen wurden, und sahen sich mit strahlenden Augen an.

»*Ça va, ça va*«, riefen sie lachend.

Nach und nach wagten sie sich an schwierigere Übungen. Sie dachten über zusätzliche Schwierigkeiten nach. Sie probierten und berechneten. Sie vertieften sich mit dem Eifer eines Erfinders in die Nummern, diskutierten sie und überlegten sich Variationen. Fritz schlief nicht mehr: Der Gedanke an die Arbeit hielt ihn nächtelang wach.

Noch vor Sonnenaufgang klopfte er morgens an Aimées Tür und weckte sie.

Und wenn sie sich anzog, entwickelte er ihr noch vor der Tür seine Ideen und erklärte ihr alles – er mußte laut schreien, und sie antwortete mit dem gleichen Eifer, und so füllte sich das Haus mit ihren unbeschwerten Stimmen.

Louise setzte sich im Bett auf und rieb sich die Augen.

Mittlerweile sah sie dem Training zu. Sie war begeistert von der Geschwindigkeit, mit der die Arbeit vorankam; sie feuerte sie an, und sie applaudierte. Die beiden anderen antworteten von oben, und durch den Raum hallten ihre glücklichen Rufe.

Nur Adolphe saß stumm in einer Ecke am Stall.

Eines Tages war er hereingekommen, hatte sich hingesetzt und zugesehen. Niemand sprach mit ihm.

Das Training war vorbei, sie waren mit ihren Kräften am Ende: Erschöpft ließen sie sich in das ausgespannte Netz fallen.

Fritz sprang auf die Erde und hob Aimée behutsam aus dem Netz; wie ein Kind hielt er sie einen Moment glücklich in den hochgereckten Armen.

Sie zogen sich um und gingen zum Essen in ein kleines Wirtshaus.

Sie fingen an, über die Zukunft zu sprechen, darüber, wo sie nach Engagements fragen könnten, über die Gage, die sie bekommen würden, über den Namen, den sie sich geben wollten – über den Erfolg, der auf sie wartete.

Die beiden sonst so Stillen wurden gesprächig, sie lachten, sie planten ihre Zukunft. Und Fritz dachte sich ununterbrochen neue Nummern aus.

»Wenn wir es wagen würden«, sagte Fritz, glühend vor Eifer, »wenn wir es wirklich wagen würden.«

Und Aimée schaute ihn an und erwiderte: »Warum nicht? Wenn du willst.«

Irgend etwas in ihrem Ton berührte Fritz.

»Du bist tapfer«, sagte er unvermittelt und blickte sie an: Ihre Augen leuchteten ihm entgegen.

Den Kopf an die Wand gelehnt, saßen sie beide da und träumten, sie starrten in die Luft, eine lange Zeit.

Eines Tages probierten sie zum ersten Mal den letzten Sprung, der – und da waren sie einer Meinung – die große Sensation sein würde: Er gelang. Rücklings erreichten sie die Trapeze.

Von unten hörten sie einen Ruf. Es war Adolphe. Er hatte den Kopf in den Nacken gelegt und schrie mit glänzenden Augen ein gellendes »Bravo-Bravo« in die Kuppel hinauf.

»Bravo, bravo«, schrie er, hingerissen vor Bewunderung.

Und alle vier redeten wieder miteinander, Louise war dazugekommen, es entspann sich ein Gespräch zwischen oben und unten, es gab Erklärungen und Fragen.

An diesem Tag aßen sie gemeinsam, und am folgenden ebenfalls. Sie sprachen über die Nummern, als würden alle vier dabeisein. Fritz sagte: »Ja, Kinder, wie wäre es, wenn wir zu viert arbeiten. Ihr, Adolphe, oben ... nur mit festem Fangstuhl und Drehern, und wir, wir zwei, Aimée, unter euch ... mit dem ›Todessprung‹ ... Ja, wenn wir das täten ...«

Er fing an, es ihnen zu erklären, er entwarf einen neuen Plan, skizzierte alle Entwicklungsmöglichkeiten, nur Adolphe sagte kein Wort, und Louise wagte nicht zu antworten.

Doch am nächsten Tag fragte Adolphe – er schaute dabei zu Boden und trat von einem Bein aufs andere –: »Trainiert ihr heute nachmittag?«

Nein, sie trainierten nicht.

»Weil«, sagte Adolphe, »man ja so nur seine Zeit vergeudet, und die Gliedmaßen ganz steif werden ...«

Am Nachmittag fingen Adolphe und Louise an zu trainieren. Die beiden anderen sahen zu. Sie feuerten sie an und gaben ihnen Ratschläge.

Fritz saß so unbeschwert da und spielte mit Aimées Hand.

»*Ça va, ça va*«, riefen sie von unten.

Oben flogen Louise und Adolphe tollkühn zwischen den Schaukeln.

»*Ça va, ça va ...*«

Sie wußten, daß sie nun zusammenbleiben würden.

Die Proben gingen zu Ende. Ihre »Nummer« stand. Sie arbeiteten so, wie Fritz es geplant hatte. Sie nannten sich »Die vier Teufel« und ließen in Berlin Kostüme entwerfen und schneidern.

Sie debütierten in Magdeburg. Dann zogen sie von Stadt zu Stadt. Sie hatten überall Erfolg.

Aimée hatte sich ausgezogen und war zu Bett gegangen; schlaflos lag sie da und starrte hinauf in die Dunkelheit.
– Ja, so deutlich sah sie alles vor sich, vom ersten Tag an. Sie hatten ihr ganzes Leben gemeinsam verbracht, das ganze Leben Seite an Seite.

Und jetzt war sie gekommen, *sie*, diese Fremde; und bei dem bloßen Gedanken an sie mahlte die junge Akrobatin mit den Zähnen, in einer ohnmächtigen, einer verzweifelten, einer rein physischen Wut.

Was wollte sie von ihm, *sie*, mit ihren Katzenaugen? Was wollte sie von ihm, mit diesem Lächeln wie ein Flittchen? Was wollte sie von ihm, wenn sie sich anbot wie eine Hure? Ihn verderben, ihn ihr wegnehmen, ihm die Kraft rauben, ihn vernichten.

Aimée biß in ihr Laken, zerknüllte ihr Kopfkissen, fand für ihre fieberheißen Hände keine Ruhe.

Ihr Vorrat an verzweifelten Schimpfworten war nicht groß genug, sie kannte nicht genügend gemeine Beleidigungen und wütende, bittere Vorwürfe – bis sie erneut in Tränen ausbrach und wieder diesen vollkommen lähmenden Schmerz spürte, der sie Tag und Nacht verfolgte, Tag und Nacht.

IV

Fritz lag mit geschlossenen Augen da, den Kopf im Schoß seiner Geliebten. Langsam und immer langsamer glitten die Spitzen ihrer Fingernägel sanft über sein blondes Haar.

Fritz blieb mit geschlossenen Augen liegen, seinen Kopf in ihrem Schoß: Er war es tatsächlich, Fritz Schmidt aus dieser kleinen Gasse in Frankfurt, er, der Bursche ohne Vater, dessen Mutter eines Tages betrunken in den Fluß gesprungen war und dessen Großmutter ihn verkauft hatte – ihn und den Bruder – für zwanzig Mark …

Er, Fritz Schmidt, genannt »Cecchi von den Teufeln«, war tatsächlich zu ihrem Liebhaber geworden, zum Liebhaber der »Dame aus der Loge«. Es war *sein* Nacken, der an ihrem Knie lag. Es war *sein* Arm, der ihren Körper umarmen konnte. Es war sein Hals, auf dem nun ihre Lippen ruhten.

Er, Fritz »Cecchi von den Teufeln«.

Und er öffnete einen Moment die Augen und sah mit demselben unbegreiflichen, trunkenen Erstaunen ihre zarte Hand, so weich und von keiner Arbeit verdorben, ihre Nägel, hellrot und gewölbt, und ihre Haut, so mattweiß, diese Haut, die er so gern küßte, sanft und ausgiebig …

Ja – die Hand glitt über seine Stirn.

Er war es, der den Duft ihres so nahen Körpers wahrnahm, wenn er atmete, ihrer Kleider, deren Stoffe ihn an Wolken denken ließen – oh, wie seine Hände es liebten, sie zu streicheln …

Er war es, auf den sie nachts an der hohen Pforte wartete, und beim Warten fror sie wie vor Kälte. Er war es, den sie durch den kleinen Garten des Palais führte und an dessen Körper sie sich bei jeder sich bietenden Gelegenheit hängte …

Er war es, dessen Lippen sie ihre »Blume« nannte, und dessen Arme ihr »Verderben«.

Fritz Cecchi lächelte und schloß wieder die Augen.

Sie sah sein Lächeln, beugte ihren Kopf zu ihm hinunter und fuhr ihm mit den Lippen weich über sein Gesicht.

Fritz lächelte noch immer, versunken in sein eigenes Erstaunen.

»Es ist sonderbar«, sagte er sanft und wiederholte es in

demselben Tonfall, »es ist sonderbar«, und dabei schüttelte er ein wenig den Kopf.

»Was?« fragte sie.

»Das hier«, antwortete er nur und gab sich wieder still ihren Küssen hin, als hätte er Angst, aus einem Traum zu erwachen. Sein Lächeln verschwand nicht, und in Gedanken wiederholte er ständig ihren Namen, stets aufs neue erstaunt über diesen Namen – einer der großen Namen, deren Klang zu Europa gehörte und von dem sogar er gehört hatte, wie eine Sage…

Langsam schlug er wieder die Augen auf, sah sie an, ergriff mit beiden Händen ihre Ohren und lachte wie ein Junge, als er hineinkniff – immer fester: Auch *das* konnte er sich erlauben, auch das.

Er richtete sich ein wenig auf und ließ den Kopf an ihre Schulter gleiten. Sein Lächeln blieb unverändert, als er sich im Zimmer umsah.

Alles erschien ihm als ein Wunder, alles, was ihr gehörte; die tausend zerbrechlichen Nippesstücke, die überall auf diesen sonderbaren Möbeln mit ihren zierlichen Beinen standen; fast wagte er nicht, sie zu berühren, und er – der Jongleur – nahm sie so behutsam zur Hand, als würden sie zwischen seinen Fingern zerbrechen; dann wiederum konnte er übermütig (denn *er* war hier der Herr, er, Fritz Schmidt) mit einem dieser luxuriösen Tische jonglieren oder mit einer ganzen Etagere balancieren, während sie lachte, immer nur lachte …

Die Gemälde waren ihm fremd, diese Bilder der Ahnen in der Kleidung der Restaurationszeit, mit ihren Zierdegen und den Handschuhen an den Händen. Es gab Augenblicke, in denen er den Gemälden plötzlich direkt ins Gesicht lachte, übermütig wie ein Lausbub – und nicht aufhören konnte zu lachen, denn er, Fritz Schmidt, saß hier bei ihr, bei ihren Blutsverwandten, und sie war *sein*.

Und er lachte nur weiter, ohne daß sie begriff, warum. Schließlich fragte sie:»Warum lachst du eigentlich?«

»Na ja«, antwortete er und hörte dabei nicht auf zu lachen.»Weil es komisch ist, so komisch …«

Hier zu sein versetzte ihn in ein ebenso glückliches wie scheues Erstaunen.

Daß er hier der Herr war.

Und als Herr fühlte er sich, denn sie war sein. Er besaß sie. In seinem unzivilisierten Hirn kreisten sämtliche Gedanken um den unbegrenzten Besitz des Mannes, den Besitz einer Frau, den *er* vollendete, indem er sie befruchtete – er, der Handelnde, der Aktive, er, der sie sogar im verzehrenden Genuß unter seinen muskulösen Lenden zerquetschen konnte.

Doch sämtliche männlichen Urvorstellungen – Fritz frohlockte, wenn er sie zügelte und zähmte oder auch hemmungslos einsetzen konnte –, sie schwanden macht- und hilflos vor seinem stummen und immer wiederkehrenden Erstaunen über sie: Noch ihr kleinstes Wort hatte einen anderen Klang, einem anderen Ton; ihre geringste Bewegung war von anderer Art; jeder Teil ihres Körper war von einer eigenen, fremdartigen Schönheit, unerschlossen und zart …

Und er wurde gefügig und furchtsam, und plötzlich schlug er die Augen auf, um sich zu vergewissern, daß es kein Traum war, und streichelte langsam ihre zarten, schlanken Finger: doch, es war wahr.

Ihre Hände glitten weiter durch sein Haar, langsamer und langsamer werdend, und sein Atem ging hastiger, während er so tat, als würde er schlafen.

Mit einemmal blickte er zu ihr auf.

»Aber was wollen Sie nur von mir?« fragte er.

»Du dummer Mann«, flüsterte sie und hielt ihren Mund dicht über seine Wange.»Du dummer Mann.«

Sie flüsterte weiter, direkt an seinem Ohr – und der Klang ihrer Stimme erregte ihn mehr als alle Zärtlichkeiten: »Du dummer Mann, du dummer Mann.«

Und als wolle sie seinen schönen, apathischen Körper in einen Rausch wiegen, flüsterte sie: »Du dummer Mann, du dummer Mann.«

Doch er richtete sich bloß auf, lächelte und setzte sich neben sie, dann legte er ihren Kopf an seine Brust, und als er sie ansah, sagte er unsagbar zärtlich: »Könntest du hier schlafen?« Und schaukelte sie wie ein Kind in seinen Armen.

Bis sie beide lachten und sich in die Augen sahen: »Du dummer Mann.«

Da begannen seine Augen aufzulodern, und er packte sie, hastig und ohne ein Wort trug er sie auf seinen Armen durchs Zimmer – dort hinein.

Nur die hellblaue Lampe sah leise zu, wie ein schläfriges Auge.

Der Tag graute, als sie sich trennten. Doch in jedem Winkel, auf den Treppenstufen, im Garten mitten vor dem stillen Haus – einem vornehmen und ehrbaren Haus mit verhüllten Fensterscheiben – verlängerten sie atemlos die Stunden ihres Zusammenseins, während sie noch immer dieselben drei Worte flüsterte, die der Kehrreim ihrer Liebe waren – einer Liebe, deren einzige Seele der Instinkt war: »Du dummer Mann.«

Dann riß Fritz sich los, und die Pforte fiel hinter ihm zu.

Doch sie hielt ihn zurück, und noch einmal kehrte er um. Noch einmal nahm er sie in die Arme und plötzlich fing er an zu lachen – während er vor dem großen Palais neben ihr stand.

Und als würden sich ihre Gedanken treffen, lachte auch sie zum Haus ihrer Vorväter hinauf.

Nach jedem einzelnen der großen steinernen Wappen über den Fenstern fragte er, nach jeder Inschrift der Portale, und sie lachte und lachte, als sie ihm antwortete.

Es waren die stolzesten Namen des Landes. Er kannte sie nicht, aber sie wußte über jeden dieser Namen etwas zu erzählen.

Es waren Geschichten von Ruhm. Es waren Geschichten von Kämpfen. Es waren Geschichten von Siegern auf Schlachtfeldern.

Er lachte.

Es waren Wappenschilde, deren Träger den Thron verteidigt hatten. Es waren Ahnenzeichen, die sich bis auf den Stuhl Petris zurückführen ließen.

Er lachte.

Und als würde sie von dieser Respektlosigkeit erregt, wurden ihre Zärtlichkeiten im Morgengrauen heißer, roh und geradezu blasphemisch; und sie erzählte weiter, als wolle sie vom Haus ihrer Vorfahren mit jedem Wort ein Schild nach dem anderen herunterreißen und im Schmutz ihrer Liebe zerstören.

»Und dies?« fragte er und zeigte auf ein Wappen.

»Und das?«

Sie hörte nicht auf.

Es war die Geschichte von Jahrhunderten. Hier wurden Throne errichtet, und Königsstühle stürzten zusammen. Dieser war ein Freund des Kaisers. Und jener wurde zum Königsmörder.

Und sie hörte nicht auf zu erzählen; an die Schulter des Akrobaten gelehnt, genoß sie, flüsternd und mit schneidendem Spott, die Wirkung dieser Entweihung.

Auch er geriet in einen Rausch.

Beide schienen sie diesen Untergang zu sehen, den Zerfall dieses großen Hauses mit seinen Wappen, Portalen, Schildern, Erinnerungstafeln und Turmspitzen – dieses Haus wurde vernichtet, es stürzte ein unter dem Wirbelsturm ihres Triebes.

Dann riß sie sich los und flüchtete über den Gartenweg.

An der kleinen Tür drehte sie sich ein letztes Mal um und winkte, und dem großen Wappenschild an der Vorderfront warf sie – als letzten Scherz – eine Kußhand zu und lachte.

Fritz ging heim. Er hatte das Gefühl, zwei Flügel unter den Füßen zu haben. Noch immer spürte er jede ihre Zärtlichkeiten.

Um ihn herum erwachte die große Stadt.

Wagen rollten durch die Straßen. Beladen mit sämtlichen Schätzen des Blumenmarkts – Veilchen, frühe Rosen, Aurikeln und Goldlack.

Fritz sang. Halblaut sang er die Verse des Liebeswalzers:

> *Amour, amour*
> *oh, bel oiseau*
> *chante, chante,*
> *chante toujours.*

Noch immer fuhren die Wagen an ihm vorbei. Die ganze Straße füllte sich mit ihrem Duft.

Die Blumenverkäufer, die in große Decken gehüllt auf dem Kutschbock saßen, drehten sich auf ihren Sitzen um und lächelten ihm zu.

Er sang noch immer:

> *Amour, amour*
> *oh, bel oiseau*
> *chante, chante,*
> *chante toujours.*

In der Gasse, in der sie wohnten, war es noch vollkommen ruhig, zwischen den hohen Häusern noch immer halbdunkel. Fritz ging langsamer. Als er sich das Haus, in dem sie wohnten, von oben bis unten ansah, summte er noch immer.

Einen Moment zuckte er zusammen, er hatte das Gefühl, als hätte er oben hinter dem Fenster ein Gesicht gesehen.

Blaß, mit angehaltenem Atem lauschte Aimée hinter ihrer Tür: Ja, er war es.

Amour, amour
oh, bel oiseau
chante, chante,
chante toujours.

Oben wurde die Tür geschlossen, und alles war wieder ruhig.

Weiß wie eine Schlafwandlerin, die Hände gegen die Brust gepreßt, ging Aimée wieder zu Bett. Reglos starrte sie in den grauen Tag: einen neuen Tag.

V

Es war spät, als Fritz Cecchi erwachte, und erschöpft erinnerte er sich nach und nach an alles, während er Adolphe unschlüssig zusah, der seinen nackten Körper mitten im Zimmer mit einem nassen Handtuch abrieb.

»Du wachst ja doch noch auf«, sagte Adolphe spöttisch.

»Ja«, antwortete Fritz nur und schaute dem Bruder weiter zu.

»Du solltest jetzt besser aufstehen«, sagte Adolphe, ohne daß sich sein Tonfall änderte.

»Ja«, sagte Fritz; doch er machte keinerlei Anstalten, sondern starrte nur reglos auf den starken und unberührten Körper des Bruders, an dem jeder Muskel zu leben schien;

er spürte eine dumpfe Wut, den bitteren, elenden Zorn eines Besiegten.

Und während er den Bruder anstarrte, hob er plötzlich die Arme und spürte keinerlei Kraft darin, er drückte die Beine gegen das Fußende des Bettes und fühlte, wie schlaff ihre Muskeln waren; ein fahler, wüster Groll gegen sich selbst lähmte ihn, gegen seinen Körper, gegen seinen Trieb, gegen sein Geschlecht und gegen sie: die Diebin, die Räuberin, die Vernichtende ... *sie.*

Er konnte keinen Gedanken fassen vor Zorn. Er wußte nur eins: In seinem Wahn hätte er sie totschlagen können, mit den geballten Fäusten. Zoll für Zoll. Während sie schrie und lachte. Bis sie keine Luft mehr bekam. Mit den Absätzen und den Füßen.

Wieder hob er die Arme und drückte die Hände zusammen, und wieder spürte er das Versagen seiner kraftlosen Muskeln, seine Zähne mahlten vor Wut.

Adolphe ging hinaus und schlug die Tür zu.

Jetzt sprang Fritz auf. Er untersuchte seinen nackten Körper. Er versuchte einige Übungen, sie gelangen ihm nicht. Er probierte es mit Parterrearbeit, er konnte es nicht. Seine müden Glieder zitterten nur widerstrebend.

Er versuchte es erneut. Er schlug sich selbst. Er versuchte es wieder. Er kniff sich mit den Fingernägeln.

Es war vergeblich.

Nichts gelang.

Er rannte mit der Stirn gegen die Wand und versuchte es noch einmal.

Vergeblich.

Nichts gelang.

Erschöpft setzte er sich vor den großen Spiegel und betrachtete jeden einzelnen Muskel seines müden, schlaffen Körpers.

Dann war es also wahr: Sie nahmen alles. Die Gesundheit,

die Kraft, die Stärke der Muskeln. Dann war es wahr: Alles wurde zerstört, die Arbeit, die Position und der Name.

– Ja, so war es.

Und es würde ihm so gehen wie den anderen, und bald wäre es vorbei.

Es würde ihm gehen wie »The Stars«, die von Stadt zu Stadt zwei Huren mitgeschleppt hatten, mit denen sie schliefen, und die sie verprügelten, bis sie dann ins Irrenhaus gesteckt wurden.

Es würde ihm gehen wie Charles, dem Jongleur – der sich mit Adelina eingelassen hatte, der Sängerin; wie ein Trinker verlor er die Kraft seiner Glieder. Dann hatte er sich an einem Baum erhängt.

Oder Hubert, der mit der Frau eines Stallknechts durchgebrannt war und jetzt als Reiter auf einem Rummelplatz arbeiten mußte, oder Paul, der Jockey, der sich in »Anita mit den Messern« verguckt hatte und nun Anreißer einer Schaubude war.

– Ja, sie alle hatten ihre Körper verdorren lassen.

Er stand wieder auf.

– Aber er *wollte* sich nicht unterkriegen lassen.

Und wieder begann er mit der Arbeit, quälte sämtliche Muskeln, spannte sie mit allen Kräften an, reizte jede Faser seines Körpers.

Es ging.

Und sofort zog er sich an. Er warf sich die Kleider über, machte sich zurecht und ging. Er wollte trainieren – im Zirkus trainieren, am Trapez.

Adolphe, Aimée und Louise hatten bereits mit der Arbeit begonnen und hingen in ihren grauen Blusen an den Trapezen.

Fritz zog sich um und fing an, am Boden zu arbeiten. Er lief auf den Händen und balancierte erst auf der rechten, dann auf der linken Hand, sein ganzer Körper zitterte.

Schweigend sahen die anderen von ihren Schaukeln aus zu.

Dann schwang er sich ins Netz, jäh und hitzig, und kletterte bis zur Schaukel gegenüber von Aimée. Er ließ sich an den Armen fallen, der schlanke Körper streckte sich, und er begann.

Aimée blieb sitzen. Mit schweren Augen, denen der Schlaf fehlte, starrte sie diesen Menschen, den sie liebte, unverwandt an, den *Mann*, den sie liebte und der von einer Liebesnacht bei einer anderen kam.

Jahr um Jahr hatten sie Körper an Körper gelebt.

Ihre Augen musterten ihn – seinen Nacken, der sie getragen hatte, seine Arme, die sie gefangen hatten, seine Oberschenkel, die sie umschlossen hatten …

Und die ganze handwerkliche Routine, all das Wissen um ihre Arbeit erhöhten nur ihre Qual.

Stumm, überwältigt von einem fürchterlichen Schmerz – einem physischen Schmerz, der so nur von ihr empfunden werden konnte –, sah sie Fritz mit stieren Augen bei der Arbeit zu.

Doch Fritz weckte sie.

»Wieso fängst du nicht an?« rief er grob.

»Ja, gleich.«

Sie zuckte zusammen und richtete sich unwillkürlich in ihrer Schaukel auf. Eine Sekunde nur trafen sie ihre Blicke. Und Fritz sah plötzlich ihr kalkweißes Gesicht, die starren Augen, den steifen, reglosen Körper, und er verstand alles.

In diesem Moment verspürte er einen nicht zu beherrschenden, unbändigen Widerwillen vor dem Körper dieser Frau, einen Ekel, einen Abscheu – vor der Berührung dieses Körpers einer anderen Frau, die ihn liebte.

Einen nicht zu bezähmenden, eisigen Widerwillen, wie einen Haß.

»Fangt an«, schrie Adolphe.

»Fangt doch an«, rief Louise.

Aber noch zögerten sie.

Dann schossen sie aufeinander zu und trafen sich. Bleich musterten sie sich gegenseitig, und wieder flogen sie. Er fing sie, aber sie fiel. Sie begannen erneut, doch diesmal stürzte er.

Wieder versuchten sie es, Auge in Auge, und mit jedem Mal schienen sie bleicher zu werden. Beide fielen, Fritz zuerst.

Louise und Adolphe lachten auf ihren Schaukeln laut auf. Adolphe rief: »Du hast ja wirklich einen Glückstag.«

Louise schrie: »Jemand muß ihn mit dem bösen Blick bedacht haben«, und wieder war von den Schaukeln Gelächter zu hören.

Beide arbeiteten weiter, doch abermals mißlang es. Diesmal ließ Aimée los, und Fritz schimpfte lauthals von unten aus dem ausgespannten Netz.

Und auf einmal stritten sie alle, hitzig und erbittert, mit lauten, sich überschlagenden Stimmen, nur Aimée blieb mit denselben aufgerissenen Augen sitzen, blaß von der anstrengenden Arbeit.

Wieder schwang Fritz sich hinauf, und wieder versuchten sie es. Beide schrien, beide stießen sich ab.

Mit einem Schrei flogen sie aufeinander zu und umschlangen sich in wilder Raserei.

Das war keine Arbeit mehr. Das war ein Kampf. Sie fingen sich nicht mehr, sie griffen nicht mehr zu, sie umfaßten sich nicht mehr. Sie rangen nur noch miteinander und packten sich wie Tiere.

Leidenschaftlich schienen diese beiden Körper, mitten in der Luft, in einem verzweifelten Streit ihre Kräfte zu messen.

Sie hörten nicht auf. Sie gaben keine Kommandos mehr. Als taumelten sie sinnlos und mit brutalem, unausweichlichem Haß, über sich selbst erschrocken, in einem furchtbaren Faustkampf durch die Luft.

Und plötzlich, mit einem Schrei, stürzte Aimée. Einen Moment lang lag sie wie leblos im Netz.

Fritz schwang sich auf seine Schaukel, bleich wie eine Maske betrachtete er mit zusammengebissenen Zähnen die Besiegte.

Er richtete sich auf seinem Trapez auf und sagte: »Sie kann nicht mehr arbeiten. Wir müssen wechseln – sie nimmt die obere Schaukel, und Louise arbeitet hier.«

Sein Ton war hart, wie bei jemandem, der zu befehlen gewohnt ist. Niemand antwortete, doch Louise begann sich langsam aus der Kuppel auf Aimées Schaukel hinabgleiten zu lassen.

Aimée sagte nichts. Wie ein in die Knie gesunkenes Tier hatte sie sich im Netz nur halb aufgerichtet.

Dann kletterte sie langsam das lange Seil zur Kuppel hinauf.

Und erneut begannen sie mit der Arbeit.

Fritz war jedoch mit seinen Kräften am Ende. Er war zu verbittert. Seine Arme trugen ihn nicht mehr – er fiel, und Louise stürzte ebenfalls.

»Was ist los mit dir?« rief Adolphe. »Bist du krank? Übernimm die Kuppel, das wirst du ja wohl noch schaffen – so geht es jedenfalls nicht.«

Fritz antwortete nicht, mit gesenktem Kopf saß er da, als hätte ihn jemand geschlagen.

Dann sagte er – eher murmelte er es durch die zusammengepreßten Zähne: »Ja, vielleicht sollten wir wechseln – für heute.«

Er stieg aus dem Netz und verließ die Manege. Die Knöchel seiner geballten Fäuste waren weiß. Er hatte das Gefühl, als flüsterten die Stallknechte seinen Namen, und scheu wie ein Hund ging er an ihnen vorbei.

In der Garderobe warf er sich auf die Matratze. Er spürte seinen Körper nicht mehr. Doch seine Augen brannten.

Er fand keine Ruhe. Wieder begann er mit den Übungen. So wie man an einem schmerzenden Geschwür herumdrückt, forderte er seinen erschöpften Körper weiter.

Fieberhaft versuchte er es mit einer Übung nach der anderen.

Nichts gelang; wieder warf er sich auf die Matratze, probierte es aber gleich darauf erneut. Und dieser Kampf mit den vergeblichen Versuchen erschöpfte ihn nur noch mehr.

So verging der Tag. Er blieb im Zirkus. Er schlich um die Manege wie das schlechte Gewissen um den Tatort.

Am Abend arbeitete er mit Louise in der Kuppel.

Wie ein Wahnsinniger kämpfte er mit seinen Gliedmaßen, die ihm nicht gehorchen wollten. Verzweifelt spannte er seine zitternden Muskeln an.

Es ging – einmal, zweimal, noch einmal.

Er flog zurück, er flog vor, er verschnaufte.

Er sah nichts, nicht die Kuppel, nicht die Logen, nicht Adolphe. Nur das Trapez, das er erreichen sollte, und Louise, die vor ihm hing.

Dann stieß er sich ab und schwang sich mit einem Schrei – das plötzliche Sausen des Blutes schien sein angsterfülltes Hirn sprengen zu wollen – auf Louises Beine zu – und fiel in das heftig schaukelnde Netz.

Es war still in dem ungeheuren Raum – so still, als hielte man ihn für tot.

Fritz richtete sich mit dem Oberkörper zur Hälfte auf. Er wußte nicht, wo er war. Jetzt besann er sich, und mit einer entsetzlichen Anstrengung sah er wieder die Manege, das Netz und die schwarze Reihe von Menschen, die Logen und – *sie*.

Und überwältigt von der Verzweiflung – mehr über die Demütigung als über die Schmerzen des Sturzes –, erhob er auf einmal die geballten Fäuste und sank wieder zusammen.

Die drei anderen hatten abgebrochen, verwirrt verständigten sie sich durch Zurufe. Blitzschnell war Adolphe an dem herabhängenden Seil nach unten geklettert.

Er und zwei Stallmeister hoben Fritz aus dem Netz, sie hielten ihn an beiden Seiten untergehakt, so daß es aussah, als könne er selbst gehen.

Dann erst glitt Aimée langsam das Seil herab. Sie bewegte sich wie eine Blinde; sehen – konnte sie nichts.

Zwei Artisten standen am Eingang.

»Dem Netz kann er dankbar sein«, sagte der eine.

»Tja«, entgegnete der andere, »sonst wäre er schon kalt.«

Aimée zuckte zusammen, als sie die Worte hörte. Und als sähe sie alles zum ersten Mal, musterte sie mit einem einzigen langen Blick das Netz, die Seile und die Schaukeln.

Einer von den Artisten folgte ihrem Blick.

»Ist aber auch schändlich hoch«, sagte er.

Aimée nickte nur ganz langsam ...

Es war wieder Ruhe eingekehrt, und die Vorstellung ging weiter. In der Garderobe war Fritz von der Matratze aufgestanden und saß vor seinem Spiegel. Ihm war nichts passiert, er war durch den Fall lediglich etwas benommen.

Adolphe zog sich an, und lange sprach niemand ein Wort.

Dann sagte Adolphe: »Dir ist hoffentlich klar, daß es so nicht geht?«

Fritz antwortete nicht. Bleich saß er da und wandte den Blick nicht von seinem Spiegelbild.

Adolphe war fertig, und sie hörten Louise an die Garderobentür klopfen.

»Bist du endlich soweit?« fragte Adolphe. »Sie warten.«

Fritz nahm die tickende Uhr von seinem Spiegel, und sie

gingen hinaus, wo die beiden Schwestern sie schweigend erwarteten. Still gingen sie nach Hause. Fritz neben Louise.

Die Demütigung brannte ihm in der Seele, als hätte er eine Wunde in der Brust.

VI

Fritz und Adolphe waren schon vor einer Weile zu Bett gegangen, und Adolphe schlief, erschöpft und mit offenem Mund, so wie Akrobaten schlafen, deren Körper sich in tiefer Ruhe erholen.

Nur Fritz fand keinen Schlaf; er lag auf dem Rücken, ruhelos und in dumpfer Verzweiflung:

Es war also passiert. So schnell konnte es gehen. Er konnte nicht mehr arbeiten.

Alles in ihm drehte sich nur um diesen einen Gedanken: Nun konnte er also nicht mehr arbeiten. Und ganz langsam, ganz allmählich, machte er sich klar, wie es dazu gekommen war, Tag für Tag, Nacht für Nacht. Ruhig und erschöpft sah er alles wieder vor sich: das blaue Zimmer und das hohe Bett mit seinen drei Stufen und sie beide; den gelben Saal mit dem Ruheplatz hinter dem Wandschirm, den Portraits und sie beide; die Treppe, auf der die Lampe ausging, und sie beide ...

Und den Garten, in den er immer wieder zurückgekehrt war.

Und nun war es also vorbei. Nun also ging die Saat auf.

Er wußte es.

Und seine Gedanken schleppten sich weiter dahin.

Aber so wie sie ihn vernichtet hatte, so könnte er auch sie vernichten. Er könnte es tun.

Er könnte eines Nachts dorthin gehen und sich Einlaß verschaffen. Und wenn er dort war, bei ihr, mit ihr — und wieder wurde er in seinen Gedanken unterbrochen, und er sah die blaue Kammer, sie beide –, könnte er, würde er klingeln, das Haus zusammenklingeln, bis ihr Mann, die Diener und Dienstmädchen, einfach alle zusammenliefen und sie sahen – *sie*.

Ja, das könnte er tun.

Nackt müßte sie sein, schamlos entblößt – so, wie er sie jetzt vor sich sah –, zu ihrer eigenen Schande.

Ja, so wollte er es.

Und plötzlich, als ihm noch einmal alles vor Augen stand, sagte er: »Ja, das will ich – jetzt.«

Jegliche Unruhe wich von ihm: Ja, warum sollte er es eigentlich nicht jetzt gleich tun? Jetzt, da der Plan noch frisch und seine Wut noch nicht verraucht war? Jetzt, da er die feste Absicht hatte? Doch, er würde es jetzt tun.

Und rasch, ohne das Licht anzuzünden, begann er nach seinen Kleidern zu suchen, ohne jeden Lärm, um Adolphe nicht zu wecken, und die ganze Zeit sah er es vor sich: Sie beide in dem blauen Zimmer, sie beide mitten im blauen Zimmer. Dort sollte es geschehen.

In seiner Hast stieß er gegen einen Stuhl, und sofort setzte er sich leise aufs Bett, voller Angst, Adolphe könnte aufwachen. Er durfte nicht aufwachen.

Dann zog er sich an, lautlos und mit angehaltenem Atem.

Er wollte fort, er *mußte* fort – jetzt.

Adolphe drehte sich in seinem Bett um und murmelte: »Zum Teufel, was ist denn los?« Dann fragte er: »Wo willst du hin?«

Fritz antwortete nicht. Halb angezogen schlüpfte er unter die Decke, um sich zu verstecken, und zitterte plötzlich wie ein ertappter Dieb.

Und als er Adolphes Atem kurz darauf wieder hörte, zog er sich weiter an, doch diesmal blieb er im Bett; noch immer

zitternd vor Angst, als würde er seine eigenen Kleider steh-
len … und weil er *wußte, warum er dorthin wollte.*

Er war aufgestanden. Er tastete sich vor und lächelte bei
jedem Möbelstück, das er nicht anstieß; ohne zu atmen, ori-
entierte er sich an der Wand; schlau wie ein Säufer, der un-
bemerkt zu seiner Flasche schleicht.

Und es gelang ihm, die Tür zu öffnen, und sie wieder zu
schließen, hinauszugehen und nach unten zu kommen, die
ganze Zeit auf leisen Sohlen …

Und ihm war bewußt, daß er sich schamlos wie ein Hund
benahm. Und er sagte: Morgen kann ich also nicht arbeiten.
Und er wußte: Na gut, dann also ganz ins Verderben.

Und er lief nur noch schneller an den Häusern entlang,
im Schatten …

Im Haus hatte ihn niemand gehört. Bis auf Aimée.

Sie folgte ihm, schlich die Treppe hinunter und heraus
dem Haus, hinüber auf die andere Straßenseite …

Wie zwei Schatten, die sich jagten, liefen sie durch die
stillen Straßen lautlos hintereinander her.

Dann erreichte Fritz das Palais und das kleine Gitter, jetzt
ging er hinein, jetzt erstarb sein Schritt. Von einer Toröff-
nung geschützt, stand Aimée vor den Fenstern des Palais.

Sie sah Licht, das sich in den Fenster des ersten Stocks
bewegte. Sie sah zwei Schatten hinter den Spitzengardinen.

– Das waren sie.

Wieder bewegte sich das Licht, wieder sah sie die Schatten – dann wurde es gelöscht … Nur ein bläulicher Schimmer leuchtete schwach hinter dem letzten Fenster.

– Dort waren sie. Hinter *diesen* Scheiben waren sie.

Mit angehaltenem Atem starrte Aimée auf diese Fenster
und litt unter der Folter der Eifersucht: Alle Bilder und Gedanken tauchten gleichzeitig auf und marterten sie.

All diese Bilder, die zur letzten Qual der Verlassenen gehören, erschienen nun vor der jungen Akrobatin, obwohl sie

doch keusch geblieben war – als würden sie von lebendigen Händen auf diese Scheibe gezeichnet, hinter der er war, hinter der *sie* waren.

Und ihr ganzes aufopfernd gelebtes Leben, ihre ganze Existenz, die aus milder Hingabe bestand, alles, was sie je gedacht hatte, jeder Gedanke an ihn voller Zärtlichkeit, alles, was sie je gewollt hatte, jeder gemeinsame Plan – all das versank vor diesen Bildern in den Boden: den Bildern von zwei Körpern.

Ihr ganzes Leben zerbrach, Stück für Stück, Erinnerung um Erinnerung, Gedanke um Gedanke, wurde verschlungen, zerstört und verschwand in diesem einzigen Gefühl: dem Begehren, dem jämmerlichen Begehren der Verlassenen.

Nichts blieb zurück: nicht ihre Hingabe, nicht ihre Zärtlichkeit, nicht ihre Opferbereitschaft – nichts … Alles wurde in ihrem Leid bedeutungslos, in ihrem Verlassensein entwertet, und reduzierte sich auf den großen, ursprünglichen Impuls:

Den *Trieb*, den triumphierenden, alles zerstörenden Trieb.

Die Stunden vergingen.

Dann öffnete sich die Pforte und wurde wieder geschlossen.

Er war es.

Und in einem neuen, verzweifelten Anfall der Qual sah ihn Aimée langsam, grau in dem anbrechenden Tag, an sich vorübergehen.

VII

»Aimée«, sagte Louise in einem Ton, als wolle sie ihre Schwester wecken, »schläfst du?«

Aimée hob nur den Arm – merkwürdig langsam – und steckte das lange Haar auf.

»Man könnte es glauben«, sagte Louise.

Und Aimée saß wieder reglos vor dem Spiegel, in dem sie ihr eigenes Bild sah – als würden zwei Schlafende sich mit offenen Augen anstarren.

Langsam zog sie die Bluse an, stand auf und ging hinaus; noch immer mit diesem merkwürdigen Blick, als folge sie einer unsichtbaren Erscheinung, und mit dem Gang eines Automaten, als hätte sich die Seele in ihrem toten Körper für immer zur Ruhe begeben.

Louise folgte ihr, und zusammen gingen sie hinaus in den dunklen Saal, wo Fritz bereits auf den Schaukeln wartete.

Es schien, als hätte Aimée noch nie so sicher gearbeitet wie heute: mit einer geradezu mechanischen Geschwindigkeit griff sie zu, ließ sie los, flog sie.

Sie arbeitete wieder mit Fritz, und es hatte den Anschein, als wäre ihre Ruhe ansteckend: Wie die toten Räder und Teile einer Maschine trafen sie sich, trennten sie sich und trafen erneut aufeinander. Und verschnauften wieder auf den Schaukeln, die sich gegenüber hingen.

Es schien, als würde Aimée in dem weiten Raum nichts anderes sehen, nichts anderes als – seinen Körper.

Diesen lebendigen Körper, diese bebende Brust, diesen atmenden Mund, diese Adern, in denen es heiß pulsierte – all das konnte still und kalt werden.

Still und vollkommen kalt.

Die hervorspringenden Muskeln, die Hände, die sie fingen, der Nacken, in dem das Leben saß – sollten still und kalt werden.

Die Arme regungslos, die Muskeln wie Stein und die Stirn kalt, der Hals ohne Leben, und die Brust gewölbt und still.

Und die Hand, die so schwer herabfiel, wenn man sie anhob.

Arme und Beine und Hände – tot.

Sie arbeiteten wieder. Sie flogen, sie trafen sich.

Jede Berührung reizte sie: So heiß fühlte er sich an und doch würde er so kalt werden, und so sehr er auch vibrierte, wenn sie ihn erreichte, er würde doch so still werden.

Sie dachte nicht mehr daran, warum. Sie dachte nicht mehr an sie. Es gab nur noch ein Bild des Todes, das war alles, was sie sah.

Ihn – kalt und still.

Und wie eine Wahnsinnige, die ihrer heimlichen Manie folgt, wurde sie durchtrieben und falsch. Wie eine Morphiumabhängige, die ihre Sucht befriedigen muß, wurde sie außerordentlich erfinderisch.

Sie bekam die Beharrlichkeit eines Monomanen, der nur noch an eines denken kann.

Sie suchte Fritz' Nähe, die sie so lange gescheut hatte.

Wenn das Training vorbei war, begann sie allein zu arbeiten. Alle Nummern, die mit den tiefhängenden Trapezen ausgeführt wurden, übertrug sie auf die Kuppel. Sie hielt Fritz mit ihren Rufen in der Manege zurück, um ihn auszufragen und um Rat zu bitten, sie schmeichelte sich ein wie ein Lehrling bei seinem Meister.

Sie wagte alles dort oben in der Kuppel. Sie spielte mit dem Tod. Mit ihrer Tollkühnheit stachelte sie ihn an.

Sie bemerkte seine Unsicherheit, die er zu verbergen suchte. Sie probierte die gewagtesten Sprünge und rief: »Wir müssen doch zeigen, was wir können. Wir wollen uns doch nicht den Rang ablaufen lassen.«

Er ließ sich von ihr anstecken. Gab ihr Ratschläge. Er kletterte die schwankenden Seile zu ihr in die Trapeze hinauf.

Sie flog zwischen den metallisch rasselnden Schaukeln vor ihm her. Von Trapez zu Trapez schwang sie sich über den gähnenden Abgrund.

Und wie von einer unwiderstehlichen Macht geleitet,

begann er ihr nachzueifern, während sie ihn mit ihren Rufen anstachelte. Ihr bis zum äußersten angespannter Körper schien von einer Fieberkraft getragen zu werden, er mußte seine letzten Kräfte für diesen letzten Kampf aufbieten.

Sie schrie: »*Ça va, ça va.*«

Er schwang sich nach vorn und griff zu: »*Ça va, ça va.*«

Die Artisten, die in den Saal kamen, blieben in der Manege stehen und sahen zu.

Er wurde immer erregter. Er wagte alles, was sie wagte. Von Trapez zu Trapez flog sie vor ihm her – wild, mit offenem Haar –, als zeige sie ihm den Weg.

Sie trafen sich, und sie griffen zu. Ihr Körper war kalt, als fingen ein Paar Arme aus Marmor seinen erhitzten und bebenden Leib.

Dann verschnaufte sie, doch er arbeitete weiter. Zusammengekauert saß sie im Dunkeln auf ihrer Schaukel, feuerte ihn mit gedämpften, fast knurrenden Zurufen an und beobachtete ihn.

Fritz stöhnte und griff im Fallen das pendelnde Seil, es sah aus, als würde er abstürzen – hinein in die große Finsternis.

Aimée blieb auf ihrer Schaukel sitzen, sie hörte seinen Fall ins Netz. Dann waren seine Schritte auf dem Boden der Manege zu hören – Schritte, die rasch erstarben.

Es herrschte völlige Dunkelheit. Nur aus der Kuppel fiel gedämpftes Licht. In dem ganzen ungeheuren Raum war es still.

Noch immer saß Aimée zusammengekauert auf dem Trapez zwischen Netz und Seil. Dann richtete sie sich auf. Leise klapperten die Aufhängungen, Schaukeln und Seile.

Sie wurden in die Hand genommen, sie wurden überprüft.

Wie ein Schatten bewegte sich Aimée in der Dunkelheit, geschäftig, wie in einer Werkstatt.

Die Messingbeschläge der Schaukeln leuchteten, als wären es Katzenaugen.

Sonst war alles dunkel.

Leise surrten die Seile der Schaukeln.

Sonst war alles still …

Lange war Aimée in der Kuppel beschäftigt.

Dann war von unten aus der Dunkelheit der Manege eine laute Stimme zu hören.

Es war Fritz, der hinaufrief: »Aimée, Aimée.«

»Ja, ich komme«, antwortete sie.

Aimée griff nach dem langen Seil. Langsam glitt sie herab, es sah aus, als würde sie einen Moment lang ruhig über dem Wartenden schweben.

»Ich komme«, sagte sie noch einmal und war bei ihm.

VIII

»Die vier Teufel« sollten eine Benefizvorstellung geben.

Es war der Abend davor – nach der Vorstellung. Das Publikum strömte aus dem Zirkus nach Hause.

Adolphe klopfte an Aimées und Louises Garderobentür, und gemeinsam gingen sie den Gang hinunter.

Niemand von ihnen sagte etwas, und schweigend setzten sie sich an ihren gewohnten Tisch im Lokal. Die Bierkrüge kamen, und sie tranken, ohne ein Wort zu sagen. Aimée schien noch die kleinste Bewegung – sogar die Art, wie sie nach ihrem Glas griff – so besonnen und langsam auszuführen, als wolle sie alles prüfen und vermessen, selbst das Geringste.

Es war laut im Lokal. Bib und Bob feierten Geburtstag, und eine Gruppe Artisten hatte sich am Tisch der Clowns niedergelassen.

Einer von ihnen führte Taschenspielertricks vor, und der

Clown Trip trat, mit dem Hintern wackelnd, als Esel Rigolo auf.

Die »Teufel« blieben in ihrer Ecke sitzen.

Leise verschwanden die Damen des Balletts, sie hatten, an den Wänden sitzend, gewartet und wurden nun von Herren abgeholt, die es eilig hatten. An einem Nebentisch spielten die Agenten Karten.

Die Clowns hörten nicht auf zu lärmen. Einer von ihnen spielte auf der Okarina, und ein halbes Dutzend Cricris antwortete. Der Clown Tom überreichte seinem Kollegen Bob als Geschenk einen mit Schnupftabak gefüllten Kohlkopf, und alle fingen an zu schnupfen und zu niesen; sie schnupften und niesten im Chor und ließen die Cricris plärren. Auf dem Tisch gab Trip mit wackelndem Hintern noch immer den Esel Rigolo.

Die »Teufel« blieben an ihrem Tisch.

Mit Leimtopf und Tasche kam der Plakatmann herein und klebte an die beiden Tafeln die Programme für den kommenden Tag. Dreimal stand der Namen »*Les Quatre Diables*« darauf.

Adolphe stand auf, ging hinüber und versuchte, das Plakat zu lesen. Er bat einen der Agenten, es zu übersetzen, und der Agent erhob sich vom Spieltisch und übersetzte langsam aus der fremden Sprache. Adolphe hörte zu:

»Indem wir unserem hochverehrten Publikum und allen Wohltätern versichern, daß wir zu dieser unserer Vorstellung alles aufbieten werden, unterzeichnen wir ehrerbietigst *Les Quatre Diables*«

Adolphe nickte, während er dem fremden Text Wort für Wort folgte. Dann kehrte er an ihrem Tisch zurück, sah sich das Plakat mit der mächtigen Typographie noch einmal an, musterte es mit einem zufriedenen Blick und sagte: »Gute Buchstaben.«

Louise und Fritz standen ebenfalls auf, gingen zur Tafel und betrachteten das Plakat, einer nach dem anderen.

Die Cricris kreischten, als sollten sämtliche Trommelfelle zum Platzen gebracht werden. Der Clown Tom musizierte mit kleinen, pfeifenden Instrumenten, die in seinen aufgeblähten Nasenlöcher steckten.

Auch Aimée war aufgestanden. Ruhig stand sie hinter Fritz und Louise, als der Agent noch einmal die Worte übersetzte:

»unterzeichnen wir ehrerbietigst   *Les Quatre Diables*«.

Louise lachte, sie mokierte sich über die fremde Sprache; und sie fingen an, sich über die Buchstaben und Laute lustig zu machen, die der Agent vorlas, über diese merkwürdigen Worte, die sie beide mit verstellter Stimme nachäfften: »unterzeichnen wir ehrerbietigst« ...

Das klang so komisch, daß die anderen dazukamen; die Clowns, die Kunstturner und die Damen – und alle lachten, riefen und plapperten die Worte nach, lauthals und jeder mit seinem eigenen Akzent. Alles ertrank in Gelächter, immer wieder wurden dieselben Worte von einem großen, lärmendem und verrückten Chor wiederholt:

»unterzeichnen wir ehrerbietigst   *Les Quatre Diables*«.

Die Cricris plärrten. Hoch oben auf zwei Tischen wackelte Trip wie besessen mit dem Hinterteil als Esel Rigolo.

Dann lachte auch Aimée, laut und lange – als letzte, als sich der Lärm schon langsam legte.

Die »Teufel« kehrten an ihren Platz zurück. Adolphe zog Geld hervor und legte es neben ihre Bierkrüge. Dann standen die drei auf, nur Fritz blieb sitzen. Er wollte noch nicht nach Hause.

»Gute Nacht«, sagten Adolphe und Louise.

»Gute Nacht«, antwortete Fritz nur und rührte sich nicht.

Aimée blieb stehen; einen Moment lang betrachtete sie ihn, als würde sie noch einmal von dem Gedanken an diese, die letzte Nacht gequält.

»*A demain*, Aimée«, sagte er.

Langsam wandte sie ihre Augen von ihm ab: »*A demain*.«

Sie ging durch den breiten Flur hinaus. Es war dunkel. Die Lampe des Plakatklebers stand auf dem Boden – in ihrem Schein leuchtete Aimée das gelbe Plakatpapier entgegen. Die beiden anderen warteten am Eingang. Sie folgte ihnen, allein.

Tot und still war es zwischen den hohen Häusern.

Aimée betrachtete die großen Steinmassen und die Fenster darin, ihre Augen, die Augen von Fremden. Der Himmel war hoch und klar. Aimée betrachtete die Sterne, von denen es hieß, es wären Welten. Andere Welten.

Noch einmal blickte sie über die Häuser und Türen, die Fenster, die Lampen und das Pflaster der Straße – als wäre jedes einzelne Ding ein besonderes Wunder, das sie zum ersten und einzigen Mal sah.

»Aimée«, rief Louise.

»Ja, ich komme.«

Wieder starrte sie auf die langen Häuserreihen – still, dunkel, verschlossen – Steinhaus an Steinhaus, zwischen denen ihre Schritte erstarben …

Hinter ihr plärrten die schrillen Cricris, und sie hörte das Lachen der Clowns.

»Aimée«, rief Louise noch einmal.

»Ja.«

Aimée holte sie ein. Arm in Arm warteten die beiden anderen auf sie, auf ihren Gesichtern zeichnete sich das Licht einer Straßenlaterne ab.

Louise warf den Kopf in den Nacken und stieß den Atem aus.

»Du lieber Himmel«, sagte sie, »willst du denn nicht mit?«

Und im Licht der Straßenlaterne, an Adolphes Arm gelehnt, schaute sie zurück auf die tote und fremde Straße, durch die sie gerade gekommen waren und deren Halbdunkel sich hinter ihr schloß.

»So eine Straße gefällt mir«, sagte sie.

Und als sie noch einmal lachend begann, diese drei hochkomischen Worte nachzuahmen – »unterzeichnen wir ehrerbietigst« –, sagte sie mit einem letzten Blick auf die kalte Straße: »Tja, wie sie wohl heißt?«

»Ach«, sagte Adolphe, »man kommt durch so viele Straßen.«

Und sie gingen weiter, zwischen den nächsten Häuserzeilen hindurch.

Fritz war sitzen geblieben. Die anderen, die vom Clownstisch, luden ihn auf ein Glas ein. Aber er schüttelte nur den Kopf. Und einer der Clowns schrie unter allgemeinem Gelächter: »Oh, er hat wohl was Besseres, was – na, angenehme Nacht.«

Die anderen hoben die Gläser und amüsierten sich weiter. Bib und Bob hatten sich eine Angel gebastelt und fischten die Hüte der Artisten von den Kleiderhaken.

Fritz erhob sich und ging zur Tür, die zur Straße hinausführte, an einen Tisch auf dem Vorplatz setzte er sich unter ein paar Lorbeerbäume.

Er verspürte einen unendlichen Überdruß, einen namenlosen Ekel.

Er sah die tuschelnden Paare, wie sie vorübergingen und sich aneinander drückten. Sie schnäbelten im Schatten und kicherten verliebt. Die Frauen wackelten mit dem Hintern, und die Männer schwänzelten um sie herum und plusterten sich voreinander auf wie die Tiere auf dem Feld, wenn sie sich paaren wollen …

Mit einemmal entfuhr Fritz ein kurzes, bitteres Lachen.

Er dachte an Tim, den Clown, den sie den Herrn mit den Hunden nannten: »Ja, er hatte schon recht.«

Fritz sah Tim vor sich, mit seinem ruhigen und gleichmäßigen Gesicht, melancholisch wie ein Standbild, mit einem feingeschwungenen, roten, schwermütigen Mund, dem Mund einer Frau.

Fritz sah ihn zu Hause in seinem Quartier, dem großen Zimmer, in dem er ein Haus für seine Hunde gebaut hatte; ein Haus mit zwei Etagen, in dem alle Hunde übereinander wohnten …

Da lagen sie, die Tiere, jedes in seinem Raum, ruhig steckten sie den Kopf aus ihren Löchern und starrten vor sich hin, mit Augen, die ebenso melancholisch waren wie Tims.

Und Tim saß mitten unter ihnen.

Es war eine so friedfertige Gesellschaft.

Alle Hunde waren kastriert.

Tim hatte ein neues Tier bekommen. Und eines Tages, als Fritz ihn besuchte, lag es blutig und verstümmelt auf einer Decke.

»So«, sagte Tim und schaute mit seinen mattschimmernden Augen auf den verletzten Hund, »nun ist dieses Tier menschlicher als die Menschen …«

Ja, Tim hatte recht: Die Menschen waren Tiere. Es gab keinen Unterschied zwischen den Geschöpfen dieser Welt. Wurden wir nicht alle in einer Blutlache geboren, und sterben wir nicht in einem Pfuhl aus Gestank?

Und die Momente im Leben, in denen wir wirklich *gelebt* haben, waren tierisch, so tierisch wie der Anfang und das Ende.

Fritz schaute noch immer den Paaren nach, die balzend vorübergingen, und ihn übermannte eine aufgestaute, ätzende Wut gegen diese Leisetreter, Schmeichler und Heuchler.

Tiere waren sie, Tiere, die sich befriedigen wollten.

Narren waren sie, Narren wie wir alle.

Wir hegen uns, wir pflegen uns, wir arbeiten und geben uns tausendfach Mühe. Wir opfern unsere Tage und Jahre, unsere Jugend, unsere Kraft, den Erfindungsreichtum unseres Gehirns – und eines Tages erhebt sich das Tier, das Tier, das wir in uns haben.

Fritz lachte. Und unwillkürlich berührte er seinen Körper, den er sein ganzes Leben gepflegt und nun im Lauf eines Vierteljahres zerstört hatte.

Ein Artist kam aus der Tür. Er wartete einen Moment, dann erschien seine Frau, und sie schwankten den Bürgersteig hinunter.

Fritz sah ihnen nach und hörte nicht auf zu lachen.

Und dann *diejenigen*, die heirateten, die sich auf Lebenszeit paarten, und doch nur ihr tägliches Brot verzehrten und der Fortpflanzung dienten.

Verloren *sie* nicht ihren Körper? Sie schwollen an wie dicke Drohnen und legten sich einen Bauch zu mit ihrer Regelmäßigkeit. Und zur Fortsetzung dieses Lebens zogen sie Kinder auf.

Narren – Narren.

Fritz starrte noch immer den spazierengehenden Paaren nach. Sie wurden immer zärtlicher. Und die Jäger immer zudringlicher. Sie suchten den Schatten, und sie feilschten immer unverhohlener.

Drinnen lärmten die Clowns. Die Cricris kreischten. Der Lärm dröhnte über alle Köpfe hinweg, in alle Gesichter hinein, zu allen Paare hinüber – das Triumphgeheul der Idiotie.

Fritz stand auf.

Er warf ein Geldstück auf den Tisch.

Dann ging er.

Der Lärm im Lokal schwoll an. Sie brüllten, sie schrien, sie lachten. Trip begann zu singen. Pfeifend, flötend und gakkernd fielen alle ein; mit Clownsgrimassen, mit Gebärden

aus der Manege, mit grotesk geformten Mündern sangen
sie:

> *Amour, amour*
> *oh, bel oiseau*
> *chante, chante,*
> *chante toujours.*

Draußen auf dem Platz blieben die Pärchen stehen, sahen
zur Tür und zu den Fenstern hinein, lehnten sich aneinander
und lachten.

Dann summten sie gemeinsam die Melodie der Clowns.
Noch weit in der Dunkelheit hörte man sie summen.

> *Amour, amour*
> *oh, bel oiseau*
> *chante, chante,*
> *chante toujours.*

Fritz war auf den Platz getreten. Drinnen sah er die verrückten Clowns, draußen die Liebespaare, deren Köpfe sanft dem
Takt der Musik folgten.

Und mit einemmal begann der Akrobat zu lachen; er
lehnte sich an einen Laternenpfahl und lachte und lachte –
wild, wahnsinnig, als hätte er vollkommen die Beherrschung
verloren.

Ein Ordnungshüter trat heran und musterte diesen Herren im Zylinder, der die öffentliche Ruhe störte.

Aber der Herr lachte einfach weiter, bis es ihn schüttelte,
und dabei versuchte er zu singen:

> *Amour, amour*
> *oh, bel oiseau*
> *chante, chante,*
> *chante toujours.*

Nun begann auch der Hüter der Ordnung zu lachen, ganz plötzlich, ohne eigentlich zu wissen, warum.

Auch drinnen sangen sie noch immer:

> *Amour, amour*
> *oh, bel oiseau*
> *chante, chante,*
> *chante toujours.*

Fritz drehte sich um.

Er ging *dorthin*.

IX

Noch einmal brandete der Beifall auf, und Louise zeigte sich in der Manege.

Dann begannen die Stallmeister das große Netz zusammenzuziehen. Als die Musik schwieg, hörte es sich an, als würde ein Großsegel gehißt.

»Herr Fritz und Mademoiselle Aimée werden nun den großen Sprung ohne Netz ausführen.«

Ein paar Stallknechte harkten mit langen Rechen den Sand der Manege. Dann war alles bereit. Die Stallmeister warteten wie eine salutierende Garde.

> *Amour, amour*
> *oh, bel oiseau*
> *chante, chante,*
> *chante toujours.*

Fritz und Aimée kamen Hand in Hand. Grüßend verbeugten sie sich inmitten der ihnen zugeworfenen Blumen. Dann schwangen sie sich die langen wartenden Seile hinauf.

Tausende von Augen folgten ihnen.

Jetzt waren sie oben. Eine Sekunde verweilten sie nebeneinander.

Ein Schauder durchfuhr die Menge, als Fritz losließ und nach vorn schoß – ein Schauder, der die Menge wie einen einzigen Körper schüttelte.

Doch nie hatten sie sicherer gearbeitet. In der atemlosen Stille waren ihre festen Griffe um die metallisch rasselnden Schaukeln zu hören.

Fritz flog hin und zurück.

Aimées Augen hingen an ihm – groß, mit einem matten Schimmer, wie zwei Lampen, die bald erlöschen werden.

Der Walzer wurde lauter, und das Spiel der Schaukeln wilder.

Nahezu atemlos kam der ängstliche Beifall.

Amour, amour
oh, bel oiseau
chante, chante,
chante toujours.

Jetzt löste Aimée ihr Haar, als wollte sie sich in einen dunklen Umhang hüllen; kerzengerade wartete sie in der Schaukel vor Fritz. Die großen Sprünge begannen.

Sie flogen, sie schossen. Wie Vogelschreie erklangen ihre Kommandorufe über dem Walzer, und es hatte den Anschein, als würden sich sämtliche Gedanken verwirren.

»*Aimée, du courage.*«

Wieder flog er.

»*Enfin du courage.*«

Wieder faßte er zu.

Aimée sah nur ihn – seinen Körper; ihr schien er zu leuchten. Der Beifall schwoll an, dröhnte. Der Walzer wurde lauter, jubelte.

Er wartete vor ihr.

Aimée wußte nur, daß sie plötzlich ihre Hand hob, und als sie sich weit von der pendelnden Schaukel hinausschwang, löste sie die Aufhängung, die sie hielt.

Und Fritz schoß darauf zu.

Sie sah nichts mehr, und es erklang auch kein Schrei.

Als fiele ein Sandsack auf den Boden der Manege, mehr war nicht zu hören, als sein Körper herabstürzte.

Den tausendsten Teil eines Augenblicks wartete Aimée auf ihrer Schaukel: Erst jetzt wußte sie, daß der Tod eine Wollust war … dann ließ sie los und schrie und stürzte.

Im Zirkus war es still geworden.

Als wäre jeder Bann gebrochen, waren Hunderte vor Entsetzen geflohen. Männer hatten die Brüstung übersprungen und rannten davon, Frauen drängten sich in den Eingängen, um fortzukommen.

Niemand wartete, jeder war auf der Flucht. Die Schreie der Frauen hören sich an, als würden sie mit Messern abgestochen.

Drei Ärzte rannten in die Manege und knieten bei den Leichen …

Dann war es still geworden. Und als wollten sie sich verstecken, schlichen die Artisten in ihre Garderoben, aber nicht, um sich umzuziehen. Hellhörig war es dort, und schon der geringste Lärm erschreckte.

Flüsternd ging ein Stallknecht auf den noch wartenden Arzt zu, gemeinsam hoben sie die Leichen an und legten sie auf ein Segeltuch.

Stumm trugen sie die beiden hinaus, durch den Gang und den Stall, in dem die Pferde in ihren Boxen unruhig wurden. Die Artisten folgten – ein seltsamer Trauerzug in den unterschiedlichsten Kostümierungen der Pantomime.

Der große Leichenwagen wartete.

Es war Adolphe, der hinaufstieg und sie dort in die Dunkelheit legte – beide nebeneinander, zuerst Aimée, dann den Bruder. Dumpf fielen ihre Hände auf den Boden des Leichenwagens.

Dann wurde die Tür zugeschlagen.

Wieder war ein Schrei zu hören, eine Frau kam angerannt und klammerte sich an die schwarze Kutsche. Es war Louise, die sie langsam fortbringen mußten …

Ein Kellner des Lokals lief durch den langen Gang, trotz des Lichts erschrocken, als habe er Gespenster gesehen.

Er rief nach einem Arzt:

Im Restaurant wand sich eine Dame in Krämpfen.

Einer der drei Ärzte kümmerte sich darum, und es wurde nach einem Wagen gerufen.

Er fuhr vor, mit prunkvollen Wappen an den Türen, und eine Dame wurde aus dem Lokal geführt, gestützt von dem Arzt.

Ihre Equipage mußte einen Moment warten. Der Leichenwagen versperrte die Straße.

Dann kam die Kalesche vorbei und fuhr weiter.

In der Passage war es hell, es herrschte Gedränge. Zwei junge Männer waren unter einer Lampe stehengeblieben. Mit heiteren, forschenden Blicken schauten sie sich auf dem großen Rummelplatz um.

Zwei andere kamen dazu und berichteten von dem »Zwischenfall«.

Es wurde ein wenig geflucht und mit vielen Handbewegungen erläutert, was geschehen war. Dann zogen die Überbringer der Neuigkeit weiter.

Die beiden anderen Gentlemen blieben stehen.

Einer von ihnen schlug mit dem Stock auf das Pflaster.

»Tja«, sagte er, »*mon dieu, les pauvres diables.*«

Und kurz darauf fingen sie an zu summen und betrachteten wieder die drängelnde Menge:

Amour, amour
oh, bel oiseau
chante, chante,
chante toujours.

Die Silberknäufe der Stöcke leuchteten. Die jungen Männer schlenderten in ihren langen Mänteln weiter …

Amour, amour
oh, bel oiseau
chante, chante,
chante toujours.

Gerade an diesem Abend war es besonders lebhaft auf dem Platz.

Durch den Garten von Schloß Rosenborg

Zur Frühlingszeit begegneten mir jeden Morgen, wenn ich zu meiner Arbeit ging, ein junger Mann und eine junge Frau. Jeden Morgen gingen sie unter den jungen Bäumen durch den Königlichen Garten.

Sie kamen jeden Tag zur selben Zeit, und ich beobachtete sie jedesmal. Denn der Morgen schien heller zu werden, wenn sie kamen.

Allein an der Neigung ihrer Köpfe, seiner zu ihrem hinab, sah man, daß sie sich liebten. Vor der Musik blieben sie stets einen kurzen Moment stehen und griffen einen Akkord aus der Luft, während sie sich zulächelten.

Das war zu der Zeit, als der Flieder in Blüte stand und alle Büsche dufteten.

Dann reiste ich fort und kam nicht mehr durch den Garten.

Aber heute morgen, als ich wieder den gewohnten Weg zu meiner gewohnten Beschäftigung ging, sah ich plötzlich dieselbe Frau vor mir gehen − allein. Ich schritt hastig aus, ich wollte mich vergewissern.

Ja, sie war es.

Doch sie ging viel langsamer, und in ihren Augen lag ein Ausdruck wie von verwunderter Trauer.

An der Konzertbühne − denn ich folgte ihr −, auf der nicht mehr gespielt wird, blieb sie stehen wie zuvor. Und in ihrem Gesicht sah ich ein plötzliches Lächeln, das schmerzlicher war als alle Tränen.

Dann ging sie.

Ich aber fragte mich unwillkürlich:

»Welchen Weg nimmt er jetzt wohl zu seinem Tagwerk.«

Ein schöner Tag

I

Niemand begriff, wie es hatte passieren können.

Als der General von Varén auf die Idee kam, Frau Sofie Simonin in seinem entlegenen Winkel auftreten zu lassen, und nachdem das Telegramm gekommen war, die gnädige Frau würde sich durchaus die Ehre geben – gegen Entrichtung von nur sechstausend Franc, einzuzahlen bei der Bank von Finnland –, da wurden natürlich die Etvøs mit den Listen herumgeschickt.

Sie liefen doch immer mit den Listen herum, wenn ein Komitee zu bilden war – egal, ob es sich um eine Sammlung, einen Bazar oder einen Wohltätigkeitsball handelte; jedesmal waren sie im Komitee, um irgend etwas zu erledigen oder zu besorgen. Sowohl Frau Etvøs: klein und eingeschrumpft, mit schmalen Schultern und von oben bis unten flach wie ein Brett; alles an dieser Person war in Bewegung, der Kopf und die Hände, die Füße und der Mund. Nur die Augen, die nicht immer genau wußten, was der Mund so von sich gab, waren davon ausgenommen, stets brannten sie tief in ihren Höhlen, als hätten sie andere Sorgen.

Und natürlich ihr Mann, der Gymnasiallehrer: In Hosen, aus denen die mageren Beine ragten, und wenn er mit vorgereckter Brust und einer beeindruckenden Mähne angestürmt kam wie ein Widder, der zum Angriff übergeht, ließen die Aufsatzhefte in den ausgebeulten Taschen den Rock schlottern. Die Mähne und der gewaltige Brustkasten waren im Grunde alles, was von dem Gesangsstudenten Jakob Etvøs aus Helsingfors übriggeblieben war, den sie den Hünen genannt hatten …

Wie gesagt, wie immer waren die Etvøs mit der Vorverkaufsliste für den Auftritt von Sofie Simonin herumgegangen, und wie alle anderen hatten auch sie sich auf dem Bahnsteig eingefunden, als sie ankommen sollte. Einige Mitglieder des Komitees hatten Haltung angenommen und standen stramm, andere traten von einem Fuß auf den anderen; nur die Generalin stand mit einem großen Blumenbukett zur Begrüßung da und sah genau so schläfrig-vornehm aus wie immer.

Und dann war Frau Simonin gekommen, klein, fidel, lächelnd, sie hatte genickt, gegrüßt und gedankt und – war mit den beiden Herren ihrer »Truppe« in der Kutsche des Generals losgefahren –, doch als vierte Person saß der Lehrer im Wagen, auf dem Platz des Generals.

Weiß der Himmel, wie Etvøs da hineingekommen war; doch Frau Simonin hatte nur gelacht, und die Herren der Truppe hatten gelacht, und dann wurde die Wagentür zugeschlagen, sie hatte den Etvøsschen Wollschal eingeklemmt (von Frau Etvøs gestrickte Wollschalls waren der hauptsächliche Schutz der Familie Etvøs gegen den Winter, sie beschränkten sich im wesentlichen darauf, den Hals zu schützen), und der General stand verdutzt da und blickte lange seiner eigenen davonfahrenden Equipage nach; *er* hatte sich lediglich ein paarmal vor der Wagentür verbeugen können.

Es muß dann wohl während der Fahrt passiert sein, oder als sie sich verabschiedeten. Jedenfalls hatte Frau Simonin in aller Unschuld ihres Herzens gesagt: »Ja – dann essen wir also morgen bei Ihnen.«

Wie um alles in der Welt hätte sie auch wissen sollen, wer der Kopf und wer der Schwanz im Komitee war.

Herr Etvøs stand noch immer mit dem Hut in der Hand vor der Hoteltür, als Frau Simonin längst aus dem Wagen gestiegen war und ihr Zimmer bezogen hatte. Er wußte nicht recht, ob er richtig verstanden hatte: Sie wollten morgen bei ihm speisen.

Sie wollten ihm die Ehre geben, morgen bei ihm zu speisen.

Das überstieg ganz einfach sein Vorstellungsvermögen, und er lief erst einmal nach Hause, heim zu Adolfa, heim, um es loszuwerden ... denn mit dieser Ehre war etwas verbunden, nun ja, etwas durchaus Belastendes: Herr Etvøs hatte das deutliche Gefühl, daß ihm sehr heiß zu werden begann, als er nach Hause lief.

»Aber Jakob, aber Jakob«, rief seine Frau, sie trug noch immer ihre Astrachan-Jacke mit den viel zu kurzen Ärmeln und maßregelte gerade das Jüngste. Frau Etvøs kam einfach nicht dazu, sich umzuziehen; ständig gab es irgend etwas zu erledigen, oder eines von ihren neun Kindern fiel hin und weinte — von morgens bis abends.

Etvøs ließ sich schwer in einen Stuhl fallen. Er schien hier drinnen, beim Anblick der acht Korbstühle und der Tapete, die aus so vielen einzelnen Resten zusammengekleistert war (Etvøs bemerkte es jetzt), überhaupt keine Luft mehr zu bekommen.

»Aber Jakob, Jakob — was hast du denn?«

Seine Frau blieb mit dem Jüngsten im Arm ängstlich stehen.

»Sie essen morgen hier«, brach es unvermittelt aus Etvøs heraus, wie bei einem Mann, dem alles egal ist.

»Wer? Sie?« fragte seine Frau, die überhaupt nichts verstand. Bei den Etvøs aßen immer nur die neun — und anschließend bekamen das Dienstmädchen und der Lehrer, was übriggeblieben war.

»Die gnädige Frau — Frau Simonin — sie will hier bei uns essen.«

Und vielleicht, um die allzu erdrückende Atmosphäre ein wenig zu entspannen, begann Herr Etvøs sehr laut — allerdings in recht abgehackten Sätzen – über die Ehre zu sprechen, die große Ehre; sie wurden dem General ja regelrecht vorgezogen.

Aber Frau Etvøs hörte nicht zu. Zunächst hatte sie sich einfach auch nur hingesetzt, wobei sie Etvøs entsetzt ansah. Dann sagte sie in einem leisen, klagenden Ton: »Aber Jakob, wie konnte das nur geschehen? Jakob, wie ist denn das bloß passiert?«

Daß es »geschehen« war, daran zweifelte Frau Etvøs nicht einen Augenblick. Längst hatte sie sich innerlich daran gewöhnt, daß man mit dem Schlimmsten zu rechnen hatte.

Etvøs hörte auf, von Ehre zu reden, und wischte sich die Stirn; er wußte doch selbst nicht, wie es sich zugetragen hatte.

»Sie sagte, sie wolle bei uns speisen«, wiederholte er schnaufend.

»Und du sagst morgen?« sagte Frau Etvøs.

»Ja – Liebes.«

Frau Etvøs strich im Sitzen mit ihrer mageren Hand das dünne Haar gegen die Schläfen. Eine Angewohnheit, wenn sich etwas besonders Unangenehmes ereignet hatte. Im Lauf der Jahre schien sie in ihre armen Schläfen ein paar Löcher gegraben zu haben, so hohl waren sie. Jetzt hörte sie gar nicht wieder auf zu bohren.

»Nur – aber Jakob, *hier* – Jakob, *hier*«, sagte sie und hob verzweifelt die Hände.

Sie schaute sich im Zimmer von einer Wand zur anderen um: nein, es gab nicht ein unbeschädigtes Möbelstück.

Etvøs antwortete nicht, auch er sah, daß der Veranstaltungsort mehr als bescheiden war.

Eine Weile sagte niemand ein Wort, und Frau Etvøs fing an, auf und ab zu gehen.

»Kannst du einen Vorschuß bekommen?« fragte sie dann leise.

»Ja, bestimmt, Liebes, bestimmt« – es ging ein Ruck durch Etvøs – »ich *muß* doch, ich *muß* doch«, wiederholte er zweimal.

»Aber zweihundert Mark, zweihundert Mark« – Frau Etvøs sagte es in einem Ton, als könne keine Macht der Welt diese Summe aufbringen – »unter zweihundert Mark hat es gar keinen Sinn …«

Frau Etvøs nannte aufs Geratewohl irgendeine große Summe; tatsächlich hatte sie keine Ahnung, ab wann es »Sinn hatte«; sie hatten keine Gäste mehr im Haus gehabt, seit Nummer drei der neun Kinder getauft worden war, und damals waren es nur Etvøs' Kollegen auf ein paar kalte Platten gewesen.

Frau Etvøs ging unablässig auf und ab. Die Last dieses jüngsten Schicksalsschlages schien sie beinahe zu erdrücken.

»Wir werden das gesamte Komitee einladen müssen«, sagte sie mit ihrer müden, nachdenklichen Stimme.

»Ja, Liebes«, erwiderte Etvøs, der recht kleinlaut geworden war, nachdem sie den Vorschuß erwähnt hatte.

Frau Etvøs überlegte: Nun ja, das Essen wäre nicht einmal das Schlimmste, sie könnten sich eine Köchin nehmen. Aber alles andere, alles andere … allein die Tischdecken – Frau Etvøs glaubte kaum, daß sie noch zwei ganze Tischdecken hatte.

»Jakob, kümmerst du dich jetzt«, bat sie ihn dann mit derselben leisen Stimme, »um … das Geld?«

»Ja, Liebes«, antwortete Etvøs. Er hatte Schweißausbrüche. Von Vorschuß konnte überhaupt keine Rede sein, und auch sonst hatte er keine Idee, wo er die zweihundert Mark hernehmen sollte, als das jüngste der neun, das mitten im Zimmer saß, zu schreien begann.

»Kinder, Kinder, nun seid doch mal leise«, bat Frau Etvøs, die noch immer hin und her wanderte. Es waren die übrigen acht, die im Eßzimmer tobten.

»Gut, ich gehe jetzt«, sagte der Lehrer und stand auf, als hingen ihm bleierne Gewichte an den langen Beinen.

Frau Etvøs blieb einen Moment stehen.

»Hundert könntest du dir doch vielleicht von Cerlachius leihen«, schlug sie zögernd vor.

»Daran hab' ich auch schon gedacht«, sagte Etvøs. Er hatte sich gar nichts gedacht. Jetzt brach er allerdings auf, um es zu versuchen.

Als er gegangen war, ließ Frau Etvøs sich einen Moment in den Stuhl fallen, den er verlassen hatte – wenn sich tagsüber eine der seltenen Gelegenheiten ergab, daß Frau Etvøs sich setzte, sah es immer so aus, als würde sie zusammenbrechen –, sie hatte das Gefühl, lauter Ameisen im Kopf zu haben.

»Oh – nein, nein, das Essen ist nicht das Schlimmste – nein, das Essen ist ja nicht einmal das Schlimmste«, sagte sie wieder und wieder und schüttelte den Kopf.

»Was war das?« Sie sprang auf. Im Eßzimmer hatte es einen Schlag getan, der das Holzhaus in seinen Fugen erzittern ließ. Eines von den neunen war hingefallen.

»Silla, Silla«, rief Frau Etvøs nach dem Mädchen.

»Sil – la ...«

»Und ich bin noch im Mantel«, sagte Frau Etvøs und griff sich zerstreut ins Haar. Es geschah häufiger, daß sie plötzlich bemerkte, ein Kleidungsstück zu tragen, das nicht unbedingt der jeweiligen Situation angepaßt war.

»Silla, Silla«, rief sie wieder, als sie sich den Mantel auszog.

Silla erschien mit einem Scheuerlappen. Ständig kam es vor, daß eines der Kleinsten in einer Ecke nicht hatte an sich halten können.

»Ja, ja«, sagte Frau Etvøs – alles an ihr geriet nun wieder in Bewegung –, »aber jetzt gibt es Wichtigeres, Wichtigeres ...«

Silla sollte bei der Gattin des Oberstudienrats die Adresse der Köchin besorgen.

II

Der Gymnasiallehrer Etvøs hatte einhundert Mark bekommen, zur *späteren* Rückzahlung, wie Herr Cerlachius es in seiner gutmütigen Art ausdrückte.

Als er nach Hause kam, befand sich alles in heller Aufregung. All ihre Möbel stapelten sich im Flur – nur gut, daß sie sich gegenseitig stützen konnten. Die Kinder rannten kreischend durcheinander, als sei das ganze Haus eine einzige Rutschbahn. Im Wohnzimmer schrubbte Silla den Boden, sämtliche Röcke hatte sie bis unter die Achseln gezogen, so daß ihr äußerst spärlich bekleidetes Hinterteil in der Luft hin- und herwackelte – vor erregtem Eifer.

Frau Etvøs saß im Eßzimmer zwischen der »Tischwäsche«.

»Hast du es bekommen?« fragte sie hastig und sah zu Jakob auf.

Der Lehrer strahlte eine eigenartige Gelassenheit aus, und sie wußte sofort, *etwas* hatte er.

»Diese hundert für heute«, sagte er und schob die fünf Münzen hastig über den Tisch.

»Na – Gott sei Dank …«

Es klang wie ein Seufzen, denn es war ja nur ein Tropfen auf den heißen Stein.

»Zieh dich ruhig zurück, Etvøs«, sagte sie, »du hast doch noch die Aufsätze.«

Aber der Lehrer war außerordentlich gut gelaunt, er war geradezu beschwingt und sprach über alle möglichen Leute, die sie eigentlich noch einladen müßten.

»Und dann fehlt uns noch die Dekoration«, sagte er, »es

soll doch geschmückt sein.« Er breitete die langen Arme aus und fuhr an den gähnend leeren Wände entlang, als würde er unsichtbare Girlanden aufhängen.

»Ach, Liebes, Liebes«, sagte er, »auch mit geringen Mitteln läßt sich viel erreichen.«

»Ja, Etvøs, ja – aber nun geh in dein Zimmer.«

Nicht ein trockener Fleck war mehr auf dem Fußboden. Silla schrubbte, daß sich Schaum auf den Wasserströmen bildete, und Emmeline, die Älteste, hatte sich grobe Lederschuhe angezogen und wischte die größeren Möbelstücke ab – denn auf dem gesamten Etvøsschen Mobiliar fanden sich zahlreiche vergessene Abdrücke von vielen fünf Fingern.

Frau Etvøs hatte die Gläser auf den Tisch geräumt, um sie zu begutachten. Es war eine tragisch ramponierte Kompanie, und resignierend legte Frau Etvøs die Hände in den Schoß.

»Ach, Liebes«, sagte Etvøs, »Gläser borgen wir uns.«

Frau Etvøs sah ein, daß sie gar nicht umhin kamen, sich Gläser zu leihen.

»Ja, sicher«, sagte sie, »aber das kostet, Jakob.«

Herr Etvøs ging.

Kurz darauf erschien eine dunkelgekleidete, außerordentlich großgewachsene Gestalt, und der entsetzten Frau Etvøs gelang es, sie mitten auf den nassen Fußboden auf einem Stuhl zu plazieren.

Es war die Köchin, Madame Börner.

Ohne ein Wort zu sagen, saß sie abwartend da und hielt ihren Blick, den Kopf abweisend in den Nacken gelegt, auf Frau Etvøs gerichtet, die zunehmend ängstlicher wurde. Sie war überzeugt, daß diese Frau bereits jetzt beleidigt war. Aufgrund ihrer eigentümlichen Kopfhaltung konnte man bei Madame Börner leicht auf diesen Gedanken kommen; tatsächlich handelte es sich jedoch lediglich um eine berufsbedingte Angewohnheit – auf diese Weise schützte sie ihr Gesicht vor den Spritzern der Bratpfanne.

»Nun ja«, begann Frau Etvøs, »wir haben ja« – sie klang, als müsse sie ein Versehen entschuldigen – »morgen ein paar Leute zu Besuch … wir werden wohl …«

»Sechzehn«, fügte sie in einem Ton hinzu, als wäre damit das Schlimmste gesagt.

Madame Börner nickte nur. Sie betrachtete die Gläser und fragte dann mit einer etwas bedrückten, gottergebenen Stimme: »Wie viele Gänge?«

»Ja, ja«, stammelte Frau Etvøs, von dieser Stimme nur noch mehr verunsichert. Sie hält es für *vollkommen aussichtslos*, sagte sie sich.

»Ja, ja«, wiederholte sie, »es sind verwöhnte Leute, sehr verwöhnte Leute, Madame.«

»Also mindestens sechs«, erwiderte Madame Börner, ohne daß sich ihr bedrückter Tonfall änderte. Man hatte bei Madame Börner immer den Eindruck, als spräche sie mit gefalteten Händen.

»Gut«, antwortete Frau Etvøs, die unablässig auf ihrem Stuhl herumrutschte; sie hätte wohl auch zugestimmt, wenn Madame sechzehn gesagt hätte.

Madame Börner begann mit der Speisefolge und zählte die Gerichte, Beilagen und »Garnierungen« mit einer Stimme auf, als würde sie aus einer Bußschrift die Landplagen verlesen – ihre Stimme war die Folge einer Berufskrankheit, denn sie hatte ständig Magengeschwüre wegen des vielen Abschmeckens. Frau Etvøs, die kein Wort verstand – über das Alltägliche hinaus war es mit ihrer Kochkunst nicht weit her –, sagte nur immer wieder: »Ja – wenn es nur ordentlich wird, wenn es nur ordentlich wird …« Und plötzlich breitete sie beinahe schützend die Arme über die unseligen Gläser, denn Madame Börner schien ihren Blick nicht davon abzuwenden.

»Gläser borgen wir uns«, sagte sie, als litte sie nun gänzlich unter Atemnot.

Madame Börner sprach noch eine ganze Weile weiter, ohne daß sie ihre Moll-Tonart änderte, und Frau Etvøs, die noch immer glaubte, daß es insbesondere *ihr* Fall sei, der es Madame so schwer machte, wurde immer deprimierter – allein wegen all der Ausdrücke, die die Köchin benutzte –, und schließlich sagte sie klagend: »Ich weiß, es wird nicht leicht, es wird wahrlich nicht leicht ...«

»Und was wird es kosten?« fragte sie dann unvermittelt.

Ihre Augen folgten ängstlich den mit Hornhaut überzogenen Fingern der Madame, die anfingen, sich zu bewegen und auf dem Tisch zu zählen, als spiele sie Etüden auf einem Klavier.

»Hm, heute abend sind siebzig Mark ausreichend«, erklärte Madame, »für den Anfang ...«

Frau Etvøs gab sich einen Ruck und griff zur Geldbörse mit den Münzen.

»Ja«, sagte sie, »Sie bekommen es sofort«; dann legte sie jedes Goldstück einzeln auf den Tisch – Kenner nahmen Antiquitäten so in die Hand –, als ihr plötzlich Tränen in die Augen stiegen.

Madame Börner steckte das Geld ein.

»Wo soll denn gegessen werden?« fragte sie, ohne daß sich ihre Stimmlage änderte.

Es war unbeschreiblich, wie diese ständigen, unausgesprochenen Bedenken der Madame Frau Etvøs beunruhigten.

»Gegessen?« – sie stieß jede Silbe geradezu aus – »gegessen? Aber natürlich soll *hier* gegessen werden.«

»Ah – ja«, sagte Madame Börner, die es möglicherweise gar nicht gehört hatte, aber dennoch so aussah, als bekäme sie mit jeder Antwort eine neue Hiobsbotschaft.

»Nein, sehen Sie, wir sind doch auf so etwas gar nicht

vorbereitet, das ist über uns gekommen, einfach so über uns gekommen«, erklärte Frau Etvøs.

Madame Börner bat nur, die Küche sehen zu dürfen.

Frau Etvøs hatte sich im stillen schon lange vor diesem Moment gefürchtet – denn die Küche war nicht gerade Sillas stärkste Seite, und man konnte nicht gerade behaupten, daß sie glänzte.

»Ach so – die Küche«, sagte sie, »ja, natürlich ...«

Sie erhob sich aus ihrem Stuhl.

»Kinder, Kinder«, schimpfte sie, »Kinder ...«

Nach und nach hatten sich die neun auf dem feuchten Fußboden versammelt, und nun sprangen sie sich johlend – und dadurch natürlich besonders lästig – gegenseitig auf den Rücken; sie hatten begriffen, daß über Essen gesprochen wurde, über sehr viel Essen.

»Emmeline, leuchte uns«, sagte Frau Etvøs, »hier entlang, bitte, hier entlang ... ja, wir sind doch nicht darauf eingerichtet ...«

In der Küche hatte Silla an vier Wäscheleinen Windeln zum Trocknen aufgehängt.

»Oh, Silla hatte noch ein paar Kleinigkeiten in der Wäsche«, lachte Frau Etvøs und nahm in ihrer Verlegenheit die noch feuchten Wäschestücke ab, mitten in der Küche.

»Ist das der Herd?« fragte Madame Börner ungerührt.

»Ja, Licht, Emmeline, Licht ...«

Emmeline hielt die Kerze über ein kümmerliches Gestell, das größtenteils mit einigen merkwürdigen Tüchern aus Sackleinen verhängt war, die Silla als Schürzen bezeichnete – das war der Herd.

»Vier Löcher«, sagte Madame Börner, die ihren Feldzug plante und mit bekümmertem Blick die Feuerstelle betrachtete.

»Nun ja, er ist ein bißchen rostig; Licht, Emmeline; ein wenig verrostet«, sagte Frau Etvøs, deren Herz sich zusammenschnürte, denn sie hatte das Gefühl, daß diese fremde Frau beim Anblick des unbenutzten und verwahrlosten Herdes ihrer Armut direkt in die Seele schaute.

»Ein wenig verrostet …« – Die Ringe auf drei der Öffnungen waren völlig durchgerostet, denn bei den Etvøs begnügte man sich damit, auf einem Loch zu kochen.

»Aber Porzellan haben wir«, sagte Frau Etvøs plötzlich vollkommen unmotiviert, »ein vollständiges Service für achtzehn Personen, das Kronbergsche Service.« Durch den rostroten Herd am Boden zerstört, klammerte sie sich nun an das Geschirr.

»Ein Hochzeitsgeschenk«, fügte sie hinzu, »aus dem Kronbergschen Haus.«

Und nun begann sie, von den Kronbergs zu erzählen (Frau Etvøs hatte dort als Gouvernante gearbeitet), die sie wie eine Tochter behandelt hätten, als der alte Graf noch lebte und sie *reisten*. Und sie redete weiter, hastig und fieberhaft, prahlte, als könnte sie ihre leere Küche mit all den Kronbergschen Vorfahren aufwerten.

»Ja, dann gute Nacht«, sagte Madame Börner, deren Martyrium die gräfliche Familie Kronberg nicht zu lindern schien, »ich bin dann um sieben Uhr da.«

»Gute Nacht – Licht, Emmeline, Licht.«

»Gute Nacht.«

Emmeline leuchtete Madame Börner. Und Frau Etvøs blieb in der klammen Küche zurück – sie setzte sich auf einen alten Holzblock neben die kalte Feuerstelle und weinte.

Dann kam jemand leise durch die Dunkelheit geschlichen.

Es war Emmeline. Einen Moment blieb sie neben ihrer weinenden Mutter im Dunkeln stehen. Dann berührte sie sanft ihren Kopf.

»Mutter«, flüsterte sie, »wieso müssen wir denn auch diese Fremden hier haben.«

Und auch sie begann zu weinen, ganz leise.

Frau Etvøs nahm die Hände von ihrem Gesicht.

»Pst«, sagte sie, »ich höre Vater«, und sie gingen zu ihm.

Etvøs war nicht zu überhören; mit schlotternden Hosen lief er durch sämtliche Räume der Wohnung und rief:»Ja, sie kommen, sie kommen« – als hätte er noch an dem Wunder gezweifelt.»Ich bin *bei ihr* gewesen«, sagte er und senkte dabei ein wenig die Stimme.

»Aber, Etvøs…«

»Sie haben mich doch darum gebeten, Liebes, sie haben mich gebeten«, wehrte sich Etvøs.

»Aber Adolfa! Wie sie spielt«, sagte er plötzlich in einem völlig veränderten Ton und setzte sich rittlings auf einen Stuhl, die graumelierte Mähne voran, als höre er noch immer die Musik …

Zwischen Pelzen und Koffern, Kisten und einer nur zur Hälfte verspeisten Mahlzeit hatte Etvøs in Frau Simonins Hotelzimmer gesessen und ihr mit den Augen eines hungrigen Hundes zugehört.

»Sie mögen Musik?« hatte die gnädige Frau völlig teilnahmslos gefragt, als ihre Finger von Tonleitern zu ein paar kleinen Stücken von Liszt übergingen.

Er hatte nur genickt und den Blick nicht von ihrem Gesicht abwenden können.

Sie hatte gelacht und dabei ihre Finger fliegen lassen. Der Tenor packte nebenher Roben aus, breitete Röcke über die Stühle und zog ein Paar Pantoffeln hervor, die mit der Schleife eines Lorbeerkranzes verpackt waren … Sie verfiel in einen Marsch und nutzte das Finale, um nach der Reise ihre Fingerfertigkeit zu überprüfen.

»Hat nichts gelitten«, sagte sie, und ließ die Hände in den Schoß fallen, zufrieden mit ihrem Bechstein.

»Sie lieben das?« fragte sie dann in all ihrer gutmütigen Gleichgültigkeit und schlug die Knie unter dem Rock zusammen, als sie sich auf dem Stuhl umdrehte und Etvøs bemerkte – sie hatte fast vergessen, daß er noch dasaß.

Und inmitten der Pelze und Abendkleider starrte der Lehrer vor sich hin, unfähig, sich zu bewegen – und heiße Tränen liefen ihm die Wangen hinunter.

… Frau Etvøs war nicht in der Stimmung, seine Begeisterung zu teilen. Sie sagte bloß: »Die Köchin war hier.«

»Ah ja«, erwiderte Etvøs und schüttelte verträumt den Kopf.

»Sie hat siebzig Mark bekommen – für den Anfang …«

Etvøs schien zu erwachen. Dann sagte er: »Schließlich haben wir doch noch Kredit – in den größeren Läden.«

Den täglichen Bedarf kaufte die Familie bewußt nicht in den großen Geschäften, und so hatten sie dort noch keine Schulden.

Frau Etvøs hatte bereits daran gedacht. Bei Jakob Svensson könnten sie wahrscheinlich anschreiben lassen, und bei Jakob Svensson gab es nahezu alles.

»Jakob Svensson hat auch *Wein*«, sagte der Lehrer nachdenklich.

»Ja, Jakob«, nickte Frau Etvøs, »aber irgendwann muß es doch bezahlt werden.«

Es war ihm bewußt.

»Aber hier geht es um die Ehre, mein Mädchen«, sagte er und begann, auf und ab zu gehen: »Wir werden sechzehn?«

»Ja«, antwortete Frau Etvøs, »wenn wir Oberstudienrats auch einladen.«

Der Lehrer blieb mit ausgestreckter Hand mitten im Zimmer stehen und sagte, wieder mit diesem Blick in den Augen: »Adolfa, wie sie gespielt hat.«

Frau Etvøs hatte Etvøs samt acht ihrer Kinder zu Bett gebracht.

Es war so anstrengend mit Etvøs, solange er auf den Beinen war. Entweder fiel ihm irgend etwas ein, oder er hatte alle fünf Minuten eine neue »Idee«, die er weiterspann, und dabei lief er ständig über den feuchten Fußboden.

Nun war er endlich zur Ruhe gekommen, und nur Emmeline war noch wach.

Sie half das Service abzutrocknen, und sie ging sorgfältig und bedächtig vor, Teller um Teller, mit dem für strebsame Kinder so charakteristischen verbissenen Mund und mit Augen, die ihr starr im Kopf standen.

Frau Etvøs kam mit ihrer Arbeit nicht weiter. Ein ums andere Mal sprang sie auf und rannte mit leeren Händen umher.

»Die Liste, die Liste – wo ist denn bloß diese Liste?«

Es ging um die Aufstellung des Kücheninventars, das die Köchin benötigte. Sie fand sich im Schrank, und Frau Etvøs fing an, über der Liste zu grübeln.

Das alles war weder zu mieten noch zu leihen.

»Mutter«, flüsterte Emmeline mit ihrer nachdenklichen, beinahe geheimnisvollen Miene – es gab so viele Dinge, über die sie und ihre Mutter nur im Flüsterton sprachen, weil die anderen es nicht hören sollten –, »in Gerdas Klub haben sie so viel Küchengeschirr.«

Doch Frau Etvøs hörte nicht zu. Sie hatte das Gefühl, als würden ihr heute abend sämtliche Gedanken wirr durch den Kopf schießen, alle gleichzeitig – vergessene, halbvergessene und vor langer Zeit einmal gedachte. Sie dachte an die Kronbergsche Zeit, als sie reisten … Und sie dachte an den Winter danach, als sie und Etvøs sich zum ersten Mal begegneten, als er Solosänger bei allen Konzerten im Festsaal war …

»Doch, Mutter«, sagte Emmeline noch einmal, »im Klub gibt es alles.« Sie sorgte sich in Gedanken noch immer um die Küchenausstattung.

»Ja, mein Mädchen.« Frau Etvøs schien aufzuwachen.

»Mein Gott«, sagte sie, »daß wir bloß den Klotz für das Klavierbein nicht vergessen.« Es war ihr eingefallen, als sie an die Konzerte im Festsaal dachte.

»Und du gehst jetzt schlafen, Emmeline, leg dich hin.«

Emmeline räumte sorgfältig auf. Sie blieb neben ihrer Mutter stehen und fragte: »Mutter – glaubst du, daß diese Köchin ehrlich ist?«

»Hoffen wir es«, seufzte Frau Etvøs, »gute Nacht, mein Mädchen.«

Frau Etvøs stand auf. Sie wollte sehen, ob der Boden im Wohnzimmer inzwischen trocken war. Mit erhobener Kerze stand sie mitten im Zimmer und sah von einem Fleck zum anderen.

Nie war ihr das Zimmer erbärmlicher vorgekommen.

Die straffgezogenen Gardinen, die dennoch nicht bis auf den Boden reichten; die wenigen Stühle, die wie zufällig dastanden und das Zimmer nicht ausfüllten; die Zierdeckchen, die ihr die Mädchen zu Weihnachten geschenkt hatten – sie waren *so* armselig, *so* lächerlich …

Ja – ja – es stimmte schon. Hier war ihr Leben dahingegangen. Hier hatte sie ihre Kinder geboren, unter all der vergeblichen Rechnerei; hier hatte sie sie gestillt und in den Schlaf gesungen; ein weiteres kam, und erneut hatte sie zu sparen versucht, ohne Erfolg; und wieder wurde sie schwanger und immer wieder diese sinnlosen Anstrengungen, die Löcher stopfen zu wollen – während alles verkam und verfiel …

Und Etvøs – er hatte den Rücken krumm gemacht wie sie: Sie mußte zusehen, wie sie von Mahlzeit zu Mahlzeit zurechtkam, er von Schultag zu Schultag … Aber sie liebten sich doch. Ach – ja, war es so? Sie wußte es nicht mehr. Zum Lieben gehörten doch auch Gedanken. Frau Etvøs hatte das Gefühl, als würden sie sich nur noch schinden, Tag für Tag, mit den Schulden und den neun Kindern, die Kleider und Essen brauchten.

Erschöpft drehte sie sich um und ging ins Schlafzimmer. Der Lehrer erwachte und setzte sich im Bett auf.

»Du«, sagte er, »ihr Bild hängen wir über dem Klavier auf.« Er meinte eins von Sofie Simonins Lichtdruckbildern, die als Reklame in den Häusern verteilt worden waren.

»Ja, Etvøs«, antwortete seine Frau, und kurz darauf schlief der Lehrer wieder.

Frau Etvøs saß auf der Bettkante, als Emmeline den Kopf von ihrem Kissen hob: »In Joakims Sparbüchse sind doch noch dreizehn Mark.«

An Joakims Ersparnisse hatte Frau Etvøs auch schon gedacht.

»Ja, ja, Kind«, sagte sie, »aber jetzt schlaf. Gute Nacht.«

»Gute Nacht.«

Frau Etvøs starrte in die Dunkelheit; sie würden nicht mehr in den Komitees oder mit Listen unterwegs sein – damit würde es jetzt wohl ein Ende haben …

Aber die Musik war doch nun einmal ihr gemeinsames Glück … Sie weinten doch immer zusammen dabei … heiße Tränen.

Frau Etvøs nickte mit halb geöffneten Augen langsam ein; sie hatte den Schlaf eines Hasen, schließlich hatte sie dreizehn Jahre an der Wiege gehorcht, die Hand über der Bettkante.

»Inga *könnte* das weiße Kleid anziehen«, überlegte sie noch. In ihren Gedanken sinnierte sie darüber, ob ein paar von den neunen wohl zum Nachtisch dazukommen dürften – so wie bei Kronbergs.

Dann schlief sie ein.

Emmeline lag still da und lauschte ihren Atemzügen. Ein bitterer Groll hatte sich in ihr Herz gebohrt.

III

Das Küchengeschirr des Klubs war besorgt, und in der Küche war Madame Börner bereits in vollem Gang; bei ihren Vorbereitungen bewegte sie sich mit einer besonders ausgeprägten Gottergebenheit – wie eine Diakonisse zwischen ihren Krankenbetten.

Silla hackte, und Silla schnitt.

»Die werden sich das doch auch nur in den Mund stopfen«, sagte sie, und während Madame Börner sich in den Örtlichkeiten zunehmend heimischer fühlte, lieferte sie Silla über die Töpfe hinweg eine zusammenhängende Darstellung ihres Krankheitsverlaufs.

Nur Frau Etvøs störte das ruhige Geschehen.

Alle fünf Minuten kam sie hereingelaufen und fragte, ob denn die Waren von Svensson gekommen wären.

Etvøs schien ja von Geld nichts hören zu wollen – er war mit der »Dekoration« beschäftigt –, und Frau Etvøs lief ins Eßzimmer zurück.

»Mutter – ist es gekommen?« flüsterte Emmeline.

»Noch nicht.«

Und wieder setzten sie sich direkt ans Fenster und warteten mit klammen Händen – sie waren außerstande, etwas zu tun.

Frau Etvøs lief erneut in die Küche, doch sie mochte nicht mehr fragen; sie schritt bloß unüberhörbar auf und ab und stieß dabei die Deckel von den Töpfen.

Madame Börner wußte Bescheid, sie hatte schon in vielen Haushalten gekocht.

»Haben Sie ein bißchen Trinkgeld hingelegt?« fragte sie. »Denn Sie werden den Burschen doch wahrscheinlich hier hereinschicken, wenn er kommt?«

»Oh ja, natürlich«, erwiderte Frau Etvøs, deren Gesicht aufleuchtete, als sie nach ein paar Schillingen kramte.

»Ach, danke, danke«, sagte sie und faßte Madame um die Handgelenke – eigentlich hatte sie ihr die Hände drücken wollen. Von diesem Moment an verstanden sie sich.

»Und das schlimmste ist, daß man den Geschmack verliert«, sagte Madame Börner. Als Frau Etvøs gegangen war, erzählte sie Silla wieder von ihrer Krankheit.

Frau Etvøs hatte die Kleider herausgeholt – ihr schwarzseidenes und das weiße – und über zwei Stühle gebreitet, um sie sich noch einmal genau anzusehen.

»Mutter«, rief Emmeline, »er ist da.«

Es war der Junge mit den Waren. »Hier entlang, hier entlang«, sagte Frau Etvøs, die wieder ihre ganze alte Angst verspürte, als sie den überfälligen Burschen des Kolonialwarenhändlers aus dem Eßzimmer bugsierte; Emmeline und sie lauschten, bis er ging – mit seinem Schilling Trinkgeld.

Es hatte den Anschein, als würde Frau Etvøs' Lebensgeister erwachen, als die Bestellung wohlbehalten eingetroffen war. Sie ging zu ihrem Mann ins Wohnzimmer und sah sich die »Dekoration« an – es waren der Lichtdruck und ein Paar sonderbare Ecksofas, die aus Matratzen und Kisten bestanden.

»Ach, wenn Sie bloß damit zufrieden sind … dann wird's schon gehen, dann wird's schon gehen …« Wieder kam sie in die Küche und war im Weg, wo immer sie auch stand.

»Ja, damit läßt sich schon was anfangen«, sagte sie, strich glücklich über die Menge an Lebensmitteln und griff mit strahlenden Augen zu den Weinflaschen. »Ein wahrer Segen.«

Rasch ging sie zu Etvøs zurück, der die Sofaecke drapierte.

»Ach ja, Etvøs«, sagte sie, setzte sich einen Moment und sah vor sich hin, »eine Abwechslung ist es schon.«

»Adolfa«, sagte Etvøs, der vor und zurück trat, um sein Werk zu betrachten, »es ist eine *Ehre* – eine unvergeßliche Ehre.«

Herr Etvøs schwitzte, der Schweiß rann ihm übers Gesicht.

Es klingelte an der Haustür, und Frau Etvøs mußte hinaus, um zu öffnen. Es war die Tochter des Hofgerichtspräsidenten, eine sanftmütige Dame in glatten Lederhandschuhen, die seit nunmehr zwanzig Jahren lautlos in den hohen Räumen der Dienstwohnung des Präsidenten umherging und repräsentierte. Sie kam, um sich für die Einladung zu bedanken – und insgeheim mit der Idee, irgendwie behilflich sein zu können.

Doch nachdem sie mitten in diesem Durcheinander endlich einen Platz gefunden hatte – Frau Etvøs lief herum, um einen Stuhl zu finden, »hier ist es so unordentlich, sehr unordentlich, weil Etvøs dekoriert« –, entschied sie sich im stillen, ihr Ansinnen besser aufzugeben: »Es ist sicher vernünftiger, wenn alles in einer Hand bleibt.«

Etvøs stellte sich hinter ihren Stuhl, um sich anzusehen, wie das Arrangement sich von ihrem Platz ausnahm.

»Oh ja, wir tun, was wir können«, sagte er und wippte vergnügt mit der Mähne.

Solange sie sich im Wohnzimmer aufhielt, behielt Emmeline die Tochter des Hofgerichtspräsidenten aus einer Ecke heraus mißtrauisch im Auge.

Dann mußte sich das Fräulein das Service ansehen, das auf dem langen Tisch im Etvøsschen Eßzimmer aussah, als wäre es für eine Auktion ausgestellt.

»Nun ja, es ist ja auch alles keine große Geschichte«, sagte das Fräulein, »wenn man, wie Sie, die notwendigen Dinge im Hause hat.«

Sie ging nach Hause, blaß vor Entsetzen über die Etvøsschen Vorbereitungen.

»Und das im Namen der Stadt«, sagte sie zu ihrem Vater, dem Hofgerichtspräsidenten.

Frau Etvøs hatte sich wieder ihren Kleidern zugewandt.

Es blieb dabei, Inga durfte zum Nachtisch hereinkommen.

»Emmeline – ist sie schon zurück?«

Frau Etvøs war im Mieder, kam aus dem Schlafzimmer und lief wieder zurück. Sie hatte Silla im letzten Moment zu Hofgerichtspräsidentens geschickt, um nach Servietten zu fragen – man konnte doch Ericsson, dem Lohnkellner, diesem fremden Menschen, nicht die Lappen zumuten, mit denen sich die Etvøs den Mund abwischten, sie waren einer komplexeren Lebensart wirklich nicht angemessen.

»Ist sie zurück?«

Silla kam nicht. Sie wurde doch an jeder Tür von einer ihrer Freundinnen aufgehalten, um ausführlich Bericht zu erstatten.

»Und Talg sollen sie auch fressen«, schloß Silla verächtlich und lief weiter (sie meinte die zahlreichen Wachsfundamente, die Madame Börner kunstfertig formte, um ihren gastronomischen Wundern Stabilität zu verleihen).

»Na – du hast es aber eilig«, rief die Freundin, die in der Haustür stehenblieb. Etwas im Grunde Unbeschreibliches hing hinten an Silla, etwas unablässig Hüpfendes. Es war eine Art Halbkrinoline, die sie ungeachtet aller Wechsel der Moden standhaft trug; nie ging sie auf die Straße, ohne sich noch rasch dieses ausgesprochen bewegliche Kleidungsstück anzuziehen.

»Sie ist wieder da, Mutter«, rief Emmeline vom Fenster her.

»Oh – Gott sei Dank«, seufzte Frau Etvøs, die im Schlafzimmer ihres Schwarzseidenes im Spiegel betrachtete: ein Großteil der Nähte war fadenscheinig.

Emmeline begutachtete es ebenfalls – still schaute sie sich das Kleid von vorn und von hinten an. Dann sagte sie behutsam: »Mutter, wir könnten es schwärzen.«

»Oh nein, nein«, wehrte Frau Etvøs matt ab und schloß

die obersten Knöpfe ihres Mieders, aus dem ein paar Taschentuchzipfel hingen. Frau Etvøs mußte ihrer Flachheit notwendigerweise ein wenig aufhelfen, wenn sie das Seidene trug.

»Aber deine Brosche, Mutter«, erinnerte sie Emmeline.

Die Brosche wurde angesteckt. Es war ein großer, rotwangiger Mosaik-Amor, der munter seinen Pfeil auf den Betrachter schoß – Frau Etvøs trug ihn bei allen Festlichkeiten.

Etvøs riß die Tür auf. »Und – bist du fertig?« fragte er und verdrängte sie vom Spiegel.

»Ach – wenn sie doch erst einmal hier wären«, sagte er, »wenn sie doch nur alle erst einmal hier wären…«

Die einzige Sorge des Lehrers war, daß er diese Schar von Gästen doch nicht zusammenbekam.

Frau Etvøs war ins Eßzimmer gegangen; zum hundertsten Mal arrangierte sie die unzähligen Wacholderzweige, die sie in die Kronbergschen Tafelaufsätze gesteckt hatte.

An der Haustür wurde ein paarmal laut geklopft. Es war Cerlachius, der erklärte, er hätte nur mal hereinschauen wollen, bevor er sich den Sonntagsstaat anzog.

Bei all den Gerüchen, die aus der Küche drangen, schnalzte er mit der Zunge und wollte sich dann wieder auf den Weg machen.

»Ach, richtig, liebe Frau«, sagte er, »mein Knecht bringt noch ein paar Flaschen. Ich dachte, das kann nicht schaden. Die Börner weiß, wozu sie getrunken werden …«

Das war der eigentliche Anlaß seines Besuches. Cerlachius hegte erhebliches Mißtrauen gegen die Etvøssche Weinauswahl.

Frau Etvøs begleitete ihn hinaus.

»Mutter, einen Moment«, sagte Emmeline, als sie wieder hereinkam. Sie tupfte doch einen Tropfen Tinte auf die helle Stelle an der Ärmelnaht.

IV

Es hatte geläutet.

Sie waren da.

Wie bei einem Erdbeben sprangen sämtliche Türen des Etvøsschen Domizils gleichzeitig dröhnend auf und schlugen wieder zu, daß der Boden zitterte.

»Aber Liebes«, schrie Etvøs aus dem Wohnzimmer. »Du mußt doch hier im Zimmer sein.« Er selbst rannte hinaus.

»Ja, Etvøs, ja – aber Inga …«

Alle schienen sich umeinander zu drehen – eine halbe Minute lang, kopflos, wie Schafe bei einem Gewitter.

»Mutter«, flüsterte Emmeline. »Du solltest den Kellner öffnen lassen.«

»Ja – ja, Kind, aber wo ist er?«

Ericsson wurde in der Küche gefunden, wo er eine Reihe Anweisungen von Madame Börner entgegennahm, die sich zum Servieren eine große, strammsitzende Haube aufgesetzt hatte; endlich kam er und öffnete.

Es war Frau Simonin mit ihrer Truppe. Sie kam immer auf den Schlag genau; es war eine Art Konzertgewohnheit, die sie auch bei Privatbesuchen beibehielt. Sie und die beiden Herren füllten den ganzen Flur mit ihren Pelzen, und als sie schließlich ins Wohnzimmer kamen, waren sie völlig allein. Frau Simonin sah sich einen Moment um.

»Aha, hier findet das also statt«, sagte sie nur, wandte sich dem Violinisten zu und stampfte mit ihren Seidenschuhen ziemlich unsanft auf den Boden – als wären die anderen für das Etvøssche Festmahl verantwortlich.

Mit einemmal platzte Frau Etvøs hinein – sie hatte Etvøs hier vermutet. Sie grüßte mit zwei Knicksen, und als sich die beiden Herren verbeugten, mußte sie doch irgend etwas sagen … und so stammelte sie über »die Ehre – die Ehre«

und … »so hoch im Norden«, und fummelte dabei hilflos an der Amorbrosche auf ihrer flachen Brust.

»Ja, und wir haben das Bild«, sagte sie vollkommen außer sich, als Frau Simonin unter dem Lichtdruck stehenblieb.

»Das sehe ich«, entgegnete Frau Simonin unbeeindruckt auf deutsch und ging ungeniert weiter auf und ab, als müßte sie sich auf einem Bahnsteig warm halten.

Mehr und mehr gelangte sie zu der Überzeugung, daß der Etvøssche Salon eine Beleidigung sei, und Selbstbeherrschung war nicht gerade eine der Eigenschaften, die sie auszeichneten.

Doch Frau Etvøs *hatte* es gesehen, kaum daß sie zur Tür hereingekommen war: Den Ofen hatten sie vergessen – oder hatte sie gedacht, es würde schon warm genug werden, bei all den Menschen, die kommen würden? …

Sie wußte es nicht. Und nun hatten sie ihn vergessen.

Etvøs trat ein, er trug Handschuhe und verbeugte sich – ununterbrochen. Frau Etvøs bekam überhaupt nicht mit, worüber gesprochen wurde, sie selbst unterhielt sich mit einem der Herren auf englisch – mit einem sonderbaren, beinahe altmodischen Akzent.

Es war der Tenor, ein junger blonder Normanne, den Frau Simonin in St. Petersburg protegiert hatte und der nun in seiner Muttersprache irgend etwas antwortete.

Da von den anderen Gästen noch immer niemand gekommen war, betrieb man weiter Konversation. Frau Etvøs hörte, wie Etvøs sagte: Rubinstein.

Kurz darauf standen sie *beide* im Eßzimmer – offenbar wußten sie selbst nicht, warum.

»Siehst du«, sagte Etvøs, der vollkommen aufgelöst war, »es ist doch eine sehr angenehme Dame.«

Frau Etvøs fand sie nun nicht gerade angenehm, allerdings hatte sie ohnehin nichts Angenehmes erwartet; sie stand vor dem Tisch und legte die Hände übereinander.

»Es ist nichts im Ofen«, sagte sie bloß.

Dann schreckte sie auf: »Aber einer von uns muß doch drinnen sein«, und lief wieder hinein.

»Was denken sich diese Kerls eigentlich?« hörte sie Frau Simonin ausrufen, die sich am Fenster mit dem Violinisten stritt.

Es läutete, es waren Generals.

»Das sind sie ja endlich«, sagte Etvøs, der am Eßtisch nervös auf und ab ging, nun waren sie da. Er wagte sich nicht ins Wohnzimmer.

Es läutete erneut, und weitere Gäste kamen – mehr und mehr, Etvøs hörte ihre Stimmen im Flur.

»Es muß jetzt angerichtet werden«, sagte Frau Etvøs, die mit hochrotem Kopf ins Eßzimmer kam. Herr Etvøs begann sich irgendwie mit dem Wein zu beschäftigen und fragte: »Wie sieht's denn aus, Adolfa?«

»Zwölf sind schon da«, sagte sie nur und lief in Richtung Küche.

In dem kleinen dunklen Korridor stand Emmeline, die es bei den anderen Kinder nicht aushielt. »Sind Generals schon gekommen, Mutter?« fragte sie flüsternd.

»Ja«, antwortete Frau Etvøs und ging in die Küche.

»Wir warten nur noch auf Oberstudienrats«, sagte sie hastig.

»Und die kleinen Windbeutel?« fragte Madame Börner, deren Stimme einen durchaus schärferen Klang bekam, je mehr sich die Zeit des Anrichtens näherte.

»Sind sie denn nicht da?« erwiderte Frau Etvøs verwirrt; sie wußte nicht, um was sie sich noch alles kümmern sollte – wo sie auch hinkam, war irgend etwas nicht in Ordnung. Sie lief wieder ins Eßzimmer und sortierte sinnlos die Tellerstapel und Flaschen auf der Anrichte in der Ecke um.

»Das werde ich Andersson nicht vergessen«, sagte sie – Andersson war der unzuverlässige Bäcker –, »ein andermal, ein andermal«, als sollte in der nächsten Woche schon wieder ein Diner bei den Etvøs stattfinden.

»Mutter«, flüsterte Emmeline, die ihr gefolgt war und an der Wohnzimmertür lauschte, »keiner sagt was.«

»Oh nein«, Frau Etvøs glaubte ihr sofort.

»Doch – jetzt Fräulein Zelchen«, meldete Emmeline.

»Da sollte doch Papier unterlegt werden«, sagte Frau Etvøs vollkommen geistesabwesend und schaute auf das wacklige Bein des Anrichtetischs.

Die Tür ging auf. Es war Etvøs.

»Es fehlen nur Oberstudienrats«, teilte er verschwitzt und atemlos mit, als wäre es eine Neuigkeit.

»Ja, aber bleib doch drinnen«, erwiderte Frau Etvøs. Emmeline war still zur Anrichte gegangen und schob ein Stück Papier unter das Bein.

Erneut schloß sich die Tür hinter Etvøs, der wieder zu Cerlachius und den anderen Herren hinüberging, die sich mit zunehmender Wartezeit bewußt abseits zu halten schienen, als ginge sie das alles nichts an. Den Blick auf die Wand gerichtet, unterhielten sie sich mit dem Rücken zur übrigen Gesellschaft.

»Aber ich weiß doch auch nicht, wie es passieren konnte«, sagte Cerlachius, der aus Sorge um den Lehrer selbst völlig verschwitzt war.

»Alter Freund«, sagte Etvøs, »wissen wir es denn selbst?«

Wieder verging eine gewisse Zeit, in der niemand etwas sagte, mit Ausnahme von Fräulein Zelchen, die mitten im Zimmer noch immer eine spärliche Konversation mit zwei, drei führenden Vertretern der örtlichen Gesellschaft führte. Stocksteif, als stünde er Schildwache, hielt der General sich unablässig an Frau Simonins Seite auf, die ihrerseits sehr wortkarg war.

Und der kleine dänische Vizekonsul, eine schmächtige, altjüngferliche Figur, der in seinen Lackstiefelchen ständig auf und ab trippelte, sagte bestimmt zum zehntenmal: »Aber vielleicht spricht sie ja lieber Französisch?«

Dann kamen Oberstudienrats. Sofort schien eine frische Brise durch die Gesellschaft zu wehen – man wußte ja, daß sie die letzten waren –, als die Oberstudienrätin, eine ungewöhnlich korpulente Dame in einem bronzefarbenen Atlaskleid mit sehr viel selbstgemachter Spitze über dem Busen, besonders aufrecht das Zimmer durchquerte und in einem so entschiedenen Ton zum General sagte, daß es im ganzen Raum zu hören war: »Ob Sie mich wohl vorstellen würden?«

Frau Etvøs öffnete das Eßzimmer, und man sah, daß die Kerzen auf dem Tisch angezündet waren. Die Herren bemühten sich, ihre Tischdamen zu finden, und Etvøs klatschte in die Hände. Frau von Linden, eine blonde, vollschlanke Landadlige, die ungefähr genauso groß war wie der General, erhob sich ein wenig schwerfällig aus einem der Etvøsschen Korbstühle.

»Na – hoffen wir um Gottes Willen, daß es gutgeht«, sagte sie mit ehrlichem Wohlwollen und stellte sich neben den Hofgerichtspräsidenten, denn Etvøs sollte Frau Simonin als erste zu Tisch führen. Sie stand zwischen den Herren ihrer Truppe – ein wenig milder gestimmt vom Klang all der wichtigen Namen der Versammlung, im übrigen war sie gesellschaftliche Überraschungen einigermaßen gewohnt.

»Na – lustiges Nest«, sagte sie mit einem Schulterzucken in ihrem Bayerisch zu dem Violinisten und ließ sich von Etvøs geleiten.

Buchstäblich mitten in der Tür klemmte sich eine blonde kleine Spitznase mit Lorgnette, die der Vizekonsul zu Tisch begleitete, zwischen die Generalin, die Tischdame von Graf Silfverhjelm vom Zollamt, und Frau Simonin, und musterte sie und ihre Diamantagraffen, als wäre ihre ganze Erscheinung leblos in einer Vitrine ausgestellt.

Frau Etvøs sollte den Tenor zum Tischherrn haben. Doch zunächst ging sie auf Fräulein Zelchen zu und schob von hinten sachte ihre magere Hand unter deren Arm.

»Danke«, sagte sie leise. Ihre Augen glänzten, als hätte sie hohes Fieber.

Die Kronbergschen Schätze auf der Festtafel schwankten ein wenig, bis die Beine und Schleppen zur Ruhe gekommen waren und alle in zwei einigermaßen unregelmäßigen Reihen Platz genommen hatten – die Etvøsschen Stühle waren nun einmal unterschiedlich hoch.

Ericsson trug die Suppe besonders feierlich auf.

Hinter Frau Etvøs schloß sich die Tür des Wohnzimmers leise. Es war Emmeline, die Birkenscheite durch den Vorgang geschleppt hatte, um den Kachelofen anzufeuern.

Mehrere Gerichte waren serviert und wieder abgetragen.

Die Gäste aus der Stadt saßen da, als wären sie geladene Zuhörer, die nur darauf warteten, was wohl als nächstes kommen würde; die Truppe aß.

Etvøs hörte man sagen: »Aber Sie trinken ja gar nicht, lieber Freund, trinken Sie doch.« Er leistete sich eine Reihe von Schnitzern in den fremden Sprachen, die sicherlich eine gewisse Einschränkung der Konversation zur Folge hatten, doch auch sonst kam das Gespräch über einige sehr wenige lahme Bruchstücke nicht hinaus.

Frau Etvøs hatte Schweißtropfen auf der Stirn, sie sah alles wie durch einen Schleier.

»Es fehlt noch an der rechten Stimmung«, sagte sie verlegen und prostete der Oberstudienrätin zu.

»Ach, finden Sie«, entgegnete die Oberstudienrätin mit einer Freundlichkeit, die einem Dolchstoß gleichkam.

Von der Truppe hatte inzwischen jeder ein paar Anekdoten erzählt – und mit Ausnahme der Zelchen und Generals hatten alle dabei aufgehört zu essen –, dann blieb es wieder eine ganze Weile still.

»Möchten Sie noch etwas trinken? Trinken Sie dort drüben noch etwas?« fragte Frau Etvøs – nun auch sie.

»Schneller, lieber Freund, schneller«, flüsterte sie Ericsson zu.

Ericsson hatte die Neigung, während des Servierens immer wieder stehenzubleiben, um zu hören, worüber sich unterhalten wurde.

Silla ging mit den Saucen herum, dabei ließ sie die Tür zu dem kleinen Korridor aufstehen, so daß dicke Wolken aus Madame Börners Werkstatt im Zimmer standen, in dem es ohnehin schon heiß genug war; die Herren bekamen langsam rote Wangen.

Auch die Kinder waren jetzt zu hören, der Himmel mochte wissen, was sie anstellten, Frau Etvøs saß wie auf heißen Kohlen bei ihrem Krach.

»Vielleicht sollte ich aufstehen«, wandte sie sich an Frau von Linden, als es plötzlich einen Schlag tat, als wäre ein Widder gegen die Tür zum Flur gerannt.

»Oh, das sind die Kinder«, sagte Frau Etvøs, die sich jetzt von ihrem Stuhl erhoben hatte.

Dann wurde es wieder ruhig, und alle hörten, wie Frau Simonin, offensichtlich, ohne sich gestört zu fühlen, fragte – es waren mehr oder weniger ihre ersten Worte an diesem Abend: »Sie haben Kinder?«

»Ja, neun«, antwortete Etvøs.

»*Neun!*«

Frau Simonin legte Messer und Gabel beiseite und sah mit unverhohlener Überraschung hinunter zu Frau Etvøs.

»Sie Unglückliche!« stieß sie aus, ein Ausruf, der aus der Tiefe ihres Herzens kam.

Und unwillkürlich brachen mit einemmal alle in Gelächter aus und lachten, daß sie beinahe auf dem Tisch lagen, nur Frau Simonin, die nicht der Ansicht war, daß daran irgend etwas komisch sei, rief ungerührt in den Lärm hinein: »Ja, das meine ich.« Doch alles lachte nur noch lauter.

Sie wollten überhaupt nicht wieder aufhören. Cerlachius prostete dem Lehrer glucksend zu: »Ja – damit könnte sie wohl recht haben.«

Und in dem allgemeinen, anhaltenden Gelächter begann man sich zu unterhalten. Frau Etvøs schien ein Stein vom Herzen zu fallen, der Präsident trank ihr zu, und auch der General erhob sein Glas; vor Freude bekam sie einen feuerroten Kopf.

Frau Simonin legte ihr Diamantarmband ab und steckte es in ein Glas, sie war bei ihrem Lieblingsthema angelangt: der Vermehrung der Menschheit.

Ihr lustiger bayerischer Dialekt war über die ganze Tafel zu hören, als sie begeistert begann, sich diesem Problem zu widmen; dabei beugte sie sich mit ihren ansehnlichen Armen weit über den Tisch. Während ihrer Ausführungen hatten die Herren nur Augen für ihre Büste, die wie der Kelch einer großen weißen Blüte über der Spitze wogte. Die Generalin und Fräulein Zelchen versuchten mit ihren festlichen Fächern, sich einem offenbar etwas heftigen Duft nicht allzu direkt aussetzen zu müssen.

Seit sie sich zu Tisch begeben hatte, saß die Spitznase da, mit ihrer Lorgnette bewaffnet, die Handschuhe neben sich, als hätte sie einen Platz im Parkett eingenommen,.

Die Oberstudienrätin sagte nur knapp zu ihrem Tischherrn, der es allerdings nicht mitbekam: »Nichts anderes habe ich von solch einer herumziehenden Dame erwartet.«

»Gott, daß die Weiber sich dazu hergeben«, fuhr Frau Simonin fort und hob vor Erstaunen die Arme.

Frau von Linden lachte mit den Herren um die Wette und stemmte beide Ellenbogen auf den Tisch. »Muntere Person«, sagte sie zum Präsidenten, der seine goldene Brille in die Stirn geschoben hatte und Frau Simonin nun unverblümt betrachtete.

Nun war es Zeit für Cerlachius' guten Burgunder, und alle prosteten Etvøs zu, der überglücklich auf seinem Stuhl saß. »Danke, liebe Freunde, habt Dank«, sagte er und breitete die Arme aus.

Und Frau Etvøs wandte sich mit einem vorsichtigen, noch immer etwas furchtsamen Lächeln an den Tenor: »Ich habe das Gefühl, daß sie sich nun nicht mehr so langweilt.« Und als der Tenor ihr versicherte, genau das Gegenteil sei der Fall, verzog sich ihr Mund zu einem breiten, glücklichen Lächeln, als sie sagte: »Ach, Gott sei Dank – glauben Sie, glauben Sie wirklich …?«

Silfverhjelm stieß einverständig mit Cerlachius an – er kannte den Burgunder –, und der Violinist holte zu einer Geschichte aus, der alle unter Gelächter zuhörten. Oben, an ihrem Tischende, hatte es Frau Simonin sich zwischen Etvøs und dem General so gemütlich gemacht wie an der Ecke eines Kachelofens.

»Ja, wer nur jetzt ein gutes Glas Bier hätte«, sagte sie, als wäre dies der Gipfel des Wohlbehagens.

Etvøs sah sie ein wenig unsicher an.

»Aber das läßt sich doch besorgen«, sagte er dann und erhob sich; ganz sicher war er nicht mehr auf den Beinen, als er stand.

»Was ist? Was ist denn los, Etvøs?« fragte Frau Etvøs besorgt vom unteren Tischende.

Und die Spitznase, die es auch nicht verstanden hatte, fragte laut und mit vorgerecktem Hals: »Was will sie?«

»Ach – a' Glas Bier«, antwortete Frau Simonin ausgesprochen sanftmütig. Auf der Tischseite der Generalin wurde es immer stiller; die aufgeschlagenen Fächer hatten fast die Wirkung eines Lattenzauns.

Etvøs war hinausgegangen. Die Tür hatte er aufgelassen.

»Ist Bier da?« fragte er verstört und lief umher, als könne er das Bier irgendwo auf den Tischen finden. »Haben wir Bier?«

»*Was*?« fragte Madame Börner, die gerade den süßen Pudding zubereitete.

»Sie möchte Bier«, sagte Etvøs, der verzweifelt in seinen leeren Taschen wühlte.

Und alle in der Küche wiederholten dieses höchst simple Wort, als wären sie einer Halluzination erlegen, und fingen an, kopflos durcheinanderzulaufen.

»Ja – Silla hat wahrscheinlich Geld«, sagte Etvøs und brach unvermittelt ab, »nur schnell – schnell –«, dann lief er wieder hinein.

Dort hatte Frau Etvøs Ericsson beiseite genommen.

»Emmeline hat Geld«, flüsterte sie und schickte ihn hinaus. Von den neunen lief Gustav Adolf los, um Bier zu holen.

Es war wieder ein bißchen stiller geworden, und Frau Simonin, die kurz über die Tischreihe der Generalin geschaut hatte (die Generalin war eine geborene Prinzessin Trubetzkoi, und ihr finnisches Exil verbrachte sie mit dem Gesichtsausdruck eines Potentaten, der eine Galavorstellung bei einem niederrangigen Vetter zu ertragen hat, noch dazu in einer Sprache, von der er kein Wort verstand), ging dazu über, Französisch zu sprechen, und überbrachte der Generalin einen Gruß der Fürstin Ghika, der sie gerade in Paris begegnet war.

Sie behielt das Französische bei, als sie auf Rumänien zu sprechen kam und von Königin Elisabeth – *la charmante femme!* – und dem Hof in Bukarest berichtete.

»Diebespack, allesamt dort«, bemerkte der Violinist nur kurz und erzählte eine Anekdote über den rumänischen Hofmarschall, der ein Armband gestohlen hatte, das die Königin Frau Simonin schenken wollte. Frau Simonin hörte ihm nicht zu, sie betrieb weiterhin Konversation mit der Generalin, die nach und nach auftaute und wissen wollte, ob die Perlenagraffe auf Frau Simonins Schulter zu einer ganzen Kollektion gehörte – was nicht der Fall war, vielmehr handelte es sich um ein Geschenk von Ihrer Majestät, der Königin von Spanien: »*Des perles exquises – n'est-ce-pas, madame?*«

Die Generalin erging sich in Lobeshymnen über die Perlen. Und Frau Simonin rief – Etvøs war schon wieder draußen gewesen, um nach dem Bier zu sehen –: »*Otez ça.*« Er löste die Agraffe, die herumgereicht wurde, während Frau Simonin wieder ins Deutsche verfiel und erzählte, wie sie mit Seiner Majestät König Alfons Billard gespielt hatte.

Während die Agraffe von Hand zu Hand ging, fuhr Frau Simonin mit ihren Geschichten und Berichten fort, so daß es um die Kronbergschen Tafelaufsätze von königlichen Namen nur so summte. Und alle hörten mit glücklichen und glänzenden Gesichtern zu, als fiele die höfische Sonne auch auf sie, die hier mit dieser Berühmtheit zu Tisch saßen.

Einer nach dem anderen wollte gern noch einmal mit den Gastgebern anstoßen, und quer über den Tisch gab es ein Nicken und Prosten, man dankte und erwiderte den Dank – nur die Oberstudienrätin saß völlig unbeeindruckt da und hielt die Perlenspange von sich, als verströme sie einen widerwärtigen Geruch.

»Nun ja, vielleicht sagen wir lieber, sie stammt von einem *Prinzen*«, sagte sie und gab die Agraffe weiter, die nun Frau Etvøs in ihren mageren Finger hielt. Sie hatte das Gefühl, ihr Leben nicht mehr wiederzuerkennen.

»Ach, daß so etwas bei uns möglich ist«, sagte sie und drehte den Perlenschmuck in ihren Händen.

»*Mais, madame, vous oubliez votre bock*«, sagte die Generalin und zeigte mit einem übertrieben zuvorkommenden Lächeln auf die eingetroffene Flasche, die Frau Simonin gar nicht beachtet hatte.

Sie waren jetzt beim Braten angelangt, den Ericsson, der auf dem Weg durch den kleinen Korridor so manche Weinneige geleert hatte, seinen Bekannten mit kleinen ermunternden Schlägen auf die Schulter anbot – Ericsson hatte die Angewohnheit, gewisse Günstlinge während des Servierens zu bevorzugen –, und Frau Etvøs erinnerte sich plötzlich an Inga; gerade wollte sie leise aufstehen, als Etvøs sich mit einemmal erhob, und sofort setzte sie sich wieder, als würde sie zu Boden gepreßt.

– Etvøs wollte eine Rede halten.

»Nun bringt der Herr Lehrer einen Toast aus«, rief Silla, als sie das Kompott hereintrug und im Vorübergehen die Tür zu dem kleinen Innenraum aufstieß, in dem Emmeline mit einer Kerze in der Flasche auf der Bettkante saß und sich mit dem weißen Kleid abmühte: Sie war dabei, Spitze über einen letzten Riß zu nähen, während Inga frierend in einem kurzen Unterrock wartete.

»Nun bringt der Herr Lehrer einen Toast aus«, verkündete Silla jetzt auch in der Küche.

Starr saß Emmeline vor der Kerze, die Hände im Schoß – durch die offene Tür war alles zu hören.

Etvøs wartete einen Moment, dann sagte er mit einer sehr leisen Stimme und kam dabei Frau Simonin sehr nahe: »Ich möchte Ihnen nur danken – Ihnen danken, weil Sie uns heute Glück und Glanz geschenkt haben – und Glanz«, wiederholte er noch leiser, während er über den Tisch starrte und wieder verstummte, ihm fehlten die Worte.

Eine Augenblick lang herrschte Stille. Dann brachen alle in Hurrarufe aus, neunmal, und sämtliche Herren sprangen polternd auf, um mit Frau Simonin anzustoßen.

Frau Etvøs schaute zu ihr hinauf, und Frau Simonin lächelte über all die Köpfe hinweg, die sich vor ihr verneigten – sogar die Generalin hatte sich in ihrem Seidenkleid erhoben.

»Sie müssen doch sehr glücklich sein«, sagte Frau Etvøs zögernd und mit gedämpfter Stimme zu dem Tenor, ohne den Blick von ihr zu wenden.

»Oh, nein«, erwiderte er nur langsam und starrte ebenfalls vor sich hin – allerdings in eine andere Richtung.

Inga nahm am Nachtisch teil. Während sie von Schoß zu Schoß rutschte, fiel Frau Simonin ihre Agraffe wieder ein. Sie war bei der Tischdame des Vizekonsuls gelandet, die sich von der Spange nicht hatte trennen können.

Sie hoben die Tafel auf, und aus allen Zimmern, in denen man sich satt und gutgelaunt unterhielt, waren laute Worte des Dankes zu hören. Etvøs wurde der Reihe nach umarmt.

»Danke, mein Bruder«, sagte Silfverhjelm und schlug dem Lehrer fest auf die Schultern.

Frau Etvøs plauderte reihum mit den Damen.

»Schöner Tag«, sagte Frau von Linden und quetschte Frau Etvøs' Finger mit ihren grobschlächtigen Händen, bevor sie sich schwer auf eines der Etvøsschen Arrangements fallenließ und tief und erleichtert aufseufzte: »Ach ja, Gott sei Dank.«

Frau Etvøs war weitergegangen. Worüber man sich im einzelnen unterhielt, hörte sie gar nicht, aber während sie so von Grüppchen zu Grüppchen glitt, sah sie die Gäste lächeln, und sie wußte, es war freundlich gemeint. Auch bei der Oberstudienrätin standen zwei Damen, die lange ihre Hand hielten und betonten, wie gut alles gegangen war.

»Es ist ja auch nicht so einfach, noch dazu, wenn man sich alles leihen muß«, sagte die Oberstudienrätin.

»Ach nein«, entfuhr es Frau Etvøs und drückte ihr fest die Hand, sie war viel zu glücklich, um irgendeine Spitze zu bemerken. Sie ging an Frau Simonin vorbei, die sich mit ihrer Truppe ans Fenster zurückgezogen hatte. »Na, Kinder«, sagte sie gerade, »schwer, mit so verschiedenen Wölfen zu heulen.« Frau Etvøs ging auf Cerlachius zu und griff nach seinen Händen. Sie sagte kein Wort, sie stand nur da und schaute dankbar in sein rotes, rundes Gesicht.

Dann erhob sich ein gewaltiges Spektakel. Die Herren hatten dem Cognac bereits einigermaßen zugesprochen, und der Violinist führte in einem Kreis von Damen Geschicklichkeitsübungen mit einer Untertasse vor. Silla, die die Kaffeetassen einsammeln sollte, stützte das volle Tablett mit dem Bauch und musterte sorgfältig jede einzelne Toilettenpracht, und Ericsson zeigte Graf Silfverhjelm, der Madame Börner ein Kompliment machen wollte, den Weg.

Sämtliche Türen standen offen, und das ganze Haus schien festliche Freude zu durchströmen. In einem der hinteren Zimmer sah man einen Moment lang Emmeline, die am Fußende der Betten, im Schein der Flaschenkerze, Essensrationen an ihre acht Geschwister verteilte …

»Nun sind Sie doch sicher zufrieden?« fragte der kleine Tenor, der jetzt neben Frau Etvøs stand.

»Ja«, sagte sie und lachte ihm wie ein Kind direkt ins Gesicht.

V

Frau Simonin gähnte ausgiebig hinter ihrem Fächer.

Der Abwechslung halber war sie hinüber zum Kachelofen gegangen – dank Emmeline war er nun glühend heiß – und stand dort mit ein paar Herren, darunter dem Vizekonsul.

»Altes Ding«, sagte sie, um sich wieder entfernen zu können, und zeigte auf das Klavier.

Als sie daran vorbeiging, schlug sie ein paar Töne an, dann noch ein paar.

»Sie, Berg«, sagte sie, mit einemmal interessiert, »hören Sie doch, es klingt wie ein Spinett.«

Sie zog den Pianoschemel heran, setzte sich und griff dabei bereits einige Akkorde.

Niemand wußte, wie Fräulein Blanck, die Spitznase, plötzlich in die erste Reihe gekommen war und nun, zwei Schritte vor allen anderen, mit ihrer Lorgnette in einem der Korbstühle saß.

Es war schlagartig still geworden. Etvøs stand neben seiner Frau.

»Adolfa, Adolfa«, flüsterte er immer wieder und umklammerte krampfhaft ihr Handgelenk.

Frau Simonin ging zu einem kleinen Stück von Haydn über.

»Klingt doch lustig, was?« sagte sie, als es vorbei war.

Niemand antwortete, und sie spielte weiter – diesmal eine Bagatelle von Scarlatti. Frau Etvøs sah aus, als hätte sie mitten in ihrem eigenen Wohnzimmer eine biblische Erscheinung.

Frau Simonin unterbrach sich und schlug nur noch kurz ein paar Tasten an.

»Singt denn hier niemand?« fragte sie in einem Ton, in dem sie ebensogut hätte fragen können, ob denn nicht einer der Herrschaften auf den Händen laufen könne.

»Doch – Herr Etvøs hat gesungen …«

»Herr Etvøs ist der Tenor unseres Städtchens«, sagte der Vizekonsul, der lispelte.

»Dann singen Sie doch etwas«, forderte Frau Simonin ihn in unverändertem Ton auf und schlug mal hier, mal da eine Taste an.

Etvøs war bleich wie ein Laken.

»Davon kann doch überhaupt keine Rede sein«, sagte er und rang die verschwitzten Hände – vor ihr zu singen, er brachte die Worte kaum heraus – »ja, wenn ich irgend etwas hätte – wenn ich doch nur etwas hätte.«

»Aber« – und er trat näher ans Klavier – »es ist alles so alt, was ich habe …«

Unter den Gästen regte sich leiser Widerspruch. Frau Etvøs stand hinter ihrem Mann und trat wie er von einem Bein aufs andere, wobei sie mit den Lippen Worte formte, die niemand hörte.

»Anscheinend will er nicht singen«, sagte Frau von Linden müde und ließ die Hände in den Schoß fallen.

»Und außerdem jetzt nach dem Essen«, sagte Etvøs, »in dieser dicken Luft … Und wer sollte mich denn begleiten?«

»Ach – ich«, erwiderte Frau Simonin in demselben Ton wie zuvor.

»Sing *Alfredo*«, sagte Frau Etvøs, die noch immer direkt hinter ihrem Mann stand und vor Aufregung kaum die Worte herausbrachte.

»Ja, ja«, sagte Etvøs, der die Noten nicht fand, »aber wo hab' ich es denn bloß?«

Frau Etvøs war verschwunden. Sie holte Pastillen und lauwarmes Wasser, damit er sich den Mund ausspülen konnte.

»Nur diese Luft«, sagte Etvøs, »und dann ist auch noch der Ofen an.«

Er dachte daran, ein Fenster im Eßzimmer zu öffnen, doch in seiner Verwirrung lief er durch alle Räume bis ins Schlafzimmer.

»Wer hat denn bloß den Ofen so angeheizt«, schrie er, »da drinnen erstickt man ja fast?«

»Ich, Vater«, sagte Emmeline.

»Mußt du dich auch ständig um Sachen kümmern, um die dich niemand gebeten hat.«

Etvøs trat vom Spiegel zurück, wo er sich zurechtgemacht hatte wie ein Schauspieler hinter der Bühne.

»Ständig«, sagte er noch einmal und ging.

Emmeline gab keine Antwort. Langsam begann es in ihren Augen zu brennen, und dann weinte sie, in einer Ecke ihres Bettes sitzend, still vor sich hin – die letzten vierundzwanzig Stunden hatte sie einfach zu viele Gemütserregungen erlebt.

Frau Etvøs kam mit dem lauwarmen Wasser.

»Ach, Emmeline«, sagte sie entschuldigend, »Vater soll doch singen.«

Er hatte bereits begonnen, und Frau Etvøs blieb stehen. Sie hörten beide zu, Mutter und Tochter, mit gesenkten Köpfen, ohne sich zu rühren.

»Er ist bei Stimme«, flüsterte Frau Etvøs mit einem Lächeln, dann lauschten sie wieder.

»Jetzt kommt die Stelle«, sagte Frau Etvøs und griff nach Emmelines Arm. Es war eine Passage, die zu meistern Jakob Etvøs nicht ganz leichtfiel – vor allem im Brustton.

»Ja, er ist bei Stimme«, wiederholte sie lächelnd – die Stelle war geschafft.

Als Etvøs endete, klatschten alle, und Frau Etvøs ließ Emmeline los, zitternd vor Erregung. Und als wolle sie so schnell wie möglich zurück in den allgemeinen Trubel, öffnete sie die Tür und trat ins Helle. Etvøs strahlte: »Ja, wenn man so begleitet wird.« Er suchte nach neuen Noten.

»Er hat es gelernt, nicht wahr?« erkundigte sich der Violinist, der auf Frau Etvøs zukam.

»Ja – mein Mann hat studiert«, sagte sie.

Nur Silfverhjelm sagte zu Cerlachius: »Tja, ich bin nun mal unmusikalisch.« Er ging zurück ins Eßzimmer, in das auch Emmeline geschlichen war. Sie wollte ihren Vater sehen.

Etvøs begann wieder zu singen – der Gesellschaft zugewandt; purpurrot, den ganzen Körper in Bewegung, schleuderte er die abgedroschenen Töne heraus, höher und höher, mit strahlendem Gesicht und weit entrückt – während Frau Simonin zunehmend an einen Automaten erinnerte, wie sie mit schräggelegtem Kopf ihre Hände nur noch die Tastatur hinauf und hinunter bewegte.

Der Tenor mußte sich entfernen. Er ging in Etvøs' Zimmer, in dem eine kleine Lampe brannte.

Doch hinter der Tür stieß er auf Frau Etvøs, die hier im Verborgenen saß und mit wiegendem Kopf durch den Türspalt zusah, wie ihr Mann sang.

Der Tenor war verwirrt und wollte etwas sagen – irgendein Wort über den Sänger, doch er kam nicht dazu. Frau Etvøs stand plötzlich auf, drückte ihn unversehens auf einen Stuhl und begann zu erzählen – ihm, dem wildfremden, dem desinteressierten Menschen, erzählte sie über ihr Leben, ihr bedrückendes Leben, ihr Dasein, das so eng, so erbärmlich war, wie sie sagte.

»Und in all den langen Jahren hat sich nichts geändert.« Sie wiederholte die Worte, als spräche sie mit sich selbst, dann sie sah ihn wieder an, sah ihm direkt ins Gesicht, und redete weiter, fiebernd und hastig, über ihre Jugend, und daß sie gereist wäre – »draußen gewesen sei«, sagte sie –, über Etvøs, und was er einmal gewollt hatte, was er gedacht hatte.

»Ausbrechen – die Kraft hätte er gehabt«, sagte sie und schlug mit den flachen Händen wie mit zwei müden Hämmern auf ihre Knie.

»Und dann sitzt man hier«, sagte sie schließlich und starrte ihm ins Gesicht, mit einem Blick, der nur noch leer war, »hier …«

Sie schob die Tür zu – im Nebenzimmer sang Etvøs noch immer Arie um Arie, die Herren hatten sich inzwischen alle ins Eßzimmer begeben – und hielt den Tenor mit einem unablässigen Strom von Worten fest, beugte sich ihm entgegen, griff nach seinen Händen.

»Dann bleibt nur noch die Sehnsucht, verstehen Sie, diese ewige Sehnsucht, während man Jahr für Jahr hier sitzt …«

Und auf einmal brach sie in Tränen aus, sie weinte leise

und ohne Unterlaß, und noch immer hatte sie ihm ihr Gesicht zugewandt.

Der kleine Tenor hatte sich nicht gerührt, er wußte nicht, was er sagen sollte, er verbeugte sich nur halb: »Ja, das ist verständlich ... nun ja, ich verstehe ... daß das Leben hier eingeschränkt ist, gnädige Frau.«

Im Wohnzimmer hatte Etvøs nun aufgehört zu singen, und alle redeten durcheinander. Frau Etvøs riß die Tür mit einem Schlag wieder auf.

»Sie scheinen fertig zu sein«, sagte sie und versuchte, sich wieder zu fassen; der Tenor verbeugte sich bloß noch einmal und ging ohne ein weiteres Wort. Etvøs war hinüber ins Eßzimmer gegangen, alle applaudierten ihm, und er beschrieb mit der Hand einen Bogen über Cerlachius und den Oberstudienrat.

»So kommt die Stimme doch überhaupt erst richtig zur Entfaltung«, sagte er und klopfte sich an die Kehle.

Dann kehrte er ins Wohnzimmer zurück, und die Damen versammelten sich um ihn und machten ihm Komplimente.

»Nun ja«, sagte er, »man hat schließlich nicht alles vergessen, und in Momenten der Begeisterung flammt es dann doch wieder auf.«

Doch mit einemmal schien ihn etwas abzulenken, er stand da und starrte mit leeren Augen vor sich hin, bis er den Kreis mit einem abrupten »Entschuldigung« verließ. Er hatte den Violinisten gesehen, der sich noch nicht geäußert hatte.

Etvøs schoß auf ihn zu, indem er auf eine eigenartige Weise immer wieder den Kopf zurückwarf, und begann ein Gespräch über den Kunstgesang – er zum Beispiel wisse nicht genug über den Tonansatz mancher Sänger.

Und mit einem kurzen, kleinen Nicken fragte er plötzlich den Violinisten gedämpft – sozusagen unter Kollegen: »Na – wie war's?«

Der Violinist schaute ihn zunächst einen Moment lang

an – er hatte keine weiteren Gedanken an die Etvøssche Leistung verschwendet –, bevor er sagte: »Doch, eine außerordentlich ausdauernde Stimme.«

Ein Leuchten ging über Etvøs' Gesicht.

»Nicht wahr?« sagte er und nickte mit einem unbeschreiblich zufriedenen Klang in der Stimme: »Ein wenig kennt man sich ja doch aus mit Gesang.« Und dann sprach er ausführlich über seinen Tonansatz.

Die Generalin wollte aufbrechen und hatte bereits ihren Überwurf umgelegt, als auch Frau Simonin aus ihrem Stuhl aufstand, vielleicht ein bißchen zu hastig.

»Ja, gehen wir«, sagte sie und zog rasch ihre Handschuhe über.

Als Frau Etvøs aus dem Zimmer ihres Mannes kam, waren die Damen allesamt zum Aufbruch bereit.

»Schon«, sagte sie, »muß es denn schon sein … Es kommt so plötzlich.« Sie schüttelte eine Hand nach der anderen.

»Nun ja, Sie werden doch sicher auch müde sein«, sagte Frau von Linden und klopfte ihr auf die Schulter.

»Oh, nein, nein«, sagte Frau Etvøs nur, schüttelte den Kopf und hielt jede einzelne Hand so fest, als wollte sie sie nicht wieder loslassen.

»Aber so spät ist es doch gar nicht«, sagte sie zur Oberstudienrätin.

Die Tür zum Flur stand offen, und wie durch einen Nebel sah sie die Damen eine nach der anderen in ihren großen Mänteln verschwinden …

Die Herren waren allerdings nicht so rasch zum Aufbruch bereit, sie tranken noch ein Glas, sie brachten noch ein Hurra auf die Gastgeberin aus, und Frau Etvøs trank einen Moment mit – bis auch sie endlich draußen waren, und Frau Etvøs sie nur noch im Flur rumoren hörte.

Es war die Stimme von Cerlachius: »Nun also ist auch dieser festliche Becher getrunken.«

Dann fiel die Haustür zu.

Frau Etvøs hörte ihre Stimmen auf der Straße. Dann wurde es auch dort still.

Lange ging sie auf und ab, als horche sie dem erloschenen Lärm nach – die Korbstühle standen verlassen herum, der Tisch war voll mit halb ausgetrunkenen Gläsern.

Sie löschte die Kerzen in den Leuchtern, eine nach der anderen – eine Angewohnheit aus Sparsamkeit –, bis schließlich nur noch eine Lampe brannte und das Zimmer wieder im Halbdunkel lag.

Doch dann fiel sie plötzlich zusammen, lehnte den Kopf an das alte Klavier und begann wieder zu weinen.

Silla schreckte sie auf. Madame Börner wartete, um sich zu verabschieden.

Frau Etvøs ging in die Küche, wo Madame Börner sehr zugeknöpft vor einem Wassereimer saß. Sie danke ihr so viele, viele Male, sagte sie mit einer Stimme, die nach den Tränen noch unsicher klang.

»Das war auch das *große* Hochzeitsarrangement«, erwiderte Madame Börner, die sich nicht von der Stelle rührte.

»Aber es hat doch keine Eile«, sagte Frau Etvøs, setzte sich auf den Holzklotz und ergriff nun auch die Hände der Köchin. »Man kann sich doch noch ein wenig unterhalten«, fuhr sie fort, »es ist doch noch nicht so spät ...«

Aber Madame Börner hatte es eilig. Schließlich koche sie nicht zum Vergnügen – bei *ihrer* Krankheit. Außerdem hätte sie Kinder, sieben Kinder, und Börner, auf den wäre wenig Verlaß. Um am schlimmsten wären die Tage, an denen sie unterwegs war.

Madame Börner saß da und redete, ihre Stimmlage blieb unverändert monoton, der Blick hatte sie auf ihren Schoß gerichtet.

Frau Etvøs hörte kaum zu, kopfschüttelnd saß sie direkt neben der Köchin, sie wußte, es war das Lied der Armut.

»Ja sicher, natürlich«, sagte sie, gleichsam als Refrain, und schüttelte dabei den Kopf zur Begleitung.

Dann aber wachte sie auf und fragte: »Aber haben Sie denn selbst etwas abbekommen? … Sie haben ja noch gar nichts eingepackt – für daheim. Da gibt's doch genügend Münder, die gern einmal probieren würden …«

Und sie begann von den Resten der Mahlzeit Stück für Stück in einen Korb zu packen.

Dann ging Madame Börner, und auch die Küche war leer.

Die Gäste befanden sich auf den Heimweg. Die Oberstudienrätin hatte sich ziemlich fest am Arm des Oberstudienrats untergehakt.

»Sie war wunderbar, Louise«, sagte der Oberstudienrat und blieb unter einer Laterne stehen.

»Sie war *nackt*, Kalle«, erwiderte die Oberstudienrätin nur.

Ohne ein weiteres Wort ging der Oberstudienrat mit eingezogenem Kopf weiter.

Als sie die Haustör öffnete, schloß die Oberstudienrätin mit einer jähen Drehung auf, und sagte, als sei das Thema damit für sie beendet: »Cerlachius hat das alles bezahlt.«

Die Spitznase wurde vom dänischen Vizekonsul begleitet, der sich nun auf dem Heimweg vor französischen Adjektiven nicht zu halten wußte.

»Und das sage ich Ihnen«, erklärte das Fräulein, »sie ist nicht proper.«

… Die Generalin war längst zu Hause und nahm sich vor dem Spiegel die Blumen aus dem Haar. Als sie die letzte Blume abzupfte, sagte sie schulterzuckend zum General: »*C'est bonnet blanc et blanc bonnet.*«

Frau Simonin hatte sich einen Schlafrock angezogen und ruhte sich in ihrem Zimmer aus. Lange betrachtete sie die

Spitzen ihrer Pantoffeln, morgen sollte bei Generals gegessen werden.

Dann schlug sie die Hacken zusammen und sagte resignierend: »Na – am End' haben sie ja ihr Geld bezahlt.«

Etvøs hatte den Tenor begleitet, der zurück zum Hotel lieber zu Fuß gehen wollte. Etvøs sprach noch immer vom Kunstgesang, er war sich nicht sicher, wie andere Sänger mit ihrem Instrument umgingen.

Alle zehn Schritte blieb er stehen.

Als sie sich schließlich an der Hoteltür trennten, fragte Etvøs hastig, ohne den Sänger dabei anzusehen: »Ob es wohl zu spät ist, um auszubrechen?«

Und da der Tenor ihn offensichtlich nicht verstand, zeigte er kurz auf seine Kehle: »Ich meine, hierauf zu bauen?«

»Aber wieso denn nicht?« antwortete der Tenor und lief blutrot an.

Lange lief Etvøs die Straße auf und ab.

Als er endlich nach Hause kam, verspürte er noch immer ein Gefühl von Ekstase, schließlich gingen sie aber doch alle zu Bett.

Der Vater schlief bereits, als Emmeline sich noch einmal von ihrer Matratze aufrichtete.

»Mutter«, flüsterte sie.

»Ja.«

»Ich habe Fräulein von Zelchen etwas sagen hören.«

»Was denn«, flüsterte die Mutter.

»Sie sagte zu ihrem Vater, daß es ein wunderbarer Tag gewesen sei.«

»Wo hast du das gehört?« flüsterte Frau Etvøs zurück.

»Ich habe mich ans Tor geschlichen, als sie gingen«, sagte Emmeline. Frau Etvøs lag da und lächelte.

»Gute Nacht, mein Kind.«

»Gute Nacht.«

Drei Tage später reiste Frau Simonin morgens ab. (Sie ging auf eine Konzertreise nach Rußland. Siebzehn Konzerte in einundzwanzig Tagen, mit nur einem einzigen Programm. Der Auftakt sollte in Kiew sein. Dann folgten die übrigen Städte – deren Namen sie nicht einmal kannte.)

Frau Etvøs stand mit ein paar Rosen in Stanniol an der Bahn – so armblättrigen, blassen, wie man sie um die Weihnachtszeit halb erblüht an einer Grabstätte finden kann.

Etvøs hatte ja keine Zeit – er war auf dem Weg zur Schule.

Doch in einer der Straßen, an einem der Bahnübergänge, stand eine lange Gestalt und schwenkte den Hut.

Es war Etvøs mit zwei von den neunen, die zur Schule liefen. Wie drei graue Fahnen erfaßte der Wind ihre langen Wollschals.

Irene Holm

I

Eines Sonntags nach dem Gottesdienst wurde vom Sohn des Amtmanns am alten Gerichtsstein vor der Kirche folgende Bekanntmachung verlesen: »Fräulein Irene Holm, Tänzerin des Königlichen Theaters, wird am 1. November im Gasthaus ihren Kurs in Haltung, Tanz und Bewegung beginnen, für Kinder wie Fortgeschrittene, Damen wie Herren – sofern sich eine hinreichende Anzahl von Teilnehmern einträgt. Der Preis: fünf Kronen pro Kind, für Geschwister Ermäßigung.«

Es meldeten sich sieben Teilnehmer. Von Jens Larsen kamen die drei »mit Ermäßigung«.

Fräulein Irene Holm sah dies als hinreichend an. Eines Abends gegen Ende Oktober traf sie ein und stieg mit ihrem Gepäck, einem alten Champagnerkorb, der mit einem Strick verschnürt war, im Gasthaus ab.

Sie war klein, und ihr vierzigjähriges Kleinmädchengesicht wirkte unter dem Pelzbarett abgekämpft; gegen die Gicht hatte sie sich alte Taschentücher um die Handgelenke gewickelt. Sie betonte jeden einzelnen Konsonanten, sagte bei jeder Handreichung: »Danke, ach danke, das kann ich doch selbst«, und machte einen hilflosen Eindruck.

Sie wollte nur eine Tasse Tee trinken und verkroch sich dann in der kleinen Kammer hinter dem Saal ins Bett – zähneklappernd aus Angst vor Gespenstern.

Am nächsten Tag erschien sie mit Locken im Haar und einem eng taillierten Mantel mit Pelzbesatz, an dem der Zahn der Zeit seine Spuren hinterlassen hatte. Sie wollte die verehrten Eltern besuchen. Ob sie sich wohl nach dem Weg erkundigen dürfe? Madame Henriksen ging vor die Haustür und zeigte auf die Höfe hinter dem Feld. Dankbar knickste Fräulein Holm auf jeder der drei Treppenstufen.

»Armes Luder«, sagte Madame Henriksen. Sie blieb in der Tür stehen und sah Fräulein Holm nach, die sich auf dem Weg zu Jens Larsen stets oberhalb des Feldrains hielt, um ihre Schuhe zu schonen. Fräulein Holm trug Schuhe aus Ziegenleder und hatte sich in Strickstrümpfen mit Rippenmuster für den Weg gerüstet.

Nach den Elternbesuchen – Jens Larsen bezahlte neun Kronen für seine drei – suchte sich Fräulein Holm eine Unterkunft. Sie fand beim Schmied eine kleine weißgekalkte Kammer mit der Aussicht auf die flachen Felder. Die Einrichtung bestand aus einer Kommode, einem Bett und einem Stuhl. Der Champagnerkorb bekam in der Ecke zwischen Kommode und Fenster seinen Platz.

Dort zog Fräulein Holm ein. Der Vormittag verging unter unzähligen Prozeduren mit Lockenwicklern, kaltem Tee und heißen Brennscheren. Waren die Locken gerichtet, räumte sie auf und verbrachte den Nachmittag mit Häkelarbeiten. Sie saß in der Ecke auf ihrem Champagnerkorb und nutzte auch noch das letzte Licht. Die Frau des Schmieds kam herein, setzte sich auf den Holzstuhl und plauderte. Fräulein Holm hörte lächelnd zu und nickte dabei graziös mit ihrem Lockenkopf.

Eine gute Stunde lang spann die Gattin des Schmieds in der Dämmerung ihre Geschichten fort, dann mußte das Abendessen auf den Tisch. Fräulein Holm konnte sich nur selten daran erinnern, worüber sie gesprochen hatte. Denn abgesehen vom Tanz und seinen Positionen und natürlich der Rechnerei um das tägliche Brot – einer langwierigen, endlosen Rechnerei –, nahmen die profanen Dinge dieser Welt in Fräulein Holms Bewußtsein einen eher geringen Platz ein. Still blieb sie auf ihrem Korb sitzen, die Hände im

Schoß, und starrte bloß auf den schmalen, hellen Streifen unter der Tür des Schmieds.

Sie ging nicht aus. Sie bekam Heimweh beim Anblick der flachen, öden Felder. Und außerdem hatte sie Angst vor Stieren und scheuenden Pferden.

Später am Abend kochte sie Wasser auf dem Kachelofen und aß etwas. Dann wurde es Zeit für die Lockenwickler. Und wenn sie sich bis auf die »Unaussprechlichen« ausgezogen hatte, absolvierte sie am Bettpfosten ihre »Pas«. Sie dehnte und streckte die Beine, bis sie ins Schwitzen geriet.

Der Schmied und seine Frau wichen nicht vom Schlüsselloch. Von hinten sahen sie ihren Ballettsprüngen zu, bei denen sich die Lockenwickler von ihrem Schädel sträubten wie die Stacheln von einem Igel.

Fräulein Holm war so auf ihre Übungen konzentriert, daß sie laut mitsummte, wenn sie die Knie beugte und sich wieder aufrichtete, die Knie beugte und sich wieder aufrichtete.

Der Schmied, seine Frau und die Kinder stritten sich regelrecht um das Schlüsselloch.

Sobald Fräulein Holm eine bestimmte Zeit mit ihren Übungen verbracht hatte, kroch sie ins Bett. Wenn sie übte, erinnerte sie sich immer an die Zeit, »als sie in der Ballettschule war«. Und wenn sie im Bett lag, konnte sie plötzlich wie ein junges Mädchen in ein leises, albernes Gelächter ausbrechen.

Und sie schlief ein, noch während sie an diese Zeit dachte – an diese muntere Zeit.

An die Proben, bei denen sie sich gegenseitig mit Stecknadeln in die Waden gestochen hatten ... und kreischten.

Und an die Abende – in den Garderoben ... dieses Getuschel ... all die Stimmen ... und dann die Glocke des Inspizienten.

Noch immer wachte Fräulein Irene Holm in Nächten auf, in denen sie träumte, ein Entrée verpaßt zu haben ...

»Und jetzt – eins – zwei« … Fräulein Irene Holm hob das Kleid und streckte den Fuß … »Und die Füße nach außen – eins – zwei – drei.«

Alle sieben hatten die Füße nach innen gedreht – und die Finger im Mund, während sie hüpften.

»Und auch der kleine Jens – die Füße nach außen – eins, zwei, drei – und die Verbeugung – eins, zwei, drei …«

Jens Larsens drei Kinder verbeugten sich mit aus dem Mund hängenden Zungen …

»Die kleine Maren nach *rechts* – eins – zwei – drei …« Maren lief nach links …

»Und noch einmal – eins, zwei, drei …«

Fräulein Holm sprang wie ein Rehkitz, und es war erstaunlich viel von ihren gerippten Strümpfen zu sehen.

Der Kurs war in vollem Gang. Dreimal in der Woche tanzten sie im Saal des Gasthauses, im dämmrigen Licht zweier Lampen, die unter dem Gebälk hingen. Unter ihren Schritten wirbelte der Staub in dem kalten Raum auf. Die sieben rannten so aufgeregt durcheinander wie ein Schwarm Elstern. Fräulein Holm korrigierte die Rückenhaltung und bog Arme in die richtige Position.

»Ein – zwei – drei, Battement …«

»Ein – zwei – drei, Battement …« Alle sieben stolperten, als sie wieder auf dem Boden landeten und standen breitbeinig da …

Von all den Kommandos bekam Fräulein Holm Staub in den Hals. Nun sollten sie Walzer tanzen, paarweise. Sie hielten weiten Abstand voneinander, so verlegen und steifarmig, als hätte man sie in Trance versetzt. Fräulein Holm redete auf sie ein und wirbelte sie im Kreis herum.

»Gut – und drehen – vier, fünf – gut, und jetzt die Drehung – Jettchen …«

Fräulein Holm lief neben Jens Larsens Mittlerem und der kleinen Jette her und drehte sie, als spiele sie mit einem Brummkreisel …

»Gut – gut – Jettchen …«

Jettchens Mutter war gekommen, um zuzusehen. Die Bauersfrauen trugen Hüte, deren gestärkte Bänder sie zu Schleifen hochgebunden hatten, reglos, die Hände im Schoß, saßen sie an der Wand und schauten zu, ohne ein Wort miteinander zu wechseln.

Fräulein Holm sprach sie mit »gnädige Frau« an und lächelte ihnen während des Battements zu.

Jetzt stand die Quadrille »Les Lanciers« auf dem Programm. Die drei von Jens Larsen hüpften mit den Spitzen ihrer Gummischuhe in die Höhe.

»Die Damen nach rechts – gut – die kleine Jette drei Schritt nach links – gut, Jettchen …«

Die Quadrille kam einem Handgemenge gleich.

Fräulein Holm stöhnte auf, vom Kommandieren und Tanzen erschöpft. Sie stützte sich gegen die Wand – ihre Schläfen schienen von Hämmern bearbeitet zu werden.

»Gut – gut – Jettchen …«

Ihre Augen brannten vor Staub … Ihre sieben Schüler hüpften weiter im Halbdunkel über den Saalboden.

Wenn Fräulein Holm von den Tanzstunden nach Haus kam, band sie sich ein großes Taschentuch um den Lockenkopf. Sie lief mit einem ewigen Schnupfen herum. In ihrer freien Zeit saß sie mit der Nase über einer Schüssel kochenden Wassers, um dem Übel Einhalt zu gebieten.

Ihr Unterricht wurde nun durch Musik ergänzt – Herrn Brodersens Violine. Darüber hinaus hatten zwei neue Schüler Fräulein Holms Kurs belegt, ein Pärchen Fortgeschrittene. Und nun hüpften alle zu Schneider Brodersens Instrument, daß sich Staubwolken bildeten und der Kachelofen auf seinen Löwenfüßen tanzte.

Auch kamen mehr Zuschauer. Manchmal jemand aus dem Pastorat, das Fräulein und der Kaplan.

Unter den beiden Öllampen tanzte Fräulein Holm die Figuren vor, mit herausgedrückter Brust und gestreckten Fußspitzen: »Die Füße nach oben, seht, ihr Kinder, die Füße nach oben, *so* …«

Fräulein Holm schwang die Beine und raffte das Kleid.

Es gab Publikum.

Jede Woche sandte Fräulein Holm ihre Häkelarbeiten nach Kopenhagen. Die Post wurde beim Lehrer eingeliefert. Und jedesmal hatte sie etwas falsch eingepackt oder adressiert, und der Lehrer mußte es richten.

Sie stand dabei und sah zu, verlegen wie eine Sechzehnjährige.

Die mit der Post gekommenen Zeitungen lagen zum Verteilen auf einer der Schulbänke. Eines Tages bat sie, in die Berlingske sehen zu dürfen. Acht Tage hatte sie auf den Zeitungsstapel geschaut, aber nicht zu fragen gewagt.

Seither kam sie jeden Tag um die Mittagsstunde – der Lehrer erkannte sie an ihrem zarten Klopfen mit nur einem Knöchel.

»Bitte sehr, mein Fräulein – es ist offen«, sagte er.

Sie ging ins Klassenzimmer und nahm sich die Berlingske vom Stapel. Sie las die Anzeigen der Theater, den Spielplan und die Kritiken, von denen sie nichts verstand. Aber es ging ja auch um »die da drüben«.

Sie brauchte sehr lange, um eine Spalte zu lesen, graziös folgte ihr Zeigefinger dabei den Zeilen.

Wenn sie die Zeitung ausgelesen hatte, ging sie über den Flur und klopfte wie zuvor.

»Nun«, fragte der Lehrer, »irgend etwas Neues aus der Hauptstadt?«

»Es ist immer dasselbe ›da drüben‹«, antwortete sie. »Die alten Geschichten.«

»Der kleine Frosch«, sagte der Lehrer und sah ihr durch das Fenster nach. Fräulein Holm ging heim zu ihrer Häkelarbeit. »Hat doch tatsächlich noch immer Angst vor ihrem Tanzmeister …«

Es ging um ein Ballett, das am Theater aufgeführt werden sollte, von einem neuen Ballettmeister. Die Besetzungsliste kannte Fräulein Holm auswendig, ebenso die Namen aller Solotänzer. »Wir waren doch zusammen auf der Schule«, sagte sie, »wir alle.«

Am Abend der Premiere hatte sie Lampenfieber, als müsse sie selbst tanzen. Sie zündete die beiden, vom Alter schon grauen Kerzen auf der Kommode an, stellte sie rechts und links neben Thorvaldsens Gips-Christus, setzte sich auf ihren Champagnerkorb und schaute ins Kerzenlicht.

Doch sie konnte einfach nicht allein sein. Die ganze alte Theaterunruhe stieg in ihr auf. Sie ging hinüber zur Familie des Schmieds, die gerade beim Abendessen saß, und setzte sich auf den Stuhl neben der Standuhr. In diesen Stunden redete sie mehr als sonst das ganzen Jahr über. Sie erzählte vom Theater und den Premieren. Von den großen »Soli« und den Tanzfiguren der Meister.

Sie saß da, sang leise vor sich hin und wiegte den Oberkörper im Takt.

Der Schmied unterhielt sich so köstlich, daß er anfing, ein altes Kavallerielied zu brummen, und sagte: »Mutter, darauf trinken wir einen Punsch – einen Arrak, aber von dem unverschnittenen.«

Der Punsch wurde gebraut, die beiden Kerzen von der Kommode kamen auf den Tisch, und sie tranken und plauderten. Aber plötzlich wurde Fräulein Holm schweigsam und hatte große Tränen in den Augen. Und stand auf und ging in ihr Zimmer.

Auf ihrem Korb brach sie in Tränen aus und blieb noch lange sitzen, bevor sie sich auszog und zu Bett ging. Sie machte keine »Pas« am Bettpfosten.

Sie hatte nur einen Gedanken!

Er war mit ihr auf der Schule gewesen.

Still lag sie im Bett. Hin und wieder war in der Dunkelheit ein Seufzen zu hören. Sie warf den Kopf auf dem Kissen hin und her – denn die ganze Zeit hatte sie diese jähzornige, schneidende Stimme ihres Ballettmeisters aus der Tanzschule im Ohr: »Die Holm hat keinen Elan … Die Holm hat keinen Elan« … Er brüllte, daß es im ganzen Saal widerhallte.

Oh ja, sie hörte es noch immer – und noch immer sah sie den Saal vor sich.

In einer langen Reihe absolvierten die Elevinnen ihre Übungen – Pas um Pas. Müde lehnte sie sich einen Moment an die Wand – sie hatte das Gefühl, als würden ihr die geschundenen Glieder vom Körper gehackt – und wieder hörte sie die schneidende Stimme des Ballettmeisters: »Hat die Holm denn gar keine Ambitionen …«

Und wieder sah sie ihre Stube zu Haus. Die Mutter, die stöhnend in dem großen Stuhl saß, die Schwester, die nahe der Lampe am Rad der ratternden Nähmaschine drehte, und sie hörte die Mutter mit ihrer asthmatischen Stimme fragen: »Hat Anna Stein Solo getanzt?«

»Ja, Mutter.«

»Wahrscheinlich in ›La grande Neapolitaine‹?«

»Ja, Mutter.«

»Ihr zwei seid zusammen in die Schule gekommen«, sagte die Mutter und sah hinter der Lampe zu ihr hinüber.

»Ja, Mutter.«

Und sie sah Anna Stein in ihrem bunten Röckchen – mit flatternden Bändern am Tamburin – bei ihrem großen Solo im Rampenlicht, so lebendig und lachend …

Plötzlich vergrub sie den Kopf in die Kissen und schluchzte, heftig und anhaltend, in einem ohnmächtigen, verzweifelten Schmerz.

Es fing bereits an zu dämmern, als sie in den Schlaf fiel.

... Das Ballett war ein Erfolg. Fräulein Holm las die Kritik in der Schule. Und bei der Lektüre fielen einige kleine Tränen einer alten Frau auf das Papier der Berlingske.

Von der Schwester kamen Briefe. Es waren Briefe, in denen von Schuldscheinen und Not die Rede war. An den Tagen, an denen sie diese Nachrichten erhielt, vergaß Fräulein Holm ihr Häkelzeug. Dann saß sie nur da, die Hände an die Schläfen gelegt, den geöffneten Brief im Schoß. Schließlich suchte sie die Eltern ihrer Schüler auf und bat, errötend und bleich zugleich, um die Hälfte ihres Honorars.

Das schickte sie nach Hause.

Die Tage vergingen. Fräulein Irene Holm hielt ihre Tanzstunden ab. Sie bekam eine weitere Gruppe. Ein gutes Dutzend junger Bauersleute hatten sich zusammengetan und tanzten an drei Abenden in der Woche in Peter Madsens großer Wohnstube am Wald. Fräulein Holm lief eine halbe Meile durch die winterliche Dunkelheit, ängstlich wie ein Hase, verfolgt von den ganzen alten Gespenstergeschichten aus der Ballettschule.

Sie mußte an einem von Weiden umgebenen Teich vorbei. Unverwandt starrte sie auf die Bäume, die ihre langen Arme in die Dunkelheit reckten. Wie einen kalten Stein spürte sie ihr Herz in der Brust.

Drei Stunden tanzten sie. (Sie kommandierte. Sie drehte sich im Kreis. Sie tanzte mit den Herren unter ihren Schülern, bis sich ein hektisches Rot auf ihren Wangen zeigte.) Dann mußte sie wieder nach Hause. Peter Madsens Hoftor war geschlossen. Der Junge begleitete sie mit einer Lampe nach draußen und schloß das Tor auf. Als sie hinaus in die Dunkelheit trat, hielt er die Lampe einen Moment lang hoch in der Hand.

Und sie hörte sein »Gute Nacht« hinter sich, und den Torflügel, der über das Pflaster gezogen und geschlossen wurde.

Auf dem ersten Stück des Weges lag ein kleines Gehölz, mit Büschen, die sich verneigten und nickten …

Das Frühjahr begann sich anzukündigen, als Fräulein Irene Holms Kurs zu Ende ging. Die Gruppe um Peter Madsen beschloß, ihren Abschlußball im Gasthaus zu feiern.

III

Es wurde ein sehr vornehmes Fest, mit einem Transparent über der Tür, auf dem »Herzlich willkommen« stand, einem kalten Büffet, an dem man sich für zwei Kronen bedienen konnte, und dem Kaplan und der Tochter des Pastors auf den Ehrenplätzen am Tischende.

Fräulein Holm trug ein Barège-Kleid mit Besatz und hatte sich nach Art der Römerinnen Bänder in die Haare geflochten. An all ihren Finger steckten Freundschaftsringe aus der Ballettschule.

Zwischen den einzelnen Tänzen spritzte sie Lavendelwasser auf den Boden und erschreckte die »gnädigen Frauen« mit der Flasche. Fräulein Irene Holm fühlte sich wieder so jung, wenn sie Abschlußbälle feierte.

Zunächst wurden die Quadrillen getanzt.

Eltern und ältere Geschwister standen an den Wänden und in den Türen, und alle schauten, insgeheim doch beeindruckt, nach den Ihren. Mit maskenhaft starren Gesichtern setzten die jungen Leute bei den Quadrillen ihre Schritte so behutsam, als gingen sie auf Erbsen.

Fräulein Holm bestand nur noch aus lauter aufmuntern-
dem Kopfnicken und halblaut gemurmelten französischen
Wendungen. Für die Musik sorgten Herr Brodersen und
sein Sohn. Brodersen junior traktierte das vom Pastor wohl-
wollend zur Verfügung gestellte Klavier.

Dann begann der Rundtanz, und der Umgangston wurde lockerer. Die Männer nahmen im Nebenzimmer den
Punsch in Angriff, und die »Herren« unter ihren Schülern
forderten Fräulein Holm auf. Sie legte beim Tanz den Kopf
auf die Seite und erhob sich mit der Grazie einer altgewor-
denen Sechzehnjährigen auf die Zehenspitzen.

Nach und nach hörten die anderen Paare auf zu tanzen,
und Fräulein Holm und ihr Kavalier blieben allein auf der
Tanzfläche zurück. In der Tür zum Nebenzimmer erschienen die Männer in stiller Bewunderung und ermunterten
Fräulein Holm durch ihre Zurufe, und sie streckte ihre Füße
ein wenig länger unter dem Kleid hervor und wiegte sich
in den Hüften.

Die Tochter des Pastors kniff den Kaplan vor Begeisterung in den Arm.

Nach einer Mazurka rief der Lehrer: »Bravo«, und alle
klatschten Beifall. Fräulein Holm bedankte sich mit einem
Ballettknicks, mit zwei Fingern auf dem Herzen.

Es war Zeit, zu Tisch zu gehen, und sie arrangierte eine
Polonaise. Alle machten mit, die Frauen schubsten sich vor
Verlegenheit und Vergnügen, und die Männer sagten: »Na,
Mutter, dann mal los ...«

Ein Pärchen begann, das Lied vom »Landsoldaten« zu singen und den Takt dazu zu stampfen.

Fräulein Irene Holm hatte den Lehrer als Tischherrn und
saß unter der Büste Seiner Majestät des Königs.

Als man sich gesetzt hatte, wurde die Stimmung wieder
feierlich, und Fräulein Holm war die einzige, die sich unterhielt, in einer Art Salonton, wie »die vom Theater« in einer

Komödie von Scribe. Nach und nach wurde man satter. Die Männer prosteten sich zu und stießen über dem Tisch mit den Gläsern an.

Am Tischende der jungen Leute ging es besonders lustig zu, und es dauerte eine Weile, bis Ruhe für den Lehrer einkehrte, der eine Rede halten wollte. Er sprach über Fräulein Holm und die neun Musen. Er redete lange. Man saß am Tisch und sah auf die Teller – allmählich bekamen die Gesichter einen feierlichen und etwas angestrengten Ausdruck, ähnlich dem des Küsters, wenn er in der Kirche an der Tür zum Chor stand – und rollte Brotkügelchen zwischen den Fingern.

Der Redner war nun bei Freia und ihren beiden Katzen angelangt und brachte dann ein Lebehoch auf die »Priesterin der Kunst« aus: Fräulein Irene Holm. Es wurden neun lange Hurras gerufen, und alle wollten mit Fräulein Holm anstoßen.

Fräulein Holm hatte die Rede nicht verstanden und fühlte sich sehr geschmeichelt. Sie stand auf und verneigte sich, das erhobene Glas in der Hand. Von ihrem festlichen Puder war durch die Anstrengung und die Hitze nichts mehr geblieben, sie hatte zwei dunkelrote Flecken auf ihren Wangen.

Es entwickelte sich ein gewaltiges Spektakel. Die jungen Leute fingen an zu singen, und die Alten tranken noch ein Extraglas und standen von ihren Plätzen auf, um sich lachend auf die Schulter zu klopfen oder mitten im Saal einen Klaps auf den Bauch zu versetzen. Die Ehefrauen begannen, ihren Männern strenge Blicke zuzuwerfen, aus Angst, ihre besseren Hälften könnten zu viel abbekommen.

Und mitten in dieser ausgelassenen Stimmung war ein sehr munter gewordenes Fräulein Holm zu hören, mit einem mädchenhaft-albernen Lachen, wie vor dreißig Jahren in der Tanzschule …

Dann sagte der Schullehrer: »Eigentlich müßte Fräulein Holm tanzen ...«

– Aber sie hatte doch getanzt ...

»Ja, natürlich – aber hier vor uns allen zu tanzen – ein Solo – *das* wäre etwas ...«

Fräulein Holm hatte sofort verstanden – und eine fürchterliche Lust stieg in ihr auf: Sie sollte *tanzen*.

Statt dessen fing sie an zu lachen und sagte zu Peter Madsens Frau: »Der Herr Organist möchte, daß ich tanze« ... Als wäre es das Lächerlichste auf der Welt.

Doch unmittelbar neben ihr hatte man es gehört, und von allen Seiten wurde nun gerufen: »Ja – Sie müssen tanzen.«

Fräulein Holm errötete bis in die Haarspitzen und entgegnete: »Nun ja, die Stimmung ist doch schon ein wenig sehr ausgelassen.«

»Außerdem gibt es gar keine Musik ... Und man tanzt auch nicht in langen Röcken.«

Ein Bursche schrie durch den Saal: »Den kann man doch hochheben« – und unter lautem Gelächter begannen alle, sie aufs neue zu bitten.

»Nun ja – wenn das Fräulein aus dem Pastorat spielen würde – eine Tarantella ...«

Die Tochter des Pastors wurde umringt. Sie war einverstanden und wollte es versuchen. Der Schullehrer stand auf und klopfte an sein Glas. »Meine Damen und Herren«, sagte er, »Fräulein Holm wird uns nun die Ehre erweisen und tanzen.« Erneut erhoben sich alle am Tisch und brachen in »Sie lebe hoch« und Hurrarufe aus.

Der Kaplan war gelb und grün, so hatte ihn die Tochter des Pastors gekniffen.

Fräulein Holm und das Pastorenfräulein gingen in den Saal, um die Musik zu proben. Fräulein Holm fieberte, schritt vor und zurück und streckte die Füße. Sie zeigte auf die aufgeworfenen und verzogenen Dielenbretter und sagte: »Man ist ja nicht gewohnt, im Zirkus aufzutreten.«

Dann sagte sie: »Gut – der Spaß kann beginnen.« Sie war heiser vor Aufregung.

»Ich komme nach den ersten zehn Takten«, sagte sie. »Ich gebe ein Zeichen.« Sie ging in das kleinen Nebenzimmer und wartete.

Neugierig flüsternd kam das Publikum herein und stellte sich im Halbkreis auf. Der Lehrer holte die Kerzen vom Tisch und stellte sie, gewissermaßen als Festbeleuchtung, in die Fensterbänke. Dann klopfte es an der Tür vom kleinen Nebenzimmer.

Das Pastorenfräulein begann zu spielen, und alle beobachteten die Tür. Nach dem zehnten Takt sprang sie auf, und alle applaudierten: Fräulein Holm tanzte, das Kleid hatte sie mit einer römischen Schärpe hochgebunden.

Es war »La grande Neapolitaine«.

Sie tanzte auf den Zehenspitzen, und sie drehte sich im Kreis. Die Zuschauer schauten ihr bewundernd auf die Füße, die sich so rasch bewegten wie ein Paar Trommelstöcke. Es gab Beifall, als sie auf einem Bein innehielt.

»Schneller«, sagte sie – und begann sich erneut zu drehen. Sie lächelte und winkte und schnipste immer wieder mit den Fingern. Mehr und mehr setzte sie den Oberkörper ein, die Arme, es wurde zunehmend theatralischer. Die Gesichter der Zuschauer nahm sie nicht mehr wahr –, sie öffnete den Mund und lächelte, zeigte all ihre Zähne (gräßliche Zähne) –, sie winkte und spielte Theater –, sie wußte, es gab für sie nur das »Solo«.

Endlich das Solo.

Es war nicht mehr länger »La Neapolitaine«. Es war Fenella, Fenella, die hier kniete, die hier flehte – die tragische Fenella.

Sie wußte nicht, wie sie auf die Beine gekommen war, wie

sie hinausgekommen war … Sie hatte nur die Musik gehört, die mit einemmal abbrach – und dann das *Lachen* – dieses Lachen, und plötzlich hatte sie all diese Gesichter gesehen.

Und sie war aufgestanden, und sie hatte noch einmal die Arme ausgebreitet – aus alter Gewohnheit –, und sie hatte geknickst, während sie brüllten.

Im Nebenzimmer mußte sie sich einen Augenblick am Tisch festhalten … es war so dunkel um sie, so vollkommen leer.

Dann löste sie langsam die Schärpe, mit sonderbar steifen Fingern, strich das Kleid glatt und ging leise in den Saal – wo noch immer geklatscht wurde.

Direkt neben dem Klavier machte sie einen Knicks, doch ihr Blick blieb auf den Boden gerichtet.

Die Gäste beeilten sich, wieder auf die Tanzfläche zu kommen.

Fräulein Holm machte leise die Runde. Sie begann sich zu verabschieden und die Schüler drückten ihr das Geld in die Hand, eingewickelt in Papier.

Peter Madsens Frau half ihr in den Mantel, und im letzten Augenblick kamen das Pastorenfräulein und der Kaplan, um sie zu begleiten.

Ohne ein Wort zu sagen, gingen sie die Straße entlang. Die Tochter des Pastors war ganz unglücklich und wollte sich entschuldigen, aber sie wußte nicht recht, was sie sagen sollte. Still und bleich ging die kleine Tänzerin neben ihnen her.

Schließlich sagte der Kaplan, peinlich berührt von der Stille: »Sehen Sie, Fräulein Holm – diese Leute haben einfach keinen Blick für das Tragische.«

Fräulein Holm ging weiter, ohne eine Antwort zu geben. Sie kamen zur Schmiede, und sie knickste, als sie ihnen die Hand gab.

Die Tochter des Pastors umarmte und küßte sie. »Gute

Nacht, Fräulein Holm«, sagte sie – und war sich ihrer Stimme nicht sicher.

Sie blieb mit dem Kaplan auf der Straße stehen, bis sie sahen, wie das Licht in der Kammer der Tänzerin angezündet wurde.

Fräulein Holm zog das Barège-Kleid aus und legte es zusammen. Dann wickelte sie das Geld aus, zählte es und nähte es in eine kleine Tasche ihres Mieders. Sie ging ungeschickt mit der Nadel um, als sie vor ihrer Kerze saß.

Am nächsten Morgen wurde ihr Champagnerkorb auf den Wagen der Landpost geladen. Es war ein regnerischer Tag, und Fräulein Holm verkroch sich unter ihrem lädierten Regenschirm; sie hatte die Beine untergeschlagen und saß wie ein Türke im Schneidersitz auf ihrem Korb.

Als sie abfahren sollten – der Kutscher ging neben dem Wagen, denn die Mähre hatte genug damit zu tun, einen Passagier zu ziehen –, kam die Tochter des Pastors ohne jede Kopfbedeckung die Straße entlanggelaufen. Sie trug einen weißen Spankorb. »Man braucht doch Proviant auf einer Reise«, sagte sie.

Sie beugte sich unter den Regenschirm, faßte mit beiden Händen Fräulein Holms Kopf und küßte sie zweimal.

Da brach die alte Tänzerin in Tränen aus, sie griff die Hand des jungen Mädchens und küßte sie.

Die Tochter des Pastors blieb am Weg stehen und schaute dem alten Regenschirm nach, solange sie ihn sehen konnte.

Fräulein Irene Holm hatte in einem nahe gelegenen Flecken zu einem »Frühjahrskurs für modernen Gesellschaftstanz« eingeladen.

Sechs Schüler hatten sich angemeldet.

Dort zog sie hin – um *das* fortzusetzen, was man Leben nennt.

176

Eine Geschichte von denen, die sterben müssen

Der alte Baron steht um sieben Uhr auf. Wenn ihm Svendsen, mit gebeugtem Rücken am Boden kniend, die Gamaschen geknöpft hat, zeigt die Uhr zehn Minuten vor acht.

Es war die Gewohnheit Seiner hochseligen Majestät, den ersten Spaziergang im Park um acht Uhr vorzunehmen, begleitet von seinem diensthabenden Kavalier, der Seine Majestät im Gartensalon erwartete.

Seit jener Zeit hat der Baron dreißig Jahre lang seinen Tagesbeginn auf den Glockenschlag beibehalten.

Wenn der Baron sich im Wohnzimmer an den Tisch setzt und Svendsen ihm den Tee bringt, den er aus einer großen chinesischen Tasse genießt, einem Geschenk Seiner hochseligen Majestät, die Kuriositäten liebte, trägt er einen schwarzen Frack und graue Beinkleider, die seit vierzig Jahren unveränderlich von derselben Farbe sind.

Baron Ryssenfeld hat sich in den achtundsiebzig Jahren seines Lebens niemals einen Schlafrock gestattet.

Er ist der festen Überzeugung, daß ein Schlafrock kein Kleidungsstück ist.

Sobald die chinesische Tasse geleert ist, beginnt das Tagwerk des Barons.

Er nimmt die großen blauen Konzeptpapierbögen aus der mit einer Krone verzierten Mappe und knickt ihren breiten Rand mit seiner feinen, mageren Hand sorgfältig um, bevor er zu schreiben beginnt.

Das hohe Alter hat ihn weitsichtig werden lassen, daher legt er den Kopf auf eine eigenartige Weise in den Nakken, wenn er jeden Buchstaben, den er mühsam mit seiner zitternden Hand schreibt, wie mit einem plötzlichen Ruck aufs Papier bringt, als koste es ihn Anstrengung; und nach jeder Zeile hält er inne, als hätte er mit jeder einzelnen Zeile eine schwere Arbeit hinter sich gebracht.

Dennoch schreibt er drei Stunden ohne Unterbrechung – die schmalen Lippen spannen sich über die blitzenden, künstlichen Zähne – und füllt Bogen um Bogen mit seinen unsicheren, beinahe flüchtigen Buchstaben.

Im Haus herrscht absolute Stille.

Im Eßzimmer, direkt an der Tür zum Wohnzimmer, sitzt Svendsen reglos und kerzengerade auf einem Stuhl, als täte er noch immer Dienst im Vorzimmer von Schloß Sorgenfri.

Line, die eine ungeheure dunkelbraune Perücke über ihrem scharlachroten, runzligen Gesicht trägt, beschäftigt sich in ihren Filzpantoffeln lautlos in der Küche. Den Vormittag verbringt sie damit, die Küche blankzuputzen. Es könnte ja sein, daß der Baron irgendeinen Wunsch hat und hereinschaut. *Das* allerdings ist noch nie passiert – nicht einmal am Heiligen Abend. Wenn der Baron und der Herr Major sich die gebratenen Apfelscheiben schmecken lassen, kommt Line auf weißen Wollstrümpfen ins Eßzimmer, knickst an der Tür und am Tisch, und sie knickst auch, wenn der Baron mit ihr anstößt und der Major ihr in den Arm zwickt.

»Prost, Line«, sagt er.

Und doch, einmal im Jahr, an Silvester, kommt der Baron zu Line, und vor dem glänzenden Küchentisch, auf dem zwei Wachskerzen in Messingleuchten brennen – denn in der Weihnachtszeit brennen bis zu den Heiligen Drei Königen beim Baron immer Wachskerzen –, hält sich Svendsen so gerade, wie es ihm nur möglich ist, und Line streift die Pantoffeln ab und macht einen Knicks, wenn der Baron sagt: »Auf daß es für Line ein gutes neues Jahr wird.« Und der Baron stößt mit ihr an.

»Und Svendsen, auch dir ein frohes neues Jahr.«

Und der Baron geht wieder, und die beiden alten Dienstboten bleiben im Schein der Wachskerzen einander gegenüber sitzen.

»Ja, was mag das neue Jahr wohl bringen?« fragt Line.

»Ein Jahr kann vieles bringen«, erwidert Svendsen.

Line nickt.

»Tja, das ist wohl so«, sagt sie.

Und dann sitzen sie sich wieder wortlos gegenüber, wie an jedem der letzten dreißig Silvesterabende, und die Jahre kamen und gingen – und haben noch nie etwas gebracht.

Der Baron indes geht zurück ins Wohnzimmer, wo der Major ihn im Frack und einer großen schwarzen Halsbinde erwartet – gewissermaßen einer Stütze für seinen wackelnden Kopf –, und beide sitzen, ohne ein Wort zu wechseln, in ihren Stühlen, während die Uhr auf zwölf zugeht.

Dann nickt der Major plötzlich und sagt in die Stille hinein: »Tja, Baron, damals ...«

Und der Baron nickt ebenfalls zweimal mit dem Kopf und erwidert – als sei mit diesen sechs Worten eine lange Geschichte erzählt: »Ja, Major, das ist lange her.«

Und beide sitzen schweigend da, jeder in seine Gedanken versunken, während die Uhr weiter auf zwölf zugeht.

Auf den Schlag genau bringt Svendsen feierlich den alten Madeira, und der Baron schenkt zwei Gläser ein, während der Major sich erhebt.

»Haben Sie Dank für das Jahr, Major.«

»Dank für das Jahr, Baron«, und sie stoßen an.

Mit dem Kerzenleuchter in der Hand begleitet der Baron den Major persönlich hinaus – nur an diesem einen Abend – und schließt das Tor hinter ihm, so schwer, als würde er das Jahr beschließen.

»Svendsen kann sich zur Ruhe begeben«, sagt er, als er wieder nach oben kommt.

In der Silvesternacht hat der Baron immer allein sein wollen.

Der Baron schreibt noch immer, mit diesem seltsam zurückgelehnten Kopf, und während die Adern seiner mageren Hand zittern, füllt der blaue Bogen sich langsam mit der schlichten Schrift.

Er schreibt bis halb zwölf. Seine alten Augen sind vom langen Starren auf die schwarze Schrift und das blaue Papier wie von Blut gerötet.

Eine halbe Stunde später klingelt es. Es ist der Major. Svendsen öffnet, und der Major steckt seinen holsteinischen Spitzbart zur Tür herein – immer hat man bei dem Major den Eindruck, als käme zuerst der Spitzbart neugierig durch die Tür –, dann stolpert er mit seinem Stock über den Flur. Seltsam rüstig erscheint der Major, wenn er auf diese Weise stolpert und dreimal kurz an die Tür des Barons klopft – wie die Leutnants in Itzehoe an die Tür der Offiziersmesse klopften.

Der Baron, der seine blauen Bögen noch einmal durchliest, wendet ihm den Kopf zu und nickt.

»Es geht nur langsam voran, Major«, sagt er, »die müden Augen können kaum noch lesen, was die Hand geschrieben hat.«

»Sie schreiben sich blind, Baron. Ein alter Mann wie Sie« – der Major ist zwei Jahre jünger – »sollte sich in die Sonne setzen und philosophieren.«

Der Major regt sich regelrecht auf. Die Schreiberei des Barons ist ihr ewiger Streit …

»Gnädige«, sagt er zur Konferenzrätin, der einzig Gleichaltrigen in der Stadt, »er schreibt sich blind – und warum – warum? Gnädigste, sechs Schubladen sind bereits voll, und später wird kein Mensch mehr lesen können, was er geschrieben hat …«

»Major, das ist nun mal seine fixe Idee«, sagt die Konferenzrätin, die den ganzen Tag auf demselben Stuhl sitzt, neben sich ihren Spucknapf und ihren Geldbeutel, »lassen

Sie's ihm, lassen Sie's ihm. Ich bitt' ihn oft genug, sich zu schonen ...

Aber man bekommt ohnehin immer nur die gleiche Antwort, Major: ›Wir sind nur noch wenige, die ihn gekannt haben, wir müssen unsere Pflicht tun ... und sein Andenken von jedem Flecken reinhalten‹ ... Lassen Sie ihn schreiben, mein Lieber, lassen Sie ihn schreiben ...«

Und sie stößt ihren Elfenbeinstock auf den hellen Boden und sagt mit einer seltsam rauhen Stimme – wie jemand, der alles im Leben gesehen hat: »Die Welt wird sich jedenfalls weiterdrehen, egal, ob es später jemand lesen kann oder nicht ...«

Eine Weile sagt niemand etwas.

»Ach ja, ach ja«, erwidert der Major dann auf deutsch, und sein Spitzbart scheint ihm auf die Brust zu sinken, »kann schon sein ...«

Der Baron hat seine Erinnerungen an die Hochselige Majestät verschlossen und antwortet dem Major nur: »Ich denke, wir können gehen.«

»Ja, Baron«, und der Major humpelt los. Hinter dem Rükken des Barons schiebt er die Pulswärmer hoch, die ihm über die Hände gerutscht sind. Der Major muß diese Pulswärmer tragen – seine Haushälterin verlangt es –, aber er versteckt sie unter den Manschetten, deren silberne Knöpfe ein Geschenk des Landgrafen von Hessen sind.

Der Major erhielt sie nach einer Parade.

Die Manschettenknöpfe waren aus Silber. Die Geschenke des Landgrafen beschränkten sich stets auf Silber.

– Sie sind ein hübscher Kerl bei einer Parade, hatte der Landgraf gesagt, und der Major wiederholte es oft.

»Ach ja, ach ja, damals gab's noch Kerle beim Regiment« – der Major sprach immer Deutsch, wenn er sich an die Zeit in Itzehoe erinnerte – »und was können sie jetzt?«

»Sie konnten bei Dybbøl sterben«, sagte der Baron, dessen

Stimme immer leicht zitterte, wenn von den Herzogtümern die Rede war.

Der Major aber, der in Gedanken noch immer auf dem Paradeplatz bei Itzehoe war, entgegnete: »Kann schon sein, kann schon sein« … und dann fügte er unvermittelt hinzu, als hätte man ihn wachgerüttelt: »Hübsch sind die Kerle aber nicht.«

Svendsen hatte dem Baron in seinen Überzieher geholfen, und die beiden Alten traten auf die Straße. Der Baron ging voraus, noch immer kerzengerade, während der Major, stets zwei Schritt hinter ihm, die gichtgeplagten Füße mit den hellgrauen Gamaschen − im Sommer trug er die weißen − auf das Pflaster setzte, als müsse er sich zu jedem Schritt, den er tat, zwingen. Unwillkürlich hielt er den Kopf dabei vorgestreckt wie ein alter Jäger, der sein Revier durchstreift.

Alle Augenblicke blieb er stehen − auf der anderen Seite des Fußwegs huschten zwei helle Sonnenschirme vorbei, deren Schatten nur zur Hälfte über die jungen Gesichter fiel. Die Augen des Majors blitzten auf, und der Spitzbart begann, ruckartig zu wippen.

»Kommen Sie?« fragte der Baron.

»Niedliche Gesichter«, sagte der Major und humpelte weiter, um seinen Kameraden einzuholen.

»Wer war das?« fragte er und streckte noch immer die behaarte Nase in die Luft, als wittere er in der Ferne einen angenehmen Duft.

»Kenne sie nicht«, entgegnete der Baron, dessen Tempo auf ihren Spaziergängen stets unverändert blieb, als ginge es noch immer darum, mit seiner im Schloßpark promenierenden Majestät Schritt zu halten.

»Kenne sie nicht.«

Mit Ausnahme der Baronessen von Stensgaard, der Konferenzrätin und seinem Bediensteten hatte der Baron kein Interesse, die Einwohner der Stadt kennenzulernen.

»Aber niedlich, aber niedlich«, sagte der Major und blieb schon wieder stehen.

Frauen brachten ihn immer dazu, Deutsch zu sprechen, ebenso wie seine Erinnerungen an die Militärzeit.

Sein Vergnügen am weiblichen Geschlecht war ein ständiger Streitpunkt mit der Konferenzrätin.

»Alter Narr«, sagte sie und spuckte in ihren Spucknapf.

»Gnädige …«

»Ja … er macht sich doch lächerlich, Major …«

»Was bleibt einem alten Mann denn noch, außer seinen Augen?« verteidigte sich der Major, dessen Stimme zitterte.

»Vielleicht hat er ja sogar noch Hände, Major«, sagte die Konferenzrätin mit der Autorität einer Frau, die weiß, was sie sagt: »Nein, ein alter Mann hat der Jugend nicht nachzusteigen.«

Der Major schwieg mit vorgeschobenem Spitzbart, der deutlich zeigte, daß er nicht einverstanden war.

… »Kommen Sie, Major?« fragt der Baron.

Der Major ist schon wieder stehengeblieben.

Eine Stunde dauert der Spaziergang der beiden Alten. Dann gehen beide nach Hause. Vor Tisch legt der Baron eine Patience. Es ist immer dieselbe, die Patience der Prinzessin, die ihm an den Abenden im Gartensalon – während Seine hochselige Majestät Whist spielte – Ihre königliche Hoheit, die Herzogin von Augustenborg, beigebracht hat.

Der Major humpelt nach Hause, mit unablässig wippendem Spitzbart.

Die einzige Straße, in der der Major nie stehenbleibt, ist die, in der er wohnt – seine Haushälterin hat einen Spiegel. Der Major schielt hinauf zu dem Spiegel, über dem hinter dem Fenster eine Kopfbedeckung zu erkennen ist, einem Turban nicht unähnlich.

»Guten Morgen«, sagt er, als er hereinkommt.

Die Dame, die seinen Haushalt führt, hat nicht die Angewohnheit, überflüssige Worte zu machen; sobald der Major
eingetreten ist, schlägt sie bloß die Tür zu, als würde sie eine
Käfigtür zuwerfen.

Um sechs Uhr wird bei der Konferenzrätin Whist gespielt.

Alle trinken Tee – er wird von Schrøder, der mit seinen
sechzig Jahren der Jüngste im Haus ist, auf einem Silber-
tablett angeboten – und unterhalten sich dabei über die
alten Zeiten und über Menschen, die nur sie noch kennen.

Nach dem Tee bringt der Postbote die Post. Stets ist es
nur die Berlingske – denn diejenigen, die einst Briefe an
»die Gnädige« geschrieben haben, sind längst verstorben. Jeden Tag lesen sie die Todesanzeigen. Langsam und deutlich
liest der Baron die lange Spalte vor – Todesfall um Todesfall.

»Kenn' ich nicht«, sagt die Konferenzrätin, »ist niemand
aus unserer Zeit.«

Und der Baron liest weiter: »Geheimrat von Nützbøll,
Träger des Großkreuzes des Danebrog ...«

Alle horchen auf, das ist einer ihrer Bekannten.

»Woran mag er wohl gestorben sein?« fragt die Konferenzrätin.

»Das steht hier nicht.«

»Wie alt ist er denn geworden?«

»Dreiundachtzig ...«

»Nun ja, dreiundachtzig, ja sicher ... er war drei Jahre
älter als sein Vetter aus Krogshøj, jetzt erinnere ich mich, ich
erinnere mich genau ... drei Jahre älter.«

Der Baron sagt mit seiner monotonen Stimme: »Ja, ganz
recht, ganz recht ... wir sind zusammen auf Föhr gewesen
... das war vierundvierzig ... Seine Majestät wurde mit einem Feuerwerk verabschiedet, als wir abreisten.«

Und sie sprechen lange über all die Nützbølls – über die jüngere Linie und über die ältere Linie, und wer wen geheiratet hat.

»Sie heiratete einen Moltke«, sagt der Baron, »das muß so in den dreißiger Jahren gewesen sein.«

Fräulein Kørbitz, die vierte Mitspielerin bei der Whist-Partie, erkennt an den Mundbewegungen, daß sie sich angeregt unterhalten, und sie beugt sich vor und fragt ein wenig ängstlich: »Vom wem ist die Rede?«

Die Konferenzrätin stößt mit ihrem Stock auf den Boden und brüllt: »Geheimrat Nützbøll!«

Die Taube schweigt einen Moment.

»Ah – ja«, sagt sie dann, und der Name ist in ihren einsamen Gedanken verschlossen.

Auch der Major hat die Lektüre der Todesanzeigen beendet, er faltet die Zeitung zusammen. Von den übrigen Ereignissen der Welt zu lesen ist für sie ohne Interesse.

»Schrøder wird uns jetzt den Spieltisch vorbereiten«, sagt die Konferenzrätin.

Der Tisch mit den beiden silbernen Kerzenleuchtern wird aufgestellt, und alle vier setzen sich. Die Taube nickt ein, als ihre schwermütigen Augen in das Kerzenlicht schauen. Die Konferenzrätin weckt sie jedesmal, wenn sie bedienen muß.

»Sie sind dran, Kørbitz«, sagt sie und stößt ihren Stock auf den Boden.

Der Baron, dessen müde Augen nur noch mit Mühe die Karten unterscheiden, nimmt mit seinen mageren und zierlichen Händen die Stiche auf.

»Kørbitz, Sie sind dran ...«

Der Major erregt sich und flucht.

»Bleibt stehen wie ein Uhrwerk«, sagt die Konferenzrätin.

»Tja«, brummt der Major, er und die Konferenzrätin nikken sich zu. Sie haben ihre Sinne noch beieinander.

Sie spielen zwei Stunden. Dann ist für die Konferenzrätin die Zeit der Bettruhe gekommen.

Die beiden alten Herren küssen den Damen die Hand und gehen.

Auf dem Weg in ihr Schlafzimmer wird die Konferenzrätin von Schrøder gestützt. Sie hat schlechte Laune.

»Der Baron«, sagt sie, »kann bald nicht mehr die Karten auseinanderhalten ... Er wird noch blind von der ganzen Schreiberei ... aber er *will* es ja so ...«

Mitten im Zimmer bleibt sie stehen.

»Schrøder«, sagt sie, und ihre Stimme bekommt wieder diesen sonderbar rauhen Klang, »ich setze keinen Schilling auf das Andenken der Menschen ... Man soll leben und sein Leben genießen, und wenn man selbst nicht mehr leben kann, dann soll man die anderen leben lassen, ohne sie zu behelligen, bis man seine Augen schließt ...«

Die Konferenzrätin hat jetzt ihr Bett erreicht.

»Alles Narren«, sagt sie, »die den Wandel der Zeiten nicht akzeptieren.«

... Die beiden alten Herren sitzen im Zimmer des Barons.

Der Major ist müde, bisweilen nickt er ein, und der Spitzbart fällt ihm auf die Brust.

Der Baron vergißt seine Zigarre, sie verglüht ...

Die beiden Köpfe, die an den hohen Stuhlrücken lehnen, sehen im Schein der Lampe aus wie zwei Totenschädel.

Der Major schreckt auf, sieht den Baron entschuldigend an und sagt: »Wir werden alt, Baron.«

»Ja, Major«, erwidert der Baron.

Und während er seinen Freund betrachtet, sagt er plötzlich in einem vollkommen veränderten Ton: »Es gibt niemanden, der auf uns wartet, außer dem Tod.«

Wieder verstummen sie, und lediglich das Ticken der Uhr ist zu hören.

Am nächsten Morgen aber sitzt der Baron wieder an seinem Tisch, um »das Andenken an den Hochseligen von jedem Flecken reinzuhalten«.

Seine Erinnerungen sollen dem Ryssenfeldschen Archiv einverleibt und erst einhundert Jahre nach seinem Tod ge-öffnet werden.

Die Raben

Madame Jensen, die Haushaltshilfe, unterbrach zum dritten-
mal ihre Tätigkeit – sie war dabei, die Gläser herauszunehmen
men und zu polieren – und begab sich in die Küche. Wenn
sie aushalf, entwickelte Madame Jensen einen Appetit, den
sie alle Dreiviertelstunde durch etwas Eßbares zu befriedigen
gen suchte. Sie hatte eine ausgeprägte Vorliebe für Saucen,
die sie mit einem Messer aus den benutzten Töpfen der Köchin kratzte.

Bei dieser Betätigung im Schutz der Schornsteinnische
wurde sie unterbrochen, als es zweimal ungeduldig klingelte.

»Es ist das Ungeheuer«, sagte die Mamsell, die den Sellerie
putzte, »machen Sie ihr auf.«

In ihren allzu vielen Röcken seltsam dahinsegelnd, lief
Madame Jensen durch die Wohnung. Noch ehe sie die Tür
erreichte und öffnen konnte, hatte es erneut geläutet.

Fräulein Sejer stand auf dem Treppenabsatz.

»Funktioniert die Klingel nicht?« fragte sie und schob
die affenartigen Lippen vor, bevor sie sich einem Burschen
des Weinhändlers zuwandte, der einen Korb mit Flaschen
schleppte.

»Herein, mein Freund, herein«, sagte sie und wedelte mit
ihren zehn Fingern hektisch vor sich hin. In den grauen und
ausgebeulten Handschuhen ähnelten sie gierigen Klauen.

Der Bote des Weinhändlers stellte den Korb in die Diele
und wartete einen Augenblick, während Fräulein Sejer ihn
mit einem kurzen Funkeln in den Augen ansah.

»Ja, nun, leben Sie wohl, mein junger Freund«, sagte sie,
dann wandte sie sich an ihre Haushaltshilfe Madame Jensen:
»Lassen Sie ihn raus.« Und ging in die Wohnung. Die Perlen
ihres Umhangs klimperten, als sie durch die Zimmer in die

Küche lief. Mit *einem* Blick glitten ihre grauen Augen, die zwar tränten, aber dennoch an Schärfe nichts verloren hatten, über sämtliche Schüsseln und Töpfe.

»So, hier werden Töpfe ausgekratzt«, sagte sie und lachte zweimal kurz auf, wobei ihr Glucksen einem üblen Husten glich.

»Ich habe den Wein persönlich begleitet« – Fräulein Sejer lachte noch immer, wobei ihre verwachsene Schulter unter den schlenkernden Perlen zuckte –, »so dumm bin ich nun auch wieder nicht, daß die hinter meinem Rücken den Wein vertauschen könnten.«

Die Mamsell erwiderte nichts, sie schälte einfach nur weiter.

»Holen Sie mir die Etiketten des Kammerrats«, sagte Fräulein Sejer, »und den Leim.«

Dann ging sie zurück ins Eßzimmer, in dem Madame Jensen das Porzellan polierte. Sie stellte die unetikettierten Flaschen auf den Tisch und begann sie mit den alten, vergilbten Château-Etiketten ihres Vaters, des Kammerrats, zu bekleben, wobei ihre verwachsene Schulter sich wieder auf und ab schob wie der Buckel einer Katze, die sich schüttelt.

»Das macht beim Geschmack ja soviel aus, meine Liebe«, sagte sie, während sie weiterklebte und dabei den sämigen Mehlkleber zwischen die zittrigen Finger bekam.

»Der Wein ist aus Griechenland«, fügte sie hinzu, »ja, die Griechen haben es schon immer verstanden.«

Sie hantierte weiter mit ihren Etiketten, wobei sie aussah wie eine Kartenlegerin über ihren schmierigen Karten, als sie plötzlich den Kopf hob und fragte: »Haben Sie etwas gegessen, Jensen?«

Die Haushaltshilfe Jensen murmelte etwas.

Fräulein Sejer schüttelte milde den Kopf: »Sonst bekommen Sie was. Meine Liebe, in diesem Haus wird nicht gehungert. Ich werde Ihnen etwas holen.«

Und eilig lief sie hinaus, mit merkwürdigen kleinen Hüpfern, wie ein Frosch.

»Hier, hier«, sagte sie und stellte einen Teller vor Madame Jensen auf den Tisch, die halb abgewandt und hastig aß, wie jemand, der gewohnt ist, sein Essen heimlich herunterzuschlingen.

Fräulein Sejer folgte jeder ihrer Bewegungen mit einem Blick, als beobachte sie eine Fliege unter einer Glasglocke.

»Ja, Essen gehört dazu. Das gibt Kraft«, sagte sie und ließ Madame Jensen nicht aus den Augen, »und nicht immer hat man die Schüssel vor sich.«

»Und wo treibt *sie* sich herum?« fragte sie auf einmal. »Sie« war ihre Gesellschafterin.

»Fräulein Holm ist außer Haus«, antwortete Madame Jensen.

»Hm, Lohn und Brot nimmt sie«, sagte Fräulein Sejer, und fügte, als sie auf den Teller der Jensen sah, mit einer Falsettstimme hinzu: »Aber da ist ja noch etwas. Sie werden doch nichts übriglassen, Jensen.«

Madame Jensen aß mit derselben Gier auch noch den Rest auf, und dabei starrten sich diese beiden Menschen an wie zwei Fechter durch ihre Masken.

»Recht vielen Dank, gnädiges Fräulein«, sagte Madame Jensen und trug den Teller hinaus.

Die Mamsell kam herein, um eine Schüssel aus dem Büffet zu holen, und Fräulein Sejer drehte sich zu ihr um: »Hm, kein Wunder, daß die Jensen stinkt, was die so alles in sich reinstopft. Aber in diesem Haus *muß* es ja offenbar immer wie im Wirtshaus zugehen.«

Das gnädige Fräulein war mit den Flaschen fertig.

»So schön sind sie geworden«, sagte sie und betrachtete die falschen Etiketten.

»Legen Sie sie an den Ofen, damit sie trocknen können.« Die Mamsell tat es, bevor sie ging.

Als Fräulein Sejer allein war, stand sie auf und lief noch drei-, viermal vor den Flaschen hin und her, und das Kachelofenfeuer zuckte über sie hinweg, als sie vor ihrer eigenen Abfüllung auf- und abschritt.

Madame Jensen kehrte zurück und machte sich wieder an die Arbeit, und das Fräulein setzte sich in einen Sessel.

»Ja«, sagte sie, »achtzehn ist eine recht hohe Zahl. Aber man möchte doch möglichst vielen eine Freude machen.«

»Es ist doch die Familie«, sagte Madame Jensen.

»Sicher«, erwiderte Fräulein Sejer, und etwas im Ton der Haushaltshilfe veranlaßte sie, den Blick über das Gesicht von Madame Jensen gleiten zu lassen, »aber die Nächsten sind nun mal die Nächsten.«

»Ja«, sagte Madame Jensen.

Einen Augenblick später fragte sie: »Sollen die Schalen mit den Silberfüßen gedeckt werden?«

»Nein, danke, meine Liebe«, antwortete das Fräulein und trommelte spielerisch mit den Fingern, »das ist zu beschwerlich.«

Madame Jensen beobachtete die hüpfenden Finger.

»Sie müßten sie dann doch nur wieder putzen, meine Liebe«, sagte Fräulein Sejer und nickte ihrer Haushaltshilfe zu.

Wieder klingelte es. Es waren die beiden Nichten Meyer, mit roten Hüten auf dem blonden Haar, die hereinstürmten, als kämen sie in ihr Stammcafé und Fräulein Sejer beinahe gleichzeitig küßten.

»Mein Gott«, sagten sie, »liebe Tante Viktoria, den ganzen Weg zu dir sind wir gelaufen, um zu fragen, ob wir noch irgendwie behilflich sein können.«

»Ich weiß doch, daß ihr es gut meint«, erwiderte Fräulein Sejer, »setzt euch, ihr Lieben.«

Dann wandte sie sich Madame Jensen zu: »Vergessen Sie die kleinen Schalen für die Blumen nicht. Es kommen Veilchen.«

»Veilchen«, entfuhr es einem der Rotkäppchen, »Tante, es wird immer aufwendiger.«

»Ja«, sagte die andere Nichte hastig, »es wird immer reizender bei dir, Tante.«

»Ach, Kinder« sagte Fräulein Sejer, »als alter Mensch tut man ja für die Jugend, was man kann. Und mein kleines Kapital kann da soviel Gutes tun.«

»Ja«, sagte eine der Nichten, die sich bis hin zur letzten Gabel alles genau angesehen hatte, »Tante, du verstehst es wirklich, anderen eine Freude zu machen.«

»Was hat man denn sonst noch vom Leben«, sagte Fräulein Sejer und blickte lange von der einen zur anderen.

Dann fiel ihr ein, daß sie etwas vergessen hatte. Neulich bei Fräulein Svane, der Dame aus dem Stift, hatte sie sie gesehen – ein paar allerliebste kleine Lämpchen, die eine Tafel besonders hübsch aussehen ließen.

»Die Jugend liebt doch das Licht«, sagte sie und fügte einen Augenblick später hinzu: »Und außerdem kann man sich dabei so vortrefflich in die Augen sehen.«

Niemand bemerkte das Zucken, das über das Gesicht der Haushaltshilfe Jensen glitt, als Fräulein Sejer fortfuhr: »Könnt ihr mir nicht einen Gefallen tun und sie für mich kaufen, zwölf Stück, ihr wollt doch ohnehin in die Stadt. – Jensen, holen Sie den Schrein.«

Madame Jensen ging ins Wohnzimmer und holte den »Schrein«, eine Art Schatulle, in dem Fräulein Sejer ihre Wertsachen aufbewahrte.

Sie öffnete ihn und legte mit ihren runzligen Fingern, deren Nägel gelb und sonderbar hart waren, allerhand Geldscheine auf den Tisch.

Plötzlich bemerkte sie den Blick ihrer ältesten Nichte, der die vielen kleinen Verstecke der Schatulle durchsuchte, und sagte: »Ja, der Anblick von Geld ist durchaus angenehm.«

»Ach, ja« erwiderte die jüngere Nichte, Fräulein Lucie,

und fuhr unwillkürlich mit der Hand in ihre Handtasche, »und es zu haben.«

»Aber die Jugend mag ja am liebsten Gold«, sagte Fräulein Sejer und lächelte ihr Patentantenlächeln – sie hatte der ganzen Familie als Patentante gedient und als Taufgeschenke die alten Löffel und Gabeln des Kammerrats verwendet, in die sie neue Namen eingravieren ließ. »Hier ist Gold für die Lampen, Kinder. Es sieht immer so nett aus, wenn man es auf den Ladentisch legt.«

Sie reichte der älteren Nichte, Fräulein Emilie, ein Goldstück – bis durch die Handschuhe schien das kalte Metall die Nichte zu kitzeln – und wiederholte: »Nun gut, ihr kauft also zwölf«, als es erneut klingelte. Es war der Junge mit den Blumen.

Die beiden Rotkäppchen öffneten den Korb mit einer wahren Flut von Veilchen.

»Das reicht ja mindestens für zwei Tischdekorationen«, sagte Fräulein Emilie.

»Und noch für ein Sträußchen für die Straße«, sagte Fräulein Sejer und steckte – es sah aus, als würden ihre gelben Fingernägel die Knopflöcher wie Nadeln durchbohren – ein kleines Dutzend Veilchen an die Mäntel der Nichten.

»Nun«, fuhr sie fort und lächelte wieder, »Essen und Blumen gehören zusammen, und ihr werdet viel zu essen bekommen, Kinderchen. Jensen, was wird es alles geben? Ihr wißt doch, die Alte hat ein so schlechtes Gedächtnis.«

Madame Jensen fing an, die Speisefolge in einem Ton herunterzurattern, als schösse sie den Nichten jedes Gericht wie eine Kugel aus einer geladenen Büchse an den Kopf.

»Ihr werdet bestimmt satt werden«, sagte Fräulein Sejer, nun mit einer sehr sanften Stimme.

Die Nichten hatten die Veilchen aus dem Korb genommen, und das Fräulein sagte: »Hm, letztlich verwelken die

Blumen ja doch, sage ich immer. Aber wenn sie uns wenigstens solange Freude machen.«

Die Nichten gaben ihr noch einen Abschiedskuß, und Fräulein Sejer sagte: »Du frierst ja, liebe Emilie, du hast ja ganz kalte Lippen. – Na, bis nachher, meine Kleinen, und denkt an die Lampen.«

Die Tür zum Flur war noch nicht geschlossen, als Fräulein Emilie, deren Stimme sich beinahe überschlug, sagte: »Woher hat sie es? Kannst du mir das bitte mal verraten?«

Fräulein Lucie antwortete: »Sie *hebt* es ab. Das habe ich doch schon lange gesagt. So oft, wie ich sie zur Sparkasse hab' laufen sehen.«

Die Ältere ließ die Haustür mit einem Knall zufallen.

»Und dann soll man Lampen kaufen«, sagte sie, »als würde der Mist bei einer Versteigerung was bringen.«

Die Schwestern gingen weiter, die Röcke mit beiden Händen geschürzt.

Am Marktplatz sagte die Jüngere: »Ich brauche eine Briefmarke«, und lief über die Straße auf einen Kiosk zu.

»Du solltest dich vor Kiosken in acht nehmen, meine Liebe«, sagte Fräulein Emilie.

»Glaubst du, Laufburschen sind besser?« gab Lucie zurück und lief weiter.

Schwester Emilie blieb vor dem Schaufenster einer Blumenhandlung stehen und ließ ihre Handtasche baumeln, die einige besonders schwere Gegenstände zu enthalten schien, wahrscheinlich den Hausschlüssel und die Brennschere.

Die beiden Rotkäppchen setzten ihren Weg fort und liefen mitten auf dem Bürgersteig einer kleinen, korpulenten Dame in die Arme, die in ein »Ihr Lieben, daß wir uns hier begegnen« ausbrach.

»Du bist in der Stadt?«

»Ja« – und die kleine Dame, es handelte sich um eine Pastorengattin vom Lande, warf unablässig den Kopf hin und her; man mußte sich wundern, daß er nicht abfiel –, »ich bin erst gestern angekommen, ihr Süßen, und renne bereits durch die ganze Stadt – ja, so ist das, wenn man von der ganzen Familie eingeladen ist.«

Die Rotkäppchen erzählten von den Lampen, die sie zu kaufen hatten, und die Pastorengattin schloß sich ihnen an, obwohl sie eigentlich gerade zu einem Onkel wollte, der bei Gott für ihre Heimreise bezahlen sollte.

»Denn im Pastorat leben wir momentan nur von jungen Kälbern«, sagte sie, »und Bargeld sehen wir nur an den paar Tagen, an denen der Zehnte fließt.«

Wenn man Frau Lund reden hörte, war man geneigt, daran zu zweifeln, ob sich außer Schinkenspeck, gesalzenem Hering und einigen neugeborenen Geschöpfen der Fleckviehrasse überhaupt irgend etwas Eßbares auf ihrem Pfarrhof finden ließe.

Als sie in das Lampengeschäft kamen und die kleinen Porzellangegenstände vor ihnen standen, sagte Frau Lund: »Von solchen Beträgen leben wir vierzehn Tage.«

»Wenn es allerdings ein Abendessen bei Tante Viktoria gibt«, fügte sie hinzu, »gehe ich natürlich sofort zu ihr und melde mich an.«

Sie trennten sich auf der Ladentreppe. Als Frau Lund gegangen war, sagte das ältere Fräulein Meyer: »Na, dann organisiert sie sich wohl auch dort zwanzig Kronen, beim Kaffee. Man kennt doch Emma, wenn sie auf Geschäftsreise ist.«

Als ihre Nichten gegangen waren, setzte sich Fräulein Sejer wieder in den Sessel. Sie schlief ein. Der Kopf mit der hohen Haube war ihr auf die Brust gesunken, und die verwachsene linke Schulter hatte sich die Rückenlehne hochgeschoben, im Schlaf glich sie einem sonderbaren, zerbrochenen Stück Spielzeug.

Sie wachte nicht auf, als es erneut klingelte.

Madame Jensen öffnete und blieb, bevor sie Fräulein Sejer weckte, einen Augenblick vor ihr stehen – sie schaute
sie mit einem Blick an, als betrachte sie einen Kadaver im
Straßengraben.

»Da ist ein Herr, der das gnädige Fräulein sprechen möchte«, sagte sie laut.

Das Fräulein fuhr zusammen.

»Was?« fragte sie noch im Halbschlaf, und während sie
den Kopf schüttelte, fügte sie hastig hinzu: »Ja, es geht einem
soviel durch den Kopf. Wer ist es?«

»Der mit den Locken«, sagte Madame Jensen und ging.

Fräulein Sejer lief in ihr Schlafzimmer und brachte vor
dem Spiegel Haube, Perücke und Mieder in Ordnung, eben
das ganze Gerüst, das man ihren Körper nannte.

Die Mamsell, die unten in der Küche das Klappen der
Schlafzimmertür gehört hatte, fragte Madame Jensen: »Für
wen macht sie sich denn hübsch?«

»Für diesen Schürzenjäger«, antwortete Madame Jensen.

»Ah ja«, sagte die Mamsell, »hier wird's ja richtig lustig.
Was er wohl diesmal beiseite schaffen wird?«

»Ist denn noch irgend etwas da?« fragte Madame Jensen
und verzog den Mund.

Mit ihren kleinen, neckischen Sprüngen lief Fräulein Sejer in den Salon, in dem ein junger und sehr schlanker Mann
mit ausnehmend weißen und weichen Händen sich aus einem Stuhl erhob.

»Guten Tag, mein Hübscher«, sagte Fräulein Sejer und zog
hastig die Portieren vor die beiden geschlossenen Türen.

Die Gesellschafterin, Fräulein Holm, kam zur Haustür
herein und schritt, blaß und aufrecht, über den Flur.

»Wo ist das gnädige Fräulein«, fragte sie mit einer Stimme,
deren Tonfall sich bei keinem Wort veränderte.

Und Madame Jensen sah ihr direkt in die Augen und erwiderte: »Sie hat ebenfalls geschäftliche Angelegenheiten zu erledigen.«

Fräulein Holm wandte sich dem Eßzimmer zu und holte zwei Tischdecken und Servietten aus einem Schrank.

Es verging etwa eine Stunde, bevor Fräulein Sejer, deren Gesicht vor Freude bebte, die Portieren zurückschlug und den jungen Blonden persönlich hinausbegleitete.

»Also, auf Wiedersehen, mein Hübscher«, sagte sie, »Sie sind immer so hilfsbereit.«

»Sie wissen doch, es ist mir eine Freude«, erwiderte der junge Mann mit einer sehr sanften Stimme.

Und er wurde hinausgelassen.

Fräulein Sejer schwirrte ins Eßzimmer, und ihre Finger, Hände und Füße flatterten doppelt so hektisch wie gewöhnlich.

»Oh«, sagte sie, als sie Fräulein Holm bemerkte, »Sie sind nach Hause gekommen?«

»Ja«, antwortete die Gesellschaftsdame.

Fräulein Sejer lachte.

»Eine Verabredung mit ihrem Neffen, meine Liebe?« fragte sie sehr freundlich.

»Es waren meine freien Stunden«, erwiderte Fräulein Holm, die keine Miene verzog.

Als es erneut klingelte, war es Frau Lund, deren munteres, jugendliches Lachen sofort im ganzen Flur zu hören war.

»Liebe Tante Viktoria, seit gestern bin ich in die Stadt, und nun höre ich, daß du ein Abendessen veranstaltest. Da muß ich mich doch melden, um dabeizusein. Ich kann mich ja auf irgendeinem Stuhl dazwischenquetschen.«

Frau Lund setzte sich und plauderte munter und ohne Unterbrechung: über den Pastorengatten, die fünf Kinder und den Pfarrhof, wo bald nichts Brauchbares mehr vorhanden sei.

»Oh«, sagte sie unvermittelt, »liebe Freundinnen, ihr seid

bei den Tischdecken. Guten Tag, liebes Fräulein Holm. Ja, Tantchen, wir müssen unsere zehn so häufig waschen, daß bald kein Faden mehr von ihnen übrig ist.«

»Gibst du mir eine ab, Tante?« fragte sie und schlug mit ihrer hübschen Hand auf den Tisch. »Du bist doch immer so gut zu einem armen Familienmitglied.«

Fräulein Sejer, deren Wesen sich auf eine merkwürdige Weise zu verändern schien, wenn Frau Lund zu Besuch war, so, als säße sie einem Menschen gegenüber, für den sie eine heimliche Achtung hegte, glückste und sagte: »Haben wir oben noch eine, Fräulein Holm?«

Doch Frau Lund war schon von ihrem Stuhl aufgesprungen und lief zum Schrank mit der Leinwäsche: »Liebe Tante Vik, natürlich nur eine von den älteren.« Und sie begann, in den Tischdecken zu stöbern, während die Tante lächelnd sagte: »Liebe Emma, du wirst bestimmt etwas finden, was du gebrauchen kannst.«

Frau Lund setzte ihre Suche fort.

»Hier ist eine«, sagte sie, »die in deinem vornehmen Haus wahrlich nicht mehr zu benutzen ist, doch zu Hause bei uns, mein Gott, liebe Tante, da wird sie ein Prachtstück sein. Wir legen sie bei der bischöflichen Visitation auf.«

Fräulein Sejer sagte: »Ja, nimm ruhig die. Es ist immer wieder schön, helfen zu können. – Wir lassen sie dir dann schicken.«

»Liebe Tante Vik, aber nein, nein, ich nehme sie gleich mit. Das fehlte noch, dafür bin ich mir wirklich nicht zu schade. – Liebes Fräulein Holm, hätten Sie wohl eine Zeitung?«

Frau Lund bekam eine Zeitung, packte die Decke ein und band sie mit einem Stück Schnur zusammen.

»Man nimmt, was man kriegen kann«, sagte sie und lachte der Tante freimütig ins Gesicht.

»Das ist richtig, mein Mädchen«, erwiderte Fräulein Sejer.

»Aber ich muß ja los«, rief Frau Lund. »Herr im Himmel,

wenn ich nicht die Straßenbahn nehme, bin ich nicht recht-
zeitig beim Onkel.«

Über Fräulein Sejers Gesicht glitt ein Schatten.

»*Den* willst du auch besuchen, Kindchen?« fragte sie.

»Ja, aber sicher, Tante Vik«, lachte Frau Lund, »man will
doch all seinen Angehörigen eine Freude machen.«

Sie suchte sämtliche Taschen ab, fand aber nicht einmal
ein Zehnørestück.

»Du mußt mir Geld für die Straßenbahn geben«, sagte
sie.

Als Frau Lund gegangen war, setzte sich Fräulein Sejer
wieder in ihren Sessel.

»Ein so nettes Mädchen«, sagte sie und fügte mit einem
Blick auf ihre Gesellschafterin hinzu: »Und so aufrichtig.«

Madame Jensen und Fräulein Holm waren dabei, die
Tischdecken aufzulegen, als der Hausarzt erschien.

Fräulein Sejer saß im Wohnzimmer, und Madame Jensen
meldete knapp: »Es ist der Etatrat.«

Mit einem Satz war das Fräulein auf den Beinen und flog
dem Arzt entgegen: »Mein lieber Etatrat, aber wieso laufen
Sie denn die vielen Treppen zu einem gesunden Menschen
hinauf? Und noch dazu, da Sie doch wohl zu meinem kleinen Abendessen kommen werden. – Aber so setzen Sie sich
doch, nehmen Sie Platz.«

Der Etatrat, dessen schmales, ruhiges Gesicht ein weißer
Bart zierte, antwortete: »Ich wollte während der Vorbereitungen nur mal nach Ihnen sehen. Ich habe Ihnen doch gesagt,
daß Sie das hier alles zu sehr anstrengt; Sie muten sich, das
muß ich Ihnen sagen, ganz einfach ein wenig zu viel zu.«

Der Etatrat zögerte einen Moment, bevor er hinzufügte:
»Bei Ihrer Konstitution.«

»Sich zuviel zumuten«, sagte Fräulein Sejer, deren Augen
flackerten, »lieber Etatrat, man lebt damit, und man erträgt
es.«

»Ja«, sagte der Etatrat, der sie noch immer ansah, »bis man aufhören muß.«

Fräulein Sejers Finger klammerten sich um die Armlehnen ihres Sessels, als der Etatrat im gleichen Ton weitersprach: »Und das wechselhafte Wetter ist bei uns Alten die Ursache vieler Krankheiten.«

Das Flackern in den Augen des Fräuleins hatte sich noch nicht beruhigt.

»Wir werden insgesamt neunzehn sein, lieber Etatrat«, sagte sie unvermittelt, »die kleine Emma ist auch gerade in der Stadt. Eben ist sie mit einer Tischdecke gegangen.«

Die Stimme des Etatrats klang unverändert, als er sagte: »Ja, die Familie versammelt sich.«

Er erhob sich und fügte hinzu: »Aber jetzt habe ich ja nach Ihnen gesehen.«

Fräulein Sejers Hand zitterte, als er sie nahm.

»Aber fehlt mir denn etwas?« platzte das Fräulein plötzlich heraus, unter deren Perücke Schweiß ausbrach und sich mitten auf der Stirn sammelte. »Sie sollten es nicht für sich behalten.«

Der Arzt zog seine Hand zurück: »Sie wissen doch selbst, daß man nie vorsichtig genug sein kann.«

»Ja natürlich, Herr Etatrat«, sagte das Fräulein, deren Brust bebte, »aber man möchte doch der Jugend so gern eine Freude machen.«

Über das Gesicht des Etatrats glitt ein kaum wahrnehmbares Lächeln.

»Wir sehen uns dann später«, sagte er nur.

»Und Sie, Etatrat, bekommen mich als Tischdame«, sagte das Fräulein und lachte.

»Aber gegen die Anfälle nehmen Sie doch Ihren Champagner?« fragte der Etatrat an der Tür.

»Sobald es notwendig ist, mein lieber Rat«, antwortete Fräulein Sejer.

Der Etatrat verabschiedete sich.

Als er gegangen war, blieb Fräulein Sejer mitten im Zimmer stehen und preßte plötzlich knirschend die falschen Zähne aufeinander. Und von den beiden Eckspiegeln reflektiert, begann sie auf einmal, mit weit von sich gestreckten Armen im Zimmer auf und ab zu laufen – als bereite sie sich auf einen heimlichen Kampf vor.

Dann ging sie wieder ins Eßzimmer, wo Madame Jensens Augen wie zwei boshafte Nadeln ihr Gesicht suchten, und auch Frau Holm, die bereits die Veilchen auf dem Tisch dekorierte, hob einen Augenblick den Kopf.

»Ach, der liebe Rat«, sagte Fräulein Sejer, »man weiß doch, daß er nur wissen wollte, was es zu essen gibt.«

Niemand antwortete. Das Fräulein ging weiter in die Küche.

»Der Hase wird so aufgetragen«, sagte sie, »daß es noch für zwei Mittagessen reicht.«

Und plötzlich gellte ihre Stimme über den Flur: »Jensen, meine Liebe, und daß Sie mir nicht wieder den halben Rükken in der Pfanne vergessen – wie neulich.«

Aus dem Eßzimmer kam keine Antwort, und Fräulein Sejer ging in ihr Schlafzimmer. Wenn sie sich anzog, verschloß sie die Tür. Lange suchte sie in den Schränken und Schubladen, bis sie die Spitze, das Tuch und ein weinrotes Kleid fand. Schließlich holte sie ihre Festperücke heraus und hängte sie an den Kerzenständer neben dem Toilettenspiegel.

Sie wollte sich setzen, warf sich aber plötzlich ein Tuch über ihren halbentblößten Körper, und mit zitternden Händen – Fräulein Sejer bekam schnell dieses nervöse Zittern, wenn sie vor ihrem Spiegel saß – riß sie die alte Perücke herunter und setzte die neue auf ihren kahlen Schädel, eilig und ohne dabei in den Spiegel zu sehen. Die schwarze Perücke saß schief, und sie nestelte mit den Fingern so lange daran herum, bis der Scheitel, dessen Leichenblässe sie aus der Schwärze regelrecht auslachte, in der Mitte der Stirn saß.

Dann schaute sie wieder in den Spiegel und ordnete die Seitenlocken der Perücke, die wie zwei Hörner von ihren Schläfen abstanden.

Als das Haar gerichtet war, goß sie Wasser in ein Glas und nahm so hastig ihre Zähne heraus, daß ihr Gesicht wie ein leerer Nußknacker urplötzlich zusammenfiel. Sie säuberte das ziemlich schwere Gebiß und setzte es wieder ein. Die beiden weißen Reihen in ihrem Mund sahen aus, als könnten sie noch zubeißen.

Jetzt hielt jemand die Haustürklingel gedrückt, und Fräulein Sejer rief durch die Tür, ohne sie zu öffnen: »Wer ist es?«

Fräulein Holm antwortete von draußen: »Der Konditorjunge.«

»Hat er die Knallbonbons mitgebracht?«

»Ja, er hat sie dabei.«

»Jensen soll sie hier hereinbringen«, rief Fräulein Sejer und warf sich ein Tuch über die verwachsene Schulter. Madame Jensen war die einzige Person, die das Fräulein während des Ankleidens zu sehen bekam. Möglicherweise rief das Fräulein sie aber auch nur herein, um sie ein wenig bei ihren Verrichtungen zu stören.

Madame Jensen brachte einen Korb bunter Knallbonbons, und das Fräulein nickte heiter unter ihrer Perücke.

»Ja«, sagte sie und lächelte, »das sind die Richtigen. Die finden die Kinder immer so komisch.«

Die richtigen Knallbonbons stammten von einem französischen Konditor und enthielten besonders unanständige Sentenzen.

»Bringen Sie sie hinein«, sagte Tante Sejer, »die jungen Leute haben immer solchen Spaß daran.«

Um Fräulein Holms geschlossenen Mund zuckte es, als

sie die französischen Papierhülsen in einer Glasschale arrangierte.

Madame Jensen ging in Begleitung zweier Kasserollen in die Speisekammer.

Im letzten Augenblick erschien ein Gärtner, der die Ekken des Wohnzimmers mit schadhaften Palmen und anderen Pflanzen füllte, die ganz offensichtlich mit dem Handwagen transportiert und bereits rege verliehen worden waren.

Fräulein Sejer zeigte sich mit einem Turban auf der Perücke und einem Kaschmirtuch mit vielen Quasten, das sie in zahlreichen Falten über den Rücken gelegt hatte, und sagte: »Mein Lieber, ich habe Ihnen doch gesagt, daß ich nicht diese Mickerlinge will, die Sie ein Jahr lang auf Ihrem Schubkarren herumgefahren haben.«

»Aber gnädiges Fräulein, das ist alles frische Ware«, erwiderte der Gärtner, der seine Pflanzen nun so aufstellte, daß die Schäden verdeckt wurden. »In den Kapellen und bei anderen Gelegenheiten bekommen sie allerdings ständig was ab.«

Fräulein Sejer drehte sich unwirsch um und fing an, im Eßzimmer das gesamte Tafelgedeck umzustellen.

»Die Tischordnung übernehmen Sie«, sagte sie zu Fräulein Holm, »das paßt zu solchen weißen Jungfernhänden.«

In der Tür erschien ein sehr großer und ausgesprochen gepflegter Herr, dessen schwarzes Haar sich zu beiden Seiten eines Mittelscheitels wellte.

»Ich bin der Kellner«, sagte er mit einer Verbeugung.

Fräulein Sejer musterte ihn von den Zehenspitzen aufwärts, wobei ihre grauen Augen leuchteten; und der Lohnkellner, der seine akkurat maniikürten, schmalen Hände betrachtete, fragte, ob es einen Ort gäbe, an dem er seine Kleidung ein wenig in Ordnung bringen könne.

»Sie kleiner Adonis«, antwortete Fräulein Sejer, die noch immer um ihn herumtänzelte, »ja, gehen Sie nur zur Mamsell.«

»Danke, gnädige Frau«, sagte der Kellner und verbeugte sich erneut.

»Fräulein, Fräulein, Sie Adonis«, gluckste Fräulein Sejer, »ich bin eine von denen, die sich ihre Freiheit bewahrt haben. Jetzt gehen Sie aber.«

Der Lohnkellner ging über den Flur in die Küche und sprach in demselben gedämpft höflichen Ton mit der Mamsell, die ihm das Anrichtezimmer öffnete, in dem sich nichts anderes befand als Fräulein Sejers Nachtstuhl.

Als der junge Mann zurückkam – er leistete sich eine Art Urlaub von einem Restaurant am Kongens Nytorv –, trug er einen schwarzen Frack mit allem, was dazugehörte. Er war beinahe wie für einen Ball gekleidet.

Und als der junge Mann anfing, die Flaschen auf dem Büffet zu ordnen, sagte Fräulein Sejer, sich genüßlich schüttelnd, zu Fräulein Holm: »Solche weißen Finger an einer Schüssel machen den jungen Mädchen doch immer wieder eine Freude.«

Sie war auf dem Weg in den Salon, als es klingelte.

Es war Frau Emma Lund aus dem Pfarrhaus, die lachend beide Arme um die Tante schlang, als sie hereinkam.

»Liebe Tante Vik«, sagte sie, »findest du nicht, daß ich reizend aussehe? Diese pflaumenblaue Bluse hat Clara mir geliehen.«

»Liebste Emma, eigentlich müßtest du sie behalten. Sie sitzt ja wie angegossen«, sagte Fräulein Sejer.

»Puh«, sagte Frau Lund, »darauf läßt sich Clara nie und nimmer ein. Die Rubows sind nicht wie du.«

»Nein«, sagte Fräulein Sejer und lächelte plötzlich, »die hamstern lieber.«

Nun müsse sie aber unbedingt die Tafel sehen, erklärte Frau Lund und ging ins Eßzimmer; dort zupfte sie sich hastig ein kleines Bukett aus den Tischblumen und steckte es sich an.

Als sie zurückkam, war das Wohnzimmer nahezu voll.

Herr Justizrat Meyer sprach mit Frau von Hahn über Unfälle bei diesen glatten Straßenverhältnissen, und Frau Madderson, seine Haushälterin, die eine kanariengelbe Frisur über einem Gesicht trug, das sich trotz einer Reihe von Vertrauensstellungen bei wohlhabenden Witwern eine gewisse Unschuld bewahrt hatte, saß bei Fräulein Sejer und sagte: »Vielen herzlichen Dank, es ist so reizend von Ihnen, mich ebenfalls einzuladen.«

Fräulein Emilie Meyer ging auf Frau Lund zu.

»Ah«, sagte sie, »du hast dir also schon ein Sträußchen besorgt. Na ja, sind ja auch genügend da.«

»Es ist sonderbar«, meinte Herr Meyer, der sich noch immer über Unglücksfälle, den Straßenzustand und Straßenbahnwagen unterhielt, »es ist sonderbar, daß die Menschen es einfach nicht lernen, sich zu versichern. Heutzutage kann man sich doch gegen nahezu alles versichern lassen.«

Unversehens fing Fräulein Sejer an zu lachen – in ihrem Kaschmirtuch glich sie einer seltsamen Buddha-Figur: »Ja, da hat er recht. Die Leute werden es nie lernen, Vernunft anzunehmen.«

Doch Frau von Hahn sagte: »Meine Augusta fährt ja nie mit der Straßenbahn, allein der Gesellschaft wegen. Außerdem zieht es dort immer so.«

Und als Fräulein Sejer bemerkte, daß die Straßenbahn ja auch nicht bis vor die Tür der Oehlenschlægersgade fahren würde, antwortete Frau von Hahn: »Liebe Viktoria, das Gehen tut Augusta gut, das gibt einen geraden Rücken.«

Frau Lund war dem Schriftsteller William Ask beinahe in die Arme gefallen.

»Tja, mein Lieber«, sagte sie, »jetzt bin ich hier, und nun kommst du um ein paar Freikarten für uns arme Leute vom Land nicht herum.«

William Ask nickte mit einem ziemlich blassen und müden

Gesicht, als Frau Bella Schou erschien, eine in Seide gekleidete schlanke, dunkelhaarige Dame, die in ihrer Ehe mit Herrn Justizrat Schou seit zehn Jahre ein Witwendasein führte.

Sie bat um Entschuldigung, daß sie vor ihrem Mann eintraf: »Aber, Tante, du weißt ja, wie beschäftigt Schou ist. Er bat mich auszurichten, daß wir nicht mit dem Essen warten sollen.«

»Ja«, sagte Frau von Hahn, »dein armer Mann, Bella, er reibt sich auf.«

Fräulein Lucie flüsterte Herrn Ask halblaut zu: »Tja, Schous sind bestimmt seit einem Menschenalter nicht mehr gemeinsam in einem Wagen gefahren«.

Herr Willy Hauch, ein junger Mann aus einem der großen Handelshäuser, dessen gesamte Erscheinung einen sehr englischen und blankgeputzten Eindruck machte, sagte: »Bestimmt komme ich zu spät. Aber ich mußte noch etwas an einem Kiosk besorgen.«

Lachend sah Fräulein Lucie Meyer dem schlanken Vetter direkt in die Augen: »Bei welchem Kiosk kaufst du?«

Herr Willy hob die blaugrauen Augen: »Möglicherweise bei demselben wie du.«

Kusine Lucie hörte nicht auf zu lachen und sagte: »Ich begreife übrigens nicht, wie du dich so schlank halten kannst. Bei Gott, Willy, man bekommt immer eine solche Lust, dich zu umarmen.«

Der Vetter verzog die Lippen zu einem Lächeln, so daß man all seine weißen Zähne unter dem schmalen Schnurrbärtchen sah.

»Das kannst du gern tun«, erwiderte er, »aber Kammgarn fühlt sich sehr kühl an.«

Justizrat Meyer unterhielt sich mit Frau Bella Schou – wie immer stand er dabei ein wenig gebückt, als wolle seine zuverlässige Nase den Gesprächspartner eindringlich beschnüffeln.

»Ja«, sagte er, »für Leute von Stand sind es schwierige Zeiten, zumal, wenn sie sich mit dem Bauwesen beschäftigen.«

Mit einemmal wandte er sich an Fräulein Sejer und fragte: »Du hast vermutlich nichts in Gebäude investiert?«

Fräulein Sejer, die sich mit Fräulein von Hahn über den Kellner unterhielt und gerade sagte: »Ist es nicht immer wieder nett für junge Augen, solch eine aufrechte Haltung zu sehen«, antwortete Herrn Meyer: »Lieber Freund, das weißt du doch, du hast doch schließlich den Überblick über all meine Angelegenheiten.«

Fräulein Holm, die begonnen hatte, mit der Tischordnung herumzugehen, kam zu Herrn William Ask, der seine sehr dunklen Augen hob und fragte: »Und wie geht es Ihnen, gnädiges Fräulein?«

»Wie gewöhnlich«, antwortete Fräulein Holm und reichte Herrn Willy eine Tischkarte. Als sie weitergegangen war, sagte er: »Sie haben schon recht, irgendwas ist an dem Mädchen.«

Herr Ask lächelte.

»Aber nicht für Sie«, sagte er.

Herr Willy ließ seinen außerordentlich geschmeidigen Körper kreisen: »Sind Sie da sicher? Man wird schnell achtunddreißig, wenn man mit vierzehn begonnen hat.«

»Und das haben Sie getan?«

»Man muß doch der Ordnung der Natur folgen«, antwortete Herr Willy, der mit zurückgezogenen Schultern die Daumen in die Westentaschen steckte, um seine Figur zu betonen.

Ringsum unterhielt man sich, und Frau Madderson, die beim Thema Bauwesen stehengeblieben war, sagte: »Ja, der Justizrat hält sich immer an das streng Juristische. Der Justizrat sagt, der Stand wird durch Spekulation nur befleckt. Er will damit nichts zu tun haben.«

»So ist es«, sagte Fräulein Sejer, und sie fügte ein wenig

lauter hinzu:»Hat er Frau Jacobsons Nachlaßverwaltung bekommen?«

Soweit Frau Madderson wußte, ja. Und Fräulein Sejer
rief, so laut sie konnte:»Glückwunsch, Bernhard. Aber du
hast ja in den letzten Jahren auch so oft deine Aufwartung in
diesem Haus gemacht.«

Frau von Hahn ging auf den Assistenten Sejer zu und
sagte:»Weiß Gott, da muß ein Riegel vorgeschoben werden.
Diesmal hat sie auch Pflanzen gekauft, als wäre man in einem Gewächshaus.«

Aber Fräulein Emilie, die gerade vorbeiging, sagte:»Die
sind geliehen. Ich hab's kontrolliert.«

Frau von Hahn antwortete:»Ich rede nach Tisch trotzdem mit dem Etatrat. Es ist doch abnorm.«

»Und eine Mahlzeit werden wir bekommen, du lieber
Himmel«, sagte Fräulein Lucie,»man könnte meinen, daß sie
vorhat, uns mit ihrem Essen zu ersticken.«

»Behauptet denn jemand, daß es nicht so ist?« sagte der
Assistent und betrachtete seine Lackstiefel.

Willy kam vorbei und sagte:»Sie will ja auch nicht erben.«

Mit einer seltsamen Geste ging Justizrat Meyer vor dem
Etatrat, der eben eingetroffen war, in die Knie, während sich
die beiden Fräulein Minna und Ottilia Hauch noch im Flur
aufhielten. Sie hatten den Lohnkellner fortgeschickt, denn
immer kamen viele Kämme zum Einsatz, bevor sie sich präsentierten, und Fräulein Ottilia, die wegen eines früh dahin-
gegangenen Verlobten stets Trauerkleidung trug, allerdings
noch immer dekolletiert, hatte viele kleine Tücher abzule-
gen

»Ja«, rief Justizrat Schou und stieß die Tür auf,»nun können wir zu Tisch gehen. Die Papageien sind im Flur.«

Die beiden Fräulein Hauch kamen herein und begrüßten
Fräulein Sejer.

»Liebe Viktoria«, sagte Fräulein Minna, »man freut sich doch immer wieder, dich zu besuchen, so erschöpft man von der Saison auch ist.«

Und Fräulein Sejer erwiderte: »Ja, leider müßt ihr ein wenig beengt sitzen, da die liebe Emma auch in der Stadt ist.«

»Ach Liebste«, sagte Fräulein Ottilia, »das hebt doch nur die Stimmung.«

Man fing an, den Damen den Arm zu bieten, und Herr Schou schaute sich um und fragte: »Nun, ist meine Frau schon da?« Er führte Fräulein Lucie zu Tisch.

Sie betraten das Eßzimmer und bewunderten die Veilchen und die kleinen Lampen, dann wurde Platz genommen, und der Kellner reichte die Suppe.

»Ja, liebe Kinder«, sagte Fräulein Sejer, »ihr sitzt zwar eng, aber ich finde, es ist gemütlich – und so amüsant für die Jugend.«

Fräulein Lucie, die sofort den Kellner gemustert hatte, sagte zu Willy: »Nein, schon wieder so ein göttlicher Anblick. Gott weiß, wo die alte Hexe sie immer hernimmt.«

Willy, der vorsichtig den Madeira prüfte, sagte: »Das bleibt wohl ihr Geheimnis. Übrigens genießt ihre Zahlungsmoral einen ausgezeichneten Ruf.«

Justizrat Meyer, der zwischen den beiden Fräulein Hauch saß und erst nach rechts, dann nach links schnüffelte, sagte: »Ich störe die Damen doch hoffentlich nicht«, während Herr William Ask sich an Frau Bella Schou wandte: »Ja, es ist eng hier« – und die gnädige Frau antwortete mit einem Lächeln, das ihr zur Maske erstarrtes Gesicht verzerrte: »Ach, ich merke es gar nicht.«

»Das Unwesentliche bemerkt man nie«, sagte Herr Ask.

Frau Schou blickte auf.

»Was sehen Sie beispielsweise hier im Zimmer?« fragte sie.

»Einen Schwarm Vögel«, antwortete William.

»Eßt Kinder, eßt doch«, rief Fräulein Sejer über den Tisch und hob ihr Glas: »Und nun heißt euch die Alte willkommen.«

Sie schaute die Tafel entlang, hinunter zum anderen Tischende, an dem Frau Madderson, die ihren kanariengelben Schopf Assistent Sejer zugeneigt hatte, über ihre »Liedchen« erzählte: »Ach, das ist nichts Besonderes. Aber es macht dem Justizrat immer eine solche Freude … wenn er müde ist und es dunkel wird.«

Fräulein Sejer sagte zu Frau von Hahn: »Kleines, du kannst ruhig von den Tieren essen. Sie stammen aus dem Limfjord.«

Frau von Hahn, die aussah, als bliebe ihr jedes der Schalentiere in der Speiseröhre stecken, erwiderte: »Danke, Viktoria, ich weiß, daß du nicht sparsam bist.« Dann begann sie vollkommen unvermittelt, sich mit dem Etatrat über die Sterblichkeitsrate in der Stadt zu unterhalten: »Ich sage Ihnen, Etatrat, wir begegneten wirklich nicht weniger als sieben Leichenwagen, als wir hierherkamen, ich und Augusta. Es ist ein unheimlicher Anblick.«

Der Etatrat gab zu, daß die Sterblichkeit groß war.

»Und dann«, sagte Frau von Hahn, »heißt es ja, daß vor allem die Alten so plötzlich dahingerafft werden.«

Frau Lund sagte: »Ja, überall scheint es Krankheiten zu geben. Zu Hause hatte Lund fünf Beerdigungen in einer Woche. Für uns ist das natürlich nicht unerfreulich.«

Fräulein Sejer schob ungeduldig ihre Gläser hin und her und wollte unbedingt mit Willy anstoßen, doch nun fingen auch der Assistent Sejer und Fräulein von Hahn an, über Krankheiten, Todesfälle und Epidemien zu reden, so daß die menschliche Vergänglichkeit wie dichter Dunst über den Tellern stand.

»Prost, Willy, zum Wohl«, rief Fräulein Sejer über den Tisch und hob ihr Glas.

»Prost, Tante Viktoria«, sagte Willy, »ich glaub' ja trotz alledem, daß die Familie ihr Blut von dir hat.«

Fräulein Sejer lachte und schüttelte den Kopf.

»Das rote Blut, mein Junge«, sagte sie und ihre tränenden Augen leuchteten auf, während die Stimme in einem Hustenanfall unterging.

Fräulein von Hahn hatte neulich beim letzten Geleit einer Freundin mitgesungen. Es sei wirklich ausgesprochen stimmungsvoll und schön gewesen.

Frau von Hahn, die anerkennend die Hände des Kellners betrachtete, während er den Wein mit den Etiketten des Kammerrats ausschenkte, war dennoch der Ansicht, daß eine Trauerfeier in der Kirche weitaus feierlicher wäre – vorausgesetzt, man könne es sich leisten. In diesen Kapellen hing nun mal ein Geruch wie in Zimmern mit zu vielen Pflanzen.

»Sie kleckern«, sagte der Etatrat zu Fräulein Sejer, deren Hand gezittert hatte, als sie Willy zuprostete.

Das Fräulein sah zu dem Arzt auf.

»Trinken Sie, lieber Rat«, sagte sie, »es ist die pure Traube.«

Und sie schaute ihm unverwandt ins Gesicht, als der Etatrat den sauren Griechen schlucken mußte.

Die Flasche mit den Etiketten hatte nun die beiden Fräulein Hauch erreicht, die beim Anblick des vergilbten Papiers in Erinnerungen schwelgten.

»Wir waren ja wesentlich jünger«, sagte Fräulein Minna, »aber *das* war noch ein Haus, dort an der guten Ecke – ein wirklich altes Patrizierhaus.«

Fräulein Ottilia schob die Schultern aus ihrem Dekolleté und sagte: »Oh ja, wie ich mich aus der Schulzeit noch an den lieben alten Kammerrat erinnere, wenn er dienstags und samstags auf seiner Treppe stand und persönlich dabei zusah, wenn das Mädchen die Kugeln am Geländer putzte.«

»Ja«, sagte Fräulein Minna, »die alten Messingkugeln hatten so etwas Stimmungsvolles.«

»Und dann die Bälle«, fuhr Fräulein Minna fort, »es gab doch nichts Festlicheres als die Wachskerzen bei Kammerrats.«

»Um Gottes Willen«, sagte Fräulein Lucie zu Justizrat Schou, »jetzt gesteht Tante Mine, daß sie im Licht von Altarkerzen getanzt hat.«

»Das wäre bei weitem nicht das Schlimmste«, erwiderte der Justizrat, »zumindest ist die Dame älter als der Wein.«

Assistent Sejer erklärte: »Ja, das alte Haus hatte Stil.«

Während sie unter dem Tisch ein bißchen mit ihren alten Gliedern strampelte – man wußte nicht recht, ob diese Bewegungen Ausdruck einer aufgesparten Lebenslust oder eine Art Krampf waren –, gluckste Fräulein Sejer und sagte: »Ja, da gab es noch Tanzböden, auf denen man springen konnte.«

Über den Tisch hinweg sagte Frau von Hahn freundlich: »Ich seh' dich noch immer in dem Blaßroten, Viktoria.«

»Aber die Jahre gehen dahin«, führte Fräulein Minna den Gedanken fort.

»Aber das Anwesen ist zu früh verkauft worden«, erklärte Justizrat Meyer, »die Leute warten einfach nie auf die Konjunktur … Heutzutage hat man es immer eilig mit den Geschäften.«

»Nicht wahr«, entfuhr es plötzlich Frau Madderson, die in Gedanken noch immer beim Tanz war, »es gibt doch nichts Anmutigeres als einen Walzer.« Doch die beiden Fräulein Hauch hatten längst angefangen, über ein Grundstück zu reden, das sie an der Nørrebrogade besaßen.

»Ach richtig, das gehört ja Ihnen«, mischte sich Herr Meyer ein.

Er schien sehr bewegliche Ohrläppchen zu haben, denn sowie das Anwesen erwähnt wurde, spitzte er die Ohren wie ein Kaninchen.

»In der Tat, Schwester Ottilia und ich sprechen oft darüber, es zu verkaufen. Mit der Miete ist das ja so eine Sache in dieser Gegend. Außerdem tut es uns weh, wenn die Leute hinausgejagt werden. Aber Recht muß schließlich Recht bleiben. Auf der anderen Seite ist das Anwesen seit Ewigkeiten im Familienbesitz. Und nie hat man jemanden, der einem bei seinen Dispositionen behilflich sein kann.«

»Doch, es gibt durchaus kompetente Leute«, sagte Herr Meyer, »die ihre Aufgabe gerade darin sehen, bei solch zufälligen Angelegenheiten zu helfen. Bei reellen Verkäufen, die nicht aus dem Rahmen fallen.«

Wenn Herr Justizrat Meyer über den Stand und den Rahmen sprach, warf er Herrn Justizrat Schou rasch ein paar seltsam funkelnde Blicke zu.

»Ach Gott«, sagte Fräulein Ottilia, die spürte, wie Herr Meyer gleichsam um eine Haaresbreite näher heranrückte, »Ihnen, Herr Justizrat, kann eine Frau sich doch immer anvertrauen.«

Justizrat Schou, der über das ganze Gesicht glühte, was vermutlich weniger an Fräulein Sejers Wein lag, sondern eher an einer Reihe gewaltiger Tabletten, die er ständig aus seiner Westentasche holte und schluckte, fragte plötzlich quer über den Tisch: »Wo liegt denn das Grundstück?«

Ein wenig kleinlaut erläuterte Fräulein Minna die Lage.

»Das ist brillant«, sagte Herr Schou, »erst neulich war von einem Komplex in genau diesem Viertel die Rede. Mit Türmchen, Linoleum und WC. So wie es heutzutage erwartet wird.«

»Am besten ist es allerdings«, fuhr er fort, »wenn man außerdem noch Landluft zu bieten hat. So Richtung Hellerup, dann kommt gleich mehr Glanz in die Prospekte.«

»Ja«, sagte Fräulein Minna, »bei solchen Bauten wird heutzutage viel für die weniger Begüterten getan.«

»Der untere Mittelstand«, sagte Herr Schou, »das ist das

Programm. Es ist das kleine Geld, das wir aus den Sparstrümpfen holen müssen.«

Fräulein Sejer nickte vergnügt unter ihrer Perücke: »Ja, mein lieber Albert, du hast den Kopf des Kammerrats.«

»Hm, na klar, der Alte war natürlich auch so ein Schwindler«, sagte Willy leise zu Fräulein Emilie.

»Gott, Willy, wußtest du das denn nicht? Ihm gehörten doch die ganzen Häuser unten am Zulauf der Seen.«

»Ah ja«, antwortete Willy, »ich habe doch schon immer geahnt, daß wir aus einer Pfütze stammen.«

Fräulein Sejer, die noch immer stillvergnügt vor sich hin nickte, sagte zu Herrn Schou: »Aber ihr Jüngeren versteht es, Gott sei Dank, ja immer besser.«

»Nun ja«, sagte Herr Meyer brüsk, »die Bauerei gehört nun einmal nicht zu meinen Prinzipien. Ich halte überhaupt nichts von Leuten unseres Standes, die mit geliehenem Geld arbeiten. Meinen Prinzipien nach macht man sich die Finger nicht schmutzig. Aber man stammt ja auch aus einer älteren Generation.«

»Sehr richtig, Herr Justizrat«, sagte Frau Madderson über die Veilchen hinweg.

Herr Meyer beugte sich ein bißchen tiefer über Fräulein Ottilia und ihr mit Iris gepudertes Dekolleté und sagte ein wenig leiser: »Aber ich hatte bereits häufiger, ich darf wohl sagen, Damen unter meinen Klienten.«

»Ja«, antwortete Fräulein Ottilia, »das ist verständlich.«

»Letztlich ist es doch eine Frage des Vertrauens«, fügte Herr Meyer hinzu, dessen ganzer Körper sich auf einmal vor lauter Bescheidenheit zu winden schien. »Und außerdem muß man es verstehen, mit seinem Klientenkreis behutsam umzugehen.«

Kurz darauf begann er, sich mit den beiden Schwestern über Grundbucheintragungen zu unterhalten.

Frau von Hahn hatte das Thema gewechselt und sprach

nicht mehr von Beerdigungsfeiern in Kirchen oder Kapellen, sondern über Pastoren. »Ich liebe ja Stelberg … und vor allem seine kleinen Ermahnungen. Wenn er mit seinen milden Augen an der Kirchentür fragt, ob man nicht bald der Stärkung an Gottes Tisch bedürfe. Oh, dann fühlt man, daß er für jeden in der Gemeinde seine kleine Botschaft hat. – Und wen hören Sie?« fragte sie mit einemmal Frau Bella Schou.

»Ich gehe nie in die Kirche«, antwortete Frau Schou.

»Ah ja«, erwiderte Frau von Hahn, »Sie gehören wohl zu den Leuten mit einem besonders reinen Gewissen.«

William Ask beugte sich vor und fragte: »Gnädige Frau, glauben Sie wirklich, daß eine Kirchenbank ein Waschraum des Gewissens ist?«

Frau von Hahn antwortete nicht, und Frau Lund sagte lachend: »Der ein oder andere geht hin, um ein Beispiel zu geben.« Und Frau Madderson fügte hinzu: »Eine poetische Predigt ist schon etwas sehr Schönes.«

Fräulein von Hahn, die gerade vom Hasenrücken nahm und ziemlich häufig mit ihren Händen in die Nähe des Kellners geriet, da sie mit eng an den Körper gepreßten Ellenbogen aß, sagte: »Für mich liegt nun einmal viel Wahrheit in der Mission.«

Und Schou, der sich mit dem Assistenten unterhielt, ergänzte: »Nun ja, wie dem auch sei, auf jeden Fall ist eine Kirche ein spürbarer Gewinn für ein neues Viertel.«

Der Etatrat beantwortete eine Frage Frau von Hahns: »Ein Pastor kann an einem Krankenbett viel Gutes tun.«

Und unten, am anderen Tischende, erklärte der Assistent Sejer: »Ich bin überzeugt, daß der Staat auf die Kirche nicht verzichten kann. Hält sie doch zumindest alles *ein bißchen* im Zaum.«

Fräulein Sejer, die eine heimliche Furcht vor Pastoren hegte – oder vielleicht eher vor den allzu schwarzen und begräbnisartigen Talaren, in denen sie sich versteckten – wandte sich an Frau Lund: »Emma, mein Kind, wie lange muß Jakob noch in diesem Amt bleiben?«

»Zwanzig Jahre«, antwortete Frau Lund, »und bei diesem Bischof kommen wir wahrscheinlich nie dort weg.«

»Tja«, sagte Assistent Sejer, »in der Tat sind derzeit sämtliche öffentliche Stellenbesetzungen aus der Spur geraten. Es wird noch damit enden, daß man sich Beamte aus den Torfmooren holt und ein ganzes Ministerium übergeht. Die Zeiten sind vorbei, in denen Rücksicht auf fachliches Wissen und Anciennität genommen wurde.«

An der ganzen Tafel entspann sich nun eine Konversation über das Beamtenwesen.

Herr Meyer ließ die Augen über den Assistenten gleiten: »Die Rede ist sogar von regelrechten Entlassungen bei den Behörden.«

Beinahe gleichzeitig sagte Frau von Hahn: »Lieber Vetter, die Rechten oder die Linken, das bleibt sich doch alles gleich. Der arme Hahn saß dreiundzwanzig Jahre als Zollbeamter auf seiner Düne am Strand.«

Fräulein Sejers Gesicht strahlte, und dabei fuhr eine ihrer Hände auf dem Tisch herum, als knete sie einen Teig.

»Aber Liebes«, sagte sie zu Frau von Hahn, »du läßt dir ja den ganzen wunderbaren Kompott entgehen.«

Frau Lund rief dazwischen: »Tante Vik, du willst uns wohl mit all dem Kompott vergiften.«

»Ist doch heutzutage so leicht zu bekommen«, sagte Fräulein Sejer, »und den jungen Mäulchen schmeckt es doch immer wieder.«

Sie wandte sich wieder an Frau von Hahn und fügte unvermittelt hinzu: »Du, aber der gute Johan hatte ja nun auch überhaupt kein Examen.«

Es wurde weiter über Ämter und Posten gesprochen, bis Justizrat Schou, dessen Gedanken noch immer um Bauvorhaben kreisten, sagte: »Es läßt sich nicht ändern, Etatrat. Für gute Geschäfte sind Neubauten der bequemste Weg. Versteht man sich auf die Materialien, ist ein klarer Kopf immer mit sechs Prozent dabei. Und die Unterstützung der Presse gibt's für ein Mittagessen.«

Der Herr Justizrat Meyer sagte: »Tja, und das sind dann die Geschäfte, zu denen Wein gehört.«

»Aber sicher«, erwiderte Herr Schou, »als Nachlaßverwalter bekommt man ihn ja ohnehin – von den Erben.«

Herr Sejer, den weiterhin die staatliche Beamtenschaft beschäftigte, sagte aufgebracht zu Frau von Hahn: »Als Garant für eine gewisse Tauglichkeit sind Examen einfach notwendig.«

Frau von Hahn antwortete: »Ich bin mir nicht sicher, ob Bürostühle die notwendige Praxis liefern.«

»Jedenfalls ist Verstand eine Voraussetzung, um befördert zu werden«, erwiderte der Assistent umgehend.

»Die Ellenbogen reichen also nicht?« antwortete die gnädige Frau, deren Stimme ein wenig ins Krächzen geriet.

»So eine Regierungsmaschinerie« – und der Assistent verzog die Mundwinkel – »ist für Damen nicht ganz einfach zu durchschauen.«

Fräulein Sejer sagte so sanft, als wolle sie vermitteln: »Nun ja, in solch alten Bauten gibt es viele Ecken, mein Freund.«

»Und viele kleine Gratifikationen in den Schubfächern«, fügte Frau von Hahn hinzu, noch immer in demselben Ton.

»Das ist doch auch gut so, Therese«, sagte Fräulein Sejer mit unveränderter Stimme, »wir wollen doch alle leben.«

»Lieber Willy«, sagte Fräulein Lucie Meyer, die über die Nachlaßtätigkeit ihres Vaters sprach, »weißt du denn nicht, daß Emilie ein Prozent bekommt, wenn Vater der Testamentsvollstrecker ist.«

Dann drehte sie sich zu Frau Madderson um und fragte sie: »Und wieviel bekommen Sie?«

Frau Madderson antwortete lächelnd: »Das Fräulein Lucie ist immer so komisch.«

Justizrat Schou übertönte sie alle in einer Auseinandersetzung mit dem Etatrat, der behauptete, es könne nicht geleugnet werden, daß die Sterblichkeit in den neuen Wohnblocks hoch sei.

»Das widerlegen die Statistiken«, rief Herr Justizrat Schou, »Sie haben das doch auch nur aus den Zeitungen, die sich überall ungefragt einmischen.«

»Und dafür ein Mittagessen bekommen«, sagte Justizrat Meyer.

Frau Lund hatte bei ihrem längeren Bericht über den Bischof rote Wangen bekommen: »Und es ginge ja noch an, wenn wir nicht mit der Witwe seines Vorgängers dasäßen. Mein Gott, wie gern würde ich sie erwürgen.«

Mit lebhaften Augen saß Fräulein Sejer inmitten des Lärms. Mit ihren fest zusammengepreßten Lippen glich sie in ihrem Kaschmirtuch einer alten Sibylle.

»Ach«, sagte sie, »ist das schön, mitten in so viel Leben zu sitzen.«

Ihre unruhigen Finger fuhren über die Tischdecke, als würde sie Runen in den Damast ritzen.

Frau Bella Schou unterhielt sich mit William Ask, dessen höflich-besorgter Gesichtsausdruck sich nicht verändert hatte: »Ja, mein Zimmerchen ist hübsch. Man hat doch gern einen Ort im Haus, der so ein bißchen der eigene ist. Ich zumindest verspüre hin und wieder das Bedürfnis nach einem Zimmer, in dem es kein Telephon gibt.«

William Ask erwiderte: »Andere können ohne dieses Glockenspiel ja überhaupt nicht mehr leben.« Frau Bella lächelte ein ganz klein wenig. »Das ist wahr«, sagte sie. »Aber es ist und bleibt störend, wenn man liest.«

»Ja, ich weiß«, sagte William, »daß sie eine der wenigen Buchkäuferinnen hierzulande sind.«

Frau Bella verzog keine Miene.

»Die Toten sind der Toten Gesellschaft«, sagte sie. Und vielleicht, um sich selbst ins Wort zu fallen, fügte sie hinzu: »Wieso stehen eigentlich die hübschen Schalen mit den Silberfüßen nicht auf dem Tisch?«

Frau von Hahn hatte die Frage gehört, und ihre Augen überflogen hastig die Tafel.

»Aber Viktoria«, sagte sie, »du hast ja neue Schalen gekauft.«

Fräulein Sejer lachte: »Ja, die alten Prachtstücke hebe ich auf. Zu meiner Zeit soll nichts mehr kaputtgehen, mein Kind.«

Fräulein Holm, die von Willy unterhalten wurde, dessen graublaue Augen mehr sagten als sein Mund, schaute plötzlich auf.

»Was sehen Sie sich an, mein Fräulein?« fragte Willy.

»Ihre Tante«, antwortete Fräulein Holm.

»Ich glaube ja inzwischen auch«, sagte Willy, »daß die Alte auflebt, wenn die Familie sich streitet.«

Fräulein Lucie Meyer sprach über Literatur und Schriftstellerinnen: »Ich finde, sie sind mutiger als die Männer.«

Willy, dessen weiche Lippen sich kräuselten, warf Lucie einen Blick zu.

»Was meinst du denn mit mutig?« fragte er.

»Ach, du bist unmöglich«, und ohne jeden Grund fügte sie noch hinzu: »Willy ist der Ansicht, daß es reicht, hübsch zu sein.«

»Nein«, sagte der Vetter, »ich bin leider der Meinung, daß es reicht, gut angezogen zu sein.«

Frau Madderson lachte und sagte: »Mir ist diese Frauenliteratur ja nicht recht geheuer.«

»Wieso, gnädige Frau?« fragte Willy.

»Ach Gott, Herr Willy«, entgegnete Frau Madderson,

»man ist seiner kleinen, diskreten Heimlichkeiten einfach nicht mehr sicher.«

Es wurde weiter über Literatur gesprochen, bis Willy von seinem Gegenüber, Herrn Ask, wissen wollte: »Haben Sie jemals eine Frau gesehen?«

»Durchaus«, und William lächelte, »vereinzelte.«

»Ich noch nie«, sagte Willy.

Das Gespräch über Literatur weitete sich aus, nun sprach man über das Theater.

Frau von Hahn äußerte, daß man sich bald an keinem Ort mehr sicher fühlen könne: »Selbst ins Königliche Theater schicke ich Augusta nie, außer zu Heiberg und den Ballettaufführungen.«

»Ja«, sagte Fräulein Ottilia, »Bournonville ist doch unvergänglich. Es gibt nichts Schöneres als ›Die Hochzeit‹.«

Fräulein Ottilia hatte ihre Stimme gesenkt: »Die Hochzeit von Hardanger« war eine gemeinsame Erinnerung mit dem Verblichenen.

Assistent Sejer war der Auffassung, daß vor allem in den Veröffentlichungen männlicher Autoren keinerlei Rücksicht mehr genommen würde: »Man weiß ja bald nicht mehr, ob überhaupt noch irgendeine sittliche Forderung erhoben werden darf.«

Justizrat Schou indessen spitzte die Lippen und sagte: »Literatur ist was für meine Frau. Aber ich muß die Rechnungen zahlen.«

Der Etatrat prostete Frau Bella zu: »Vielleicht hat die moderne Literatur ja auch ihren Nutzen. Nur habe ich – als Arzt – manchmal den Eindruck, als würden die Menschen darin wie in Halluzinationen gesehen.«

Der Kellner trug die Teller für das Eis auf, und Frau von Hahn flüsterte ihrer Tochter sofort zu: »Augusta, das sind auch nicht mehr die chinesischen.«

Fräulein von Hahn hörte es nicht. Dem servierenden Kellner fiel es ein wenig schwer, sich von ihren stramm zurückgezogenen Schultern zu lösen.

Auch Fräulein Minna Hauch, die gerade erklärte hatte, daß man doch nie wieder einen Tänzer wie Scharff bekäme, beteiligte sich nun an der Literaturdebatte und meinte: »Sogar diesen J. P. Jacobsen findet man jetzt in vielen Familien – zur Konfirmation.«

»Ja«, sagte Fräulein Ottilia, »wir haben ihn auch verschenkt. Als Geschenk sind es zwei durchaus geeignete Bände.«

Justizrat Meyer beugte sich hinüber zu Herrn Ask.

»Es ist ja schon eine etwas heikle Angelegenheit«, sagte er, »in Anwesenheit eines geehrten Schriftstellers über Bücher zu sprechen.«

William schob die Lippen ein wenig vor: »Herr Justizrat, ich bringe meine Bücher niemals zu einer Gesellschaft mit.«

»Ach, Herr Ask«, sagte Frau Madderson, »gerade erst habe ich dem Herrn Justizrat eines Ihrer Bücher vorgelesen. Wir lesen doch immer von acht bis zehn.«

Herr Sejer hatte eigentlich angenommen, daß in den Familien aus guten Gründen nicht mehr vorgelesen würde: »Schließlich kann man ja wohl kaum so gut wie jede zweite Seite überspringen.«

Frau Lund indes rief: »Das ist mir egal. Es gibt nichts, worauf ich mich mehr freue als auf die Bücher aus dem Lesezirkel. Kinder, in einem Pastorenhaushalt hat man wirklich das Bedürfnis nach allem möglichen, zumal wenn die Gemeinde mit den Lobpreisungen beginnt.«

Und sie begann, ausführlich von einem sehr unsittlichen Roman zu erzählen.

Fräulein Sejer schüttelte den Kopf und setzte ihre Hand als Hörrohr ein.

»Herrgott, Tante Vik«, sagte Fräulein Lucie, »man weiß

doch, daß in den Büchern nun einmal jeder Mann drei Frauen hat.«

»Was hat Lucie gerade gesagt?« fragte Fräulein Sejer und lehnte sich über den Tisch.

»Oder jede Frau drei Männer, Tante«, rief Fräulein Lucie.

Fräulein Sejer lachte, daß es im ganzen Zimmer zu hören war.

»Kluges Kind«, sagte sie, »ja, Herr Etatrat, das ist die Sorte von Mädchen, die im Walzertakt durch die Welt kommen.«

Das Lächeln einer Siebzehnjährigen zeigte sich auf Fräulein von Hahns zweiunddreißigjährigem Gesicht: »Wenn man es nicht besser wüßte, süße Tante Viktoria, könnte man es tatsächlich für möglich halten, daß du uns alle verderben willst.«

»Dich nicht, kleine Augusta«, antwortete Tante Viktoria und nickte ihr zu.

Justizrat Meyer hatte einen feuerroten Kopf bekommen: »Nun ja, zu Hause lernen meine Töchter so etwas jedenfalls nicht.«

Justizrat Schou lachte laut: »Du bist nicht dabei, wenn vorgelesen wird, Lucie?«

»Nein«, erwiderte Lucie, »ich lese im Bett.«

»Ich lese ja nur Bücher aus Budapest«, sagte Willy.

Umgehend nahm Herr Sejer die Bemerkung über Budapest zum Anlaß, über Reisen, Rundreisen und Badereisen zu sprechen; nur Frau Madderson entfuhr es bei der Erwähnung der Bücher aus Budapest: »Die sind auch illustriert.« Worauf man Fräulein Sejer rufen hörte: »Und in welcher Sprache sind sie geschrieben?«

Frau von Hahn, die der Reisekonversation zuneigte, meinte, Franzensbad wäre wirklich entzückend, und Fräulein Ottilia Hauch sagte – und lief tiefrot an, nachdem sie es gesagt hatte: »Allerdings, ich bin ja jeden Sommer dorthin gefahren, als *er* noch lebte.«

Der Kellner hatte das Eis aufgetragen. Es kam in Gestalt

einer gewaltigen Henne, unter deren ausgebreiteten Flügeln Küken Schutz suchten.

Ein Ruf der Bewunderung war zu hören.

»Nein so etwas, es ist gesprenkelt«, sagte Fräulein Minna.

»Ja, tatsächlich, ist das nicht Parfait«, meldete sich Herr Schou.

»Man sieht ja jede Feder«, sagte Frau Madderson, die das erste »e« in Feder besonders deutlich aussprach.

Am lautesten lachte allerdings Frau Lund:»Tante Vik, Tante Vik, ach, ich schmecke es bereits auf der Zunge, mir läuft das Wasser im Munde zusammen.«

Und Frau von Hahn, die den Anfang machen sollte, ging mit ihrem Löffel so hastig zu Werk, daß sie den ganzen Flügel in einem Stück abbrach.

Plötzlich erhob sich Herr Justizrat Meyer und klopfte gegen sein Glas.

»Jetzt spricht der Testamentsvollstrecker«, flüsterte Schou halblaut, während in Fräulein Sejers Gesicht plötzlich Leben kam und ihre Augen Freund Meyer beinahe stählern entgegenleuchteten.

Herr Meyer, dem man, so wie er dastand, ansah, daß ein runder Rücken in der Familie lag, sagte, er wisse am besten, daß Tante Viktoria nichts von Reden hielte und »schon gar nichts von solchen ihr zu Ehren«.

»Aber wenn man eine Idee hat«, fuhr Herr Meyer fort, »dann ist man nun einmal … einmal ihr … Sklave. Im übrigen ist meine Rede gar keine Rede. Ich will lediglich« – und der Justizrat wies mit seiner leicht gekrümmten rechten Hand auf das Eis – »auf dieses Bild zeigen und ihr alle werdet mich verstehen. Danke, Tante Viktoria.«

Einen Moment blieb Herr Meyer gebückt stehen, ein wenig gerührt über dieses Bild und seinen Gedanken, während Frau Lund und Frau Madderson zu Fräulein Sejer liefen, die in die Runde nickte.

»Ja, danke, danke«, sagte sie jedem, der mit ihr anstieß, »die alte Tante behütet euch doch, wo sie kann.«

»Der Herr Justizrat ist ja immer so symbolisch«, sagte Frau Madderson.

Sie prosteten sich zu und stießen mit den Gläsern an. Willy und die Mädchen klopften mit ihren Löffeln im Takt auf die Teller, nur Frau von Hahn flüsterte dem Assistenten knurrend zu: »Wieso hast du nicht gesprochen? Warum muß es immer Meyer sein?«

Als alle wieder an ihren Plätzen saßen, sah Fräulein Sejer sie der Reihe nach an.

»Ja, meine Lieben«, sagte sie dann, »und nun schlachtet ihr die Henne.«

Sie winkte Fräulein Holm zu sich, die leise einen Bescheid entgegennahm.

Das Huhn war bei Frau Lund angekommen, die kräftig darauf einhackte.

»Oh nein«, rief sie, »es bricht auseinander.«

»Ach, der schöne Anblick«, sagte Frau Madderson, »schade, daß er zerstört werden muß.«

Frau Lund, die sich der halben Brust bemächtigt hatte, sagte: »Mein Gott, was sollte ich denn machen. Das Tier ist ja hohl.«

»Ja«, sagte Fräulein Sejer, deren Augen noch immer über den Tisch schweiften wie die eines Insekts, »innen drin ist nichts. Aufgegessen ist aufgegessen.«

»Ja«, sagte Frau von Hahn.

Die Haushaltshilfe Madame Jensen, die über den zahlreichen Lagen ihrer Röcke eine riesige weiße Vorschürze mit Einsatz trug, kam mit drei Champagner-Kühlern herein, aus denen silberne Flaschenhälse leuchteten.

Die jungen Leute applaudierten, und es entwickelte sich ein regelrechter Tumult. Das Gesicht von Herrn Meyer nahm den starren Ausdruck einer Maske an, und Frau Madderson, die gerade noch fröhlich gelächelt und mit den Jugendlichen geklatscht hatte, erstarrte plötzlich ebenfalls und setzte denselben Gesichtsausdruck auf wie der Herr Justizrat.

Frau von Hahn war aschfahl geworden.

»Das ist ja ein Gelage«, sagte sie und konnte ein Zittern ihrer Stimme nicht ganz unterdrücken, »man sollte fast meinen, Viktoria, es wäre ein Leichenschmaus.«

»Findest du, liebe Therese«, erwiderte Fräulein Sejer.

Assistent Sejer trommelte mit allen zehn Fingern auf den Tisch, als Frau Lund sagte: »Oh, nichts ist so erfrischend wie Champagner. Allerdings gab es ihn bei uns nur zur Taufe von Nummer eins.«

Fräulein Lucie sagte halblaut: »Ach, was soll's, wenn es uns bloß gutgeht, solange sie lebt.«

Fräulein Sejer saß plötzlich ganz ruhig da. Den Kopf hatte sie vorgestreckt – als könnte sie so einen nach dem anderen besser ins Gesicht sehen –, und mit ihren weit von sich gestreckten zehn Fingern, die auf dem Tisch ruhten, glich sie einer große Spinne, die ihr Netz spann.

»Champagner verträgt es nun mal nicht, wenn man ihn zu lange liegen läßt«, sagte sie.

Herr Schou, den der Kellner jetzt erreicht hatte, fragte gedämpft: »Was ist es denn für eine Marke?«

»Mumm, Herr Justizrat«, antwortete der Kellner.

»Ja, ich glaub', sie ist verrückt geworden«, sagte Herr Schou.

»Das kitzelt im Mund«, sagte Fräulein Lucie, als sie probiert hatte.

»Wie denn?« fragte Herr Schou.

»Puh, das wissen Sie doch genau.«

Das erste Knallbonbon sprühte über den Tisch. Willy hatte mit Frau Madderson geknallt. Der Zettel mit dem Spruch fiel auf das Tischtuch, und die jungen Leute balgten sich darum, ihn laut vorzulesen.

»Laßt Willy«, rief Fräulein Sejer, »er liest so deutlich.«

»Ja, laßt Willy lesen«, schrie Fräulein Emilie, »das einzige, was er kann, ist ein bißchen Französisch.«

Aber Fräulein Lucie knallte bereits mit Herrn Schou.

»Pfui, wie widerlich«, sagte sie, als Herr Willy Frau Maddersons Spruch laut vorlas, es war der Refrain eines Liedes vom Montmartre, der Pferdeknechte zum Erröten hätte bringen können – doch alle lachten.

»Augusta«, sagte Frau von Hahn. Aber Fräulein von Hahn knallte bereits mit dem Assistenten.

»Hör mal, Willy«, schrie Frau Lund und schwang ein Knallbonbon über ihrem Kopf, »ich sammele sie heute abend für die Lehrerin.«

Und Herr Willy, der daraufhin erst mit Frau Lund und dann mit Frau Madderson knallte, las weiter vor, Vers um Vers, unter allgemeinem Gelächter und Geklatsche.

»Au, Herr Willy, jetzt habe ich mir die Finger verbrannt«, schmachtete Frau Madderson und fuhr mit den Fingern kokett durch die Luft.

Willy las unermüdlich vor: »*Encore un baiser qui ne tire à rien* ...«, aber plötzlich brach er ab. »Der ist einfach zu schlimm«, sagte er, und es schien, als funkelten seine roten Lippen vor Vergnügen.

»Was sagt er?« zischte Fräulein Sejer, deren Kaschmirtuch heruntergerutscht war; mit ihren ausgestreckten Fingern sah sie aus wie eine alte Hexe, die sich nah am Feuer wärmt.

»Her damit«, sagte Fräulein Lucie und schnappte sich von Willy den Vers, um ihn, purpurrot, gemeinsam mit Herrn Schou zu lesen, dessen Schnurrbart ihre Wange streichelte – wie der Bart eines Sergeanten seine Tanzpartnerin während eines langsamen Walzers in einem Tanzlokal.

Man konnte sein eigenes Wort nicht mehr verstehen, als es abermals knallte, und die Jungen auf ihren Stühlen zurückgelehnt und lachend laut vorlasen – und alle durcheinander.

»Nein«, rief Willy und sprang auf, »das Vorlesen ist meine Sache«. Und er übertönte alle anderen: »*Amour, amour, oh, chose difficile …*«

»Her damit«, sagte Frau Lund, »ich sammele sie.«

»Man versteht ja überhaupt nichts«, rief Fräulein Sejer, die unruhig auf ihrem Eichenholzstuhl hin und her rutschte.

»Herr Willy, um Himmelswillen«, ließ sich Frau Madderson hören, während Fräulein Ottilia in jugendlichem Überschwang beinahe aus ihrem Dekolleté zu kriechen schien.

»*Amour, amour, oh chose difficile …*«

»Sollten wir nicht bald die Tafel aufheben«, fragte Frau von Hahn, die auf ihrer Düne keine französischen Konditorverse gewohnt war.

»Sie haben ja wirklich großartige Einfälle«, sagte der Assistent und knallte zum dritten Mal mit Fräulein Emilie, die ihm doch von beeindruckender Solidität schien, wenn er, die Zukunft vor Augen, die Liste seiner weiblichen Bekanntschaften durchging.

Drüben bei Herr Schou lachte Fräulein Lucie, bis nur noch ein Glucksen kam. Dänische Ausrufe vermischten sich mit französischen Versen. Über den Tisch hinweg zeigte Frau Madderson Herrn Justizrat den armen verbrannten Finger, während Frau Lund sich beinahe mit Willy prügelte, der auf einen Stuhl gesprungen war.

»Wünschen das gnädige Fräulein noch eines?« wurde Fräulein von Hahn vom Kellner gefragt, der noch immer die Schale mit den Knallbonbons anbot.

»Wie gut sie sich amüsieren«, sagte Fräulein Sejer, deren Augen aufgehört hatten zu tränen, »ach, lieber Etatrat, lachen ist ja so gesund.«

Fräulein Lucie lag Herrn Schou beinahe ganz in den Armen, als Fräulein Minna zu Herrn Justizrat Meyer sagte: »Ist es nicht schön, wenn die Jugend sich noch im Kreis der Familie vergnügen kann.«

»Sie möchten kein Knallbonbon?« fragte Herr William Ask Frau Bella.

Und als sie den Kopf schüttelte, sagte William: »Die Macht des Geldes, Frau Schou, ist nichts gegen die Macht des Lebens.«

»Nein«, antwortete Frau Schou leise, »es gibt andere Gebiete, auf denen man sich noch mehr verirren kann.«

Plötzlich sprang Willy von seinem Stuhl.

»Und nun Sie, Fräulein Holm«, rief er der Gesellschafterin zu und streckte ihr ein Knallbonbon hin, wobei seine leuchtenden Augen ihren Blick suchten.

»Danke, Herr Willy«, antwortete sie, »aber ich spreche viel zu wenig Französisch.«

»Meine Liebe«, rief Fräulein Sejer, »Sie werden sich schon nicht die Finger verbrennen.«

»Aber ein gebranntes Kind scheut das Feuer«, flüsterte Fräulein Lucie.

»Wir beide«, sagte sie und reichte Willy ein Knallbonbon. *Amour, amour, oh, bel oiseau …*

Es gab keine weiteren Bonbons. Der Etatrat hatte das letzte bekommen, es war leer.

»Auch ein Konditor weiß«, sagte er, »daß bei den Alten die Verse vergebens sind.«

Einen Moment lang herrschte Ruhe, dann wurden die Fingerschalen gebracht, und die Gesellschaft tauchte die Fingerspitzen hinein.

»Ja, dann wünscht euch die Alte eine gesegnete Mahlzeit«, sagte Fräulein Sejer und erhob sich am Arm des Etatrats.

»Ich bin ja der Ansicht, daß so etwas verboten werden sollte«, sagte Frau von Hahn, als sie an dem Assistenten vorbeiging.

Herr Willy war noch einen Augenblick im Eßzimmer geblieben, die Händen in den Hosentaschen betrachtete er mit leuchtenden Augen das Schlachtfeld.

»Tja, Lauritzen«, sagte er zu dem Lohnkellner, »es gibt ja eine Menge Arten von Nachtcafés, aber auch das Familienleben entwickelt sich.«

Er blieb noch einen Moment stehen: »Haben Sie keine Stelle?«

»Nein, im Augenblick nicht «, antwortete der Kellner, der seine Nägel mit einer Serviette polierte.

»Na«, sagte Herr Willy und drehte sich um, »Sie werden auch so zurechtkommen.«

»Man hat sich ja ein bißchen zurückgelegt«, entgegnete der Kellner mit seinem vollkommen unbewegten Gesicht.

Mitten im Wohnzimmer zählte Frau Lund die Zettel mit den Sentenzen.

»Siebzehn habe ich, siebzehn«, verkündete sie.

Reihum bedankten sich alle für das Essen und die Gesellschaft, und Frau Madderson flüsterte Frau Lund zu: »Ich darf sie doch nachher einmal in Ruhe lesen, wenn die anderen beim Kaffee sind?«

»Gesegnete Mahlzeit«, sagte Justizrat Schou und küßte Frau Bella auf die Wange, wobei er sie aber nur flüchtig streifte.

Als der Kellner den Kaffee servierte, erzählte Justizrat Meyer von einem Scheidungsfall.

»Man weiß bisweilen nicht mehr, ob die Menschen überhaupt noch ein Gewissen haben«, sagte er, »in diesem Fall gibt es fünf Kinder.«

Der Fall, der durchaus bekannt war, wurde zum allgemeinen Gesprächsthema, und der Etatrat sagte: »Ja, Scheidungen gehören beinahe schon zu den Sakramenten unserer Gesellschaft.«

»Ach was«, meinte Fräulein Lucie, »ich wüßte doch auch nicht, weshalb man sonst heiraten sollte.«

Doch Herr Meyer, der dem Assistenten unverwandt ins Gesicht sah, fragte: »Nur, woher kommt diese allgemeine

Sittenlosigkeit? Es ist doch offensichtlich, daß hier die Ursache für die Zerrüttung der Familien liegt.«

Der Assistent zuckte mit den Achseln: »Die Prinzipien sind tot, Justizrat.«

Fräulein Sejer, die mit ihrer Kaffeetasse dasaß, als läse sie im Satz, sagte: »Na, na, Kinderchen, ich jedenfalls freue mich darüber, daß die Menschen immer größere Freiheiten genießen.«

»Aber wieso, gnädiges Fräulein?« schaltete sich Herr Ask plötzlich in die Unterhaltung ein.

Fräulein Sejer, die William mit zwinkernden Augen von oben bis unten ansah, erwiderte: »Mein Lieber, man sollte nie mit einem Schriftsteller plaudern.«

»Aber«, fügte sie hinzu, »ich freue mich über den Fortschritt heute. Als ich jung war, da hatte man im Tivoli — ja, mein Lieber, so war das damals — eine Art Sackhüpfen. Ein paar Jungen rannten mit Säcken über ihren Köpfen um die Wette. Damals war man noch kindlicher. Aber es war lustig, ihnen beim Toben zuzusehen.«

»Bestimmt gibt es das immer noch«, sagte William.

Fräulein Sejer lächelte: »Mag sein, ich weiß es nicht. Ich sitze ja nur noch im Konzertsaal, wo es im übrigen auch schön ist.«

»Aber trinkt doch, liebe Kinder«, fuhr sie dann fort und zeigte auf die zahlreichen Likörflaschen.

Justizrat Schou näherte sich dem Kellner, der die Gläser einschenkte und fragte gedämpft: »Was ist das für ein Zeug, Lauritzen?«

»Der Herr Justizrat wird sich wohl an das Etikett halten müssen«, sagte der Kellner mit einer Verbeugung.

»Wir Alten begeben uns nun zu den Karten«, erklärte Fräulein Sejer, »Fräulein Holm, würden Sie die Tische richten?«

Wortlos ging Fräulein Holm durch die Zimmer und begann, die Tische vorzubereiten.

»Was will Tante Vik bloß mit dieser blassen, irritierenden Person?« fragte Frau Lund, als Fräulein Holm an ihr vorbeigegangen war.

»Liebes«, antwortete Fräulein Emilie, »es ist doch immer nett, wenn jemand wie sie einen Klotz am Bein hat. Du weißt doch, daß ihr Kleiner in Lyngby herumkrabbelt.«

»Ach, die Arme«, sagte Frau Lund, »wenn man sich das vorstellt: obendrein auch noch Kinder, ohne verheiratet zu sein.«

»Die außerehelichen Geburten gehen auch zurück«, sagte Herr Willy, der dazugetreten war.

Frau Lund lachte: »Ist das etwa eine Folge deiner Tugend, Willy?«

»Es wird jedenfalls nicht anders, wenn ich heirate«, entgegnete Herr Willy und drehte auf dem Absatz um.

»Also wirklich«, sagte Frau Lund, »eigentlich sollte Willy gar nicht im Kreise der Familie geduldet werden.«

»Ach«, rief Lucie dazwischen, »andere Leute sind doch auch nicht besser. Du ahnst ja nicht, was man so alles auf einem Ball hört.«

»Und *sagt*«, rief Willy ihr aus der Ecke zu, in der er an einem Tisch lehnte und seine Beine ausstreckte.

»Augusta«, sagte Frau von Hahn, die ihre Tochter hinter einen Schrank zog, »ich sage dir, es ist, wie ich es vorhergesagt habe. Offenbar verkauft sie ihre Sachen. Warum sollten die Schalen wohl sonst nicht auf den Tisch. Aber wenn du ein bißchen herumgehst, könntest du mal einen Blick in den Porzellanschrank werfen, damit wir einen Beweis haben. Ich spreche auf jeden Fall mit dem Etatrat, wenn sie zum Kartenspielen gegangen ist. Es ist ein Unglück, daß es keinen Zusammenhalt in der Familie gibt.«

Fräulein von Hahn dachte einen Augenblick nach: »Mama, du solltest zunächst mit Vetter Schou reden.«

»Wieso?«

»Eigentlich müßte er doch zu ihrem Vormund ernannt werden«, sagte Fräulein Augusta.

»Kind, das ist brillant«, erwiderte die gnädige Frau, »wie kommst du nur immer auf solche Gedanken.«

»Dazu wird man wohl erzogen, Mama«, antwortete die Tochter, »wenn man nie etwas anderes besessen hat als Lumpen.«

Mutter und Tochter trennten sich.

Fräulein Augusta ging ins Eßzimmer, wo Madame Jensen am Büffet mit einem Suppenlöffel die Creme von den Eistellern leckte und Fräulein Holm die gebrannten Mandeln aus den Knallbonbons einsammelte, die noch überall auf dem Tisch lagen – als Fräulein von Hahn hereinkam, hörte sie umgehend damit auf.

Fräulein Augusta hatte wirklich vermutet, daß sie ihre Handschuhe hier vergessen hätte und begann, den Tisch zu umkreisen, als suche sie eine Stecknadel.

Madame Jensen drehte sich nicht um, und Fräulein Holm war gegangen.

Fräulein von Hahn hatte den großen Schrank erreicht.

»Oh«, sagte sie, »diese hinreißenden alten Schlösser. Sie wären wunderhübsch an einem Frisiertisch.«

Sie ließ ihre Finger über die alten Schlösser und Schlüssel gleiten.

Im Salon setzten sich die beiden Fräulein Hauch, Frau Madderson und Fräulein Sejer an einen der Kartentische.

»Ach, es ist so gemütlich«, sagte Fräulein Sejer und schüttelte behaglich den verwachsenen Rücken, »so richtig gemütlich mit den Karten. Geht es euch nicht auch so, ihr Lieben, sobald man dasitzt und anfängt zu mischen.«

Der andere Spieltisch war noch nicht besetzt.

»Wollen Sie spielen, Etatrat«, fragte Frau von Hahn an der Tür des Wohnzimmers, denn sie hatte sich doch entschieden, zunächst mit dem Arzt zu reden, »ich hätte Sie sonst gern gesprochen – nur auf ein Wort.«

»Nun ja, eigentlich hatte ich mir schon gedacht zu spielen«, antwortete der Etatrat.

»Es sollte auch nicht lange dauern«, sagte Frau von Hahn. Sie trat aus der Tür, und beide gingen ins Wohnzimmer, wo Frau von Hahn den Etatrat bat, auf einem Sofa Platz zu nehmen.

»Mein Gott«, sagte Frau Lund, »haben sie schon angefangen zu spielen? Dann muß ich rein und mir Tante Viks Gewinn sichern.«

Und Frau Lund ging, gefolgt von Willy.

»Lieber Etatrat«, sagte Frau von Hahn, »es tut mir ja so leid. Aber Vetter Sejer und ich machen uns inzwischen wirklich Sorgen um Viktorias Befinden – so wie es um sie steht.«

»Wie meinen Sie das, gnädige Frau?« fragte der Etatrat und schaute sie an.

Frau von Hahn machte eine unwillkürliche Bewegung mit dem Kopf, beinahe wie ein Jockey, der zum Sprung ansetzt.

»Lieber Etatrat«, sagte sie und rief plötzlich ihren Vetter: »Vetter Sejer, komm mal her.« Dann wandte sie sich wieder dem Etatrat zu: »Das ist doch nicht normal, bester Etatrat.«

»Nein«, unterstützte sie der Assistent, »und ich darf wohl sagen, daß wir alle unter diesem Anblick leiden. Ganz abgesehen von dem unverhältnismäßigen Umgang mit den finanziellen Mitteln.«

»Augusta, meine Liebe«, bat Frau von Hahn ihre Tochter, die eben hereinkam, »zieh doch die Portiere ein wenig vor.«

Fräulein von Hahn flüsterte ihrer Mutter rasch zu: »Mama, sie sind nicht da. Weder die Schalen noch das Chinesische.«

»Was habe ich gesagt?« sagte Frau von Hahn.

Der Etatrat, der Frau von Hahn noch immer betrachtete,

fragte:»Aber, gnädige Frau, wie äußert sich denn ihrer Ansicht nach das Abnorme bei Fräulein Sejer?«

»Das Abnorme«, sagte die gnädige Frau, deren Gesicht aschfahl geworden war, »das Abnorme? Wir sollten uns jetzt wirklich mit Meyer beraten. Er kennt die Gesetzeslage.«

Herr Justizrat Meyer kam dazu, gefolgt von seiner Tochter, Fräulein Emilie, die auf einer Sofakante Platz nahm.

»Lieber Meyer«, sagte Frau von Hahn, »wir sitzen hier zusammen und sprechen über die arme Viktoria. Sie sind sicherlich wie ich der Ansicht, daß es ihr in einer Anstalt sehr viel bessergehen würde.«

Justizrat Meyer rieb sich unablässig die Hände.

»Tja«, sagte er, »Herr Etatrat, es gibt leider Anzeichen … Aber es müßte wohl eher eine Klinik sein.«

»Bester Meyer«, unterbrach ihn die gnädige Frau, »Kliniken bieten keinerlei Sicherheit. Und Viktoria ist nicht mehr Herr ihrer selbst.«

»Aber«, fragte der Etatrat noch einmal, »wie äußert es sich denn? Es müssen sich doch Symptome zeigen …«

»Symptome«, entfuhr es Fräulein Emilie, die auf ihrer Sofakante ganz den väterlichen Gesichtsausdruck übernommen hatte, »Symptome gibt es doch wahrlich genug.«

»Aber darüber werden wir uns doch nicht in Viktorias eigenem Haus auslassen«, sagte Frau von Hahn.

»Am besten wäre eine Klinik«, sagte Herr Meyer, »so würde der Schein gewahrt. Und von einer Entmündigung durch die Familie kann nicht die Rede sein.«

»Wieso?« fragte Frau von Hahn.

»Tante Therese, wollen wir etwa einen Skandal in der Familie?« antwortete Fräulein Emilie, die eilig den Kurs geändert hatte und nun ihrem Erzeuger folgte.

Der Etatrat lehnte sich mit einem Gesichtsausdruck zurück, als gäbe er sich seiner Lieblingsbeschäftigung hin, der Röntgenphotographie.

»Ah ja«, sagte er und lächelte ganz leise, »aber war denn nicht Entmündigung die ursprüngliche Absicht?«

»Herr Etatrat«, sagte Herr Meyer, »so etwas tut man nicht in einer Familie, die Ansehen genießt und – auf der im übrigen die Augen der Öffentlichkeit ruhen.«

»Und vor allem«, sagte Frau von Hahn zu Herrn Meyer, »würde Schou ja Vormund werden, da er ihr am nächsten steht ... möglicherweise könnte dadurch das ›Vertrauensverhältnis‹ geschwächt werden.«

Justizrat Meyer wurde blaß, als der Assistent sagte: »Nun ja, meine Herren, so kann es jedenfalls nicht weitergehen. Allein der Familie wegen. Würden Sie mir verraten, Meyer, wovon sie eigentlich lebt? Sie muß doch auf das Kapital zurückgreifen.«

Herr Meyer sagte: »Als Vollstrecker ...«

»Ich glaube nicht«, sagte Frau von Hahn bebend, »daß geistig nicht Zurechnungsfähige sich einen gesetzlichen Vermögensverwalter aussuchen können ...«

»Wollen Sie mir verraten, was Sie damit meinen«, stieß Herr Meyer halblaut aus.

»Das, was ich sage«, antwortete die gnädige Frau und sah ihm direkt in sein Vogelgesicht.

Sie hielt einen Augenblick inne und änderte dann den Ton: »Ich war immer der Ansicht, daß der gerade und offene Weg der beste ist. Anstalt und Vormundschaft *sind* eine Notwendigkeit ... *ich* weiß, was ich sage.«

»Schou«, rief sie.

Justizrat Schou hörte es nicht. Er hielt Herrn William Ask in eine Ecke fest und sprach über die Konzession für eine Eisenbahn auf Amager. Einer seiner Freunde hatte sie beantragt.

»Das hat man doch wohl zu respektieren«, sagte Herr Schou, der zwar schon einen leicht stieren Blick, aber durchaus noch keine schwere Zunge hatte: »Er hat das Geld bar auf den

Tisch gelegt. Wer macht so etwas noch, mein Lieber, heutzutage, wo sich jeder nur auf die Banken verläßt? Das Geld
bar auf den Tisch. Das hat man doch wohl zu respektieren.«

»Schou«, rief Frau von Hahn erneut.

»Ja«, antwortete Schou und hielt sich beim Gehen ein
wenig am Tisch fest.

Beflissen begann Frau von Hahn wieder mit ihren Ausführungen, bis Justizrat Schou sagte: »Im Grunde ist mir das
vollkommen egal. Was meint denn der Etatrat?«

Der Etatrat antwortete nicht. Frau von Hahn fuhr dazwischen:

»Aber wie ist denn *deine* Meinung, du würdest doch zum
Vormund bestellt?«

»Ich meine gar nichts«, erwiderte Schou, »sie zu beerben
wäre ganz schön. Nicht weil allzu viel dabei herauskommen
würde. Aber allein die Tatsache, daß man erbt, stärkt die eigene Marktposition.«

»Da haben wir seine ganze Firma«, sagte Herr Justizrat
Meyer und drehte sich um.

»Worüber redet ihr denn da drinnen?« rief Fräulein Sejer
vom Spieltisch.

Herr Schou lachte: »Über dich, Tante.«

»Darum habe ich also eine Glückssträhne«, rief Fräulein
Sejer zurück.

Am Spieltisch hatten sie den zweiten Rubber beendet
und fingen an zusammenzuzählen, als Frau von Hahn sagte:
»Nun ja, jedenfalls muß eine Entscheidung getroffen werden.«

Der Etatrat überlegte einen Moment, bevor er vorschlug:
»Die Familie könnte einen Spezialisten zu Rate ziehen. Spezialisten finden in derartigen Fällen häufig einen einfachen
Ausweg. Im übrigen glaube ich allerdings nicht, daß es gelingen wird.«

Abermals schwieg er einen Augenblick, ehe er fortfuhr:

»Fräulein Sejer wird man wohl kaum als für ihre Umgebung gefährlich einstufen.«

Die beiden Fräulein Hauch hatten zusammen gespielt und händigten nun Fräulein Sejer ihren Gewinn aus. Fräulein Sejer konnte jedoch nicht herausgeben. Vor ihr auf dem Tisch lagen lediglich drei Zwanzigkronenstücke.

»Tante Vik, dein Gewinn gehört mir«, sagte Frau Lund und lief ins Nebenzimmer, um sich eines der Zwanzigkronenstücke vom Etatrat wechseln zu lassen, der mit ihr zurückkam.

»Ich kann einfach kein Gold sehen«, sagte Willy.

»Aber wieso denn nicht, Herr Willy«, wollte Frau Madderson wissen.

»Ich glaube, in meinem Alter«, antwortete Willy, »macht die Gelegenheit jeden zum Dieb.«

Der Etatrat schaute ihn unvermittelt an.

»In der Tat«, sagte er, »eine kleine Veranlagung zum Wahnsinn findet sich in vielen jungen Hirnen.«

Willy richtete den schlanken Körper auf: »Sicher, Herr Etatrat, und wir spielen im Wald Räuber und Gendarm.«

»Nein«, entfuhr es Fräulein Lucie, »daß Willy sich traut, so etwas zu sagen.«

»Aber Lucie«, lächelte Fräulein Minna, »und was willst du denn im Wald?«

Herr Willy lachte: »Sie will sich verstecken.«

»Hm, hm«, sagte Fräulein Sejer und schüttelte sich, »es gibt doch niemanden, der solche Scherze macht wie Willy.«

»Und obendrein«, sagte Fräulein Ottilia, »ist er seiner Mutter auch noch ein liebevoller Sohn.«

»Na ja«, erwiderte Willy, »ich sehe sie nur zweimal im Jahr. Aber immerhin hat sie mich zur Welt gebracht.«

»Oh je«, sagte Frau Madderson und zog die Schultern hoch, als fröre sie, »das ist mir nicht geheuer. Es klingt tatsächlich so, als würden sie es ernst meinen.«

»Ach, liebe Frau Meyer ... Madderson wollte ich sagen«, sagte Fräulein Sejer, »Sie werden so etwas ganz sicher ertragen können.«

Nach einer Pause von einigen Sekunden sagte William Ask: »Eigentlich schade, Willy, daß Sie kein Dichter geworden sind. Von Ihnen hätte man vielleicht die Wahrheit erfahren.«

»Meinen Sie?« antwortete Willy.

»Hm, ja«, sagte Fräulein Sejer, »der Junge hat einen hellen Kopf.«

»Ihr teilt«, fuhr sie fort und gab jeweils die Hälfte ihres Spielgewinns Frau Lund und Willy. »Man hat ja so seine Lieblinge in der Familie. – Ist der Tee soweit?« rief sie Fräulein Holm zu, die daraufhin in die Küche ging, wo sie Herrn Lauritzen und die Mamsell allein antraf.

Als Fräulein Holm wieder gegangen war, sagte Herr Lauritzen: »Ist dieses Haus nicht ein bißchen schwierig?«

Die Mamsell schüttelte den Kopf.

»Nee«, sagte sie, »ich mag Häuser, wo jeder etwas für sich behält.«

»Was meinen Sie, Fräulein?«

»Da kann man auch sein eigenes Geheimnis haben«, erwiderte die Mamsell und setzte die Teekanne auf das Tablett.

Als Herr Lauritzen den Tee brachte, sagte Fräulein Sejer: »Frau Madderson, Sie singen uns doch sicher eines ihrer kleinen Lieder?«

Frau Madderson antwortete: »Ach, das ist doch nichts Besonderes. Das mache ich doch gern.«

Frau Madderson fing an, im »Musikalischen Album« zu blättern, während alle anderen, schon ein wenig müde, den Tee nahmen.

Dann begann sie zu singen:

>Zwei Drosseln saßen im Baum zur Rast,
zwei Freunde auf einem Buchenast.
Doch Kummer füllte ihren Sinn,
denn ach! Sie mußten geh'n dahin.
Sie stimmten an den Abschiedssang,
der traurig durch den Wald erklang.«

Als Frau Maddersons Stimme langsam erstarb, hörte man Fräulein Minna sagen:»Es ist doch reizend mit ein wenig Gesang. Ich finde ja, das gehört einfach dazu.«

»Ja, es ist so gemütlich«, sagte Fräulein Ottilia, die beim Klang der Stimme ihrer Schwester die Augen wieder aufmachte. »Außerdem singt Frau Madderson so gefällig. Wirklich erstaunlich, daß sie in ihrem Alter noch so bei Stimme ist.«

Herr Meyer, der von einem Stuhl aus zugehört hatte und dem Takt mit dem Kopf gefolgt war, sagte:»Ja, es ist ein Talent, ein erstaunliches, erstaunliches Talent. Sie war für die Bühne geboren.«

Herr Schou, der neben dem Assistenten stand, lachte leise: »Nun sehen Sie sich den Meyer an. Jeder hat doch offenbar seine Form von Wahnsinn.«

Als sie mit dem Vorspiel zur zweiten Strophe begann, drehte sich Frau Madderson um und sagte:»Nie singe ich so gut wie zu Hause, nicht wahr, Herr Justizrat.«

>Die erste sang: ›Nun laß uns geh'n!
Lebwohl! Auf nimmerwiederseh'n!‹
Die andre sang: ›Ach, liebes Herz!
Lebwohl! Nun kommt der Abschiedsschmerz!‹
Die erste sang: ›Auf fernem Weg,
All meine Liebe ich dir geb'!‹«

Während Frau Madderson sang, antwortete der Assistent Herrn Schou auf seine Bemerkung über den Wahnsinn: »Verstanden habe ich dieses Verhältnis ja nie, und ich muß sagen, ich billige auch nicht, daß diese Dame in der Familie verkehrt.«

»Wohl wahr«, sagte Schou, »hier gibt's bereits genügend Nassauer.«

Er trat auf die beiden Fräulein Hauch zu und fragte: »Wie sieht's denn nun eigentlich aus mit diesem Gelände?« Und setzte sich mitten zwischen die beiden.

»Na ja, weißt du«, sagte Fräulein Minna, »wir würden ja, ehrlich gesagt, am liebsten verkaufen. Und wir haben ja auch schon mit Meyer gesprochen« – sie sah hinüber zum Herrn Justizrat, der noch immer mit geschlossenen Augen zuhörte –, »aber obwohl er ein guter Jurist ist, kann er sich Damen nicht so recht verständlich machen.«

»So, ist er das?« fragte Schou.

»Ständig die vielen Stempel und all diese Dinge«, sagte Fräulein Ottilia.

»Ja«, erwiderte Schou und verzog den Mund, »je mehr er klebt, desto mehr kann er abrechnen.«

»Also Albert, eigentlich würden wir ja am liebsten mit dir sprechen«, sagte Fräulein Minna.

»Tja«, sagte Schou, »bei mir heißt es: das Geld kommt bar auf den Tisch. Und die Formalitäten erledigt mein Prokurist.«

»Worüber redet ihr?« rief Fräulein Sejer in die Musik hinein.

Ausgerechnet, wenn musiziert wurde, war das Fräulein so hellhörig, als benutze sie sieben Hörrohre auf einmal.

»Man hat doch so selten Gelegenheit, sich mit Albert zu unterhalten«, antwortete Fräulein Ottilia.

»Und dabei ist er immer so hilfsbereit«, sagte Fräulein Sejer, »und so rührig.«

Herr Justizrat Meyer schien durch Fräulein Sejers Stimme geweckt worden zu sein.

»Ja, Meyer«, sagte sie zu ihm, als er plötzlich aufstand, »lieber Freund, es ist doch wunderbar mit etwas Musik.«

Nur Fräulein Minna sagte noch hastig zu Herrn Schou: »Gut, Albert, dann kommen wir zu dir – wir beide. Aber ist es nicht so, daß wir niemals so viel an Zinsen bekommen werden wie jetzt an Mieteinnahmen?«

Schou zwirbelte seinen Schnurrbart.

»Nun ja«, sagte er, »das ginge schon, wenn wir das Haus nur in die richtigen Hände geben. Solche Anwesen sind nicht sonderlich schwierig an den Mann zu bringen.«

Fräulein Emilie stürzte hinter eine Gardine auf ihren Vater zu, als Frau Madderson weitersang:

> »Die andre sang: ›Im fernem Ort,
> mein Herz find keine Ruhe dort!‹
> Sie flogen nun nach Ost und West:
> ›Die Sorge bleibt als Braut im Nest!‹
> Sie flogen nun nach West und Ost:
> ›Lebwohl, lebwohl! Ganz ohne Trost!‹

»Ha«, sagte Fräulein Emilie, »nun verkauft Schou das Hauchsche Haus. Aber man kann ja seine Ohren nicht überall haben.«

Herr Meyer senkte plötzlich zweimal den Kopf, wie ein wütender Widder.

»Was weißt du denn davon?« fauchte er. Und dann wandte er sich plötzlich dem Klavier zu und sagte sehr laut: »Gnädige Frau, es reicht jetzt.«

»Ja, Herr Justizrat«, sagte Frau Madderson und ihre Hände rutschten kraftlos von den Tasten.

»Vielen Dank«, sagte Willy im Salon, wo Frau Bella Schou in einer Ecke saß und sich Alben ansah.

William kam dazu.

»Uha«, sagte er, »sie singt wie ein künstlicher Kanarienvogel.«

»Sie singt, wie sie ist«, erwiderte Willy.

»Ich habe nicht zugehört«, erklärte Frau Bella, »ich habe hier gesessen und mir die Alben angesehen.«

»Die Familienbilder?« fragte William.

»Ja«, sagte Frau Bella, »es ist merkwürdig, wie sich all diese Gesichter ähneln – und das von Kindheit an.«

»Tja«, sagte er.

»Und doch gibt es einen Unterschied«, sagte Willy, »bei den anderen ist der Buckel nach innen gewachsen.«

William Ask lachte: »Ja, durchaus möglich, daß Fräulein Viktoria die Harmloseste ist.«

»Nur«, fragte Frau Bella und starrte vor sich hin, »wo stammt das bloß alles her?«

»Vom Kammerrat«, antwortete Willy, »und inzwischen ist es die dritte Generation.«

Plötzlich lachte Frau Bella: »Und du, Willy, bist der einzige Gentleman.«

Willy wippte leicht auf und ab.

»Bella«, sagte er, »wieso bist du eigentlich noch nie auf die Idee gekommen, dich ein bißchen in mich zu verlieben?«

»Nein, Willy«, antwortete Frau Bella lachend, »auf die Idee bin ich wirklich noch nie gekommen.«

»Außerdem«, fuhr sie fort, »wäre das sicherlich kein großes Vergnügen. Willy, du denkst doch immer nur an die, die du noch nicht gehabt hast, und an all die, die du auf deinem Konto hast, verschwendest du nicht einen Gedanken.«

»So sind wohl die Zeiten«, antwortete Willy, dessen Augen plötzlich einen traurigen Ausdruck bekommen hatten.

»Es ist eine Art von Gier«, sagte Frau Bella.

Der Kellner meldete, daß der Wagen der beiden Fräulein Hauch gekommen wäre.

»Ach nein, jetzt schon«, sagte Fräulein Ottilie, und die beiden Schwestern begannen sich unter vielen kleinen Verbeugungen zu verabschieden.

Frau von Hahn stand zwischen dem Assistenten und Herrn Meyer.

»So«, sagte sie, »nun sind wir heute auch nicht weitergekommen. Aber auf dich, Vetter Sejer, kann man ohnehin nicht zählen.«

Der Assistent antwortete, indem er seine Nägel betrachtete:

»Ein Mann in meiner Stellung, Therese, überschreitet niemals seine Grenzen.«

Frau von Hahn lachte: »Aber Sie, Meyer, können bestimmt lange auf die Nachlaßverwaltung warten. Jetzt kann ich es ja sagen: Sie ist dabei, ihre Wertsachen zu verkaufen.«

Herr Justizrat Meyer sperrte den Mund auf.

»Was sagen Sie da?« fragte er.

»Ich sage«, antwortete Frau von Hahn, »daß sie alles *verkauft*, was nicht niet- und nagelfest ist. Haben Sie nicht gesehen, daß wir von Fayence gegessen haben?«

»Jetzt, wo Sie es sagen, Gnädigste«, erwiderte Herr Meyer, der aussah wie ein Mann, in dessen Gehirn die Gedanken plötzlich begannen, sich im Kreise zu drehen.

»Aber wieso ... warum?« sagte er und schüttelte den Kopf, »wieso sollte sie so etwas tun?«

»Um das Erbe zu plündern, Meyer«, antwortete Frau von Hahn, in deren Haarschmuck die beiden Straußenfedern wie zwei Fahnen wehten.

»Das ist sonderbar – Frau Madderson hat mir dasselbe gesagt. Ja, ja«, fuhr der Justizrat fort, während ein Leuchten der Bewunderung über seine verwirrten Züge glitt, »das ist der weibliche Instinkt, wie ich immer zu sagen pflege, der weibliche Instinkt ...«

»Aber auf der anderen Seite muß man sich die Verhältnisse ansehen«, sagte er in verändertem Ton. »Wie sollte sie so etwas anstellen? Sie kann doch nicht selbst …«

»Erledigt wird es natürlich von diesem Blonden, der hier ständig ein- und ausgeht«, mischte sich Fräulein Emilie ein.

»Von wem?« fragte ihr Vater.

»Wer ist das?« Das war Frau von Hahn.

»Ich kenne ihn nicht. Aber gesehen haben ich ihn schon häufig, mit Paketen – hier auf der Treppe.«

»Aber wie, Emilie?«

»Hin und wieder«, antwortete Fräulein Emilie, »komme ich hierher und knöpfe mir im Flur die Stiefel zu.«

Herr Meyer warf seiner Tochter einen Blick zu.

»Ja, aber wenn der Etatrat nicht will«, sagte er.

»Es gibt andere«, sagte Frau von Hahn, »Spezialisten haben glücklicherweise größere Kenntnisse – obwohl sie auch teurer sind.«

Der Assistent war noch immer in die Betrachtung seiner Nägel versunken, als er sagte: »Natürlich hat Therese recht – im Grunde.«

Herr Meyer, dessen verwirrter Eindruck sich nicht gelegt hatte, sagte: »Dann bleibt nichts anderes als eine Anstalt. Man wird wohl einschreiten müssen, so bedauerlich es für uns alle auch ist.«

Und als Justizrat Schou vorbeischlenderte, drehte er sich rasch um und sagte herzlich: »Wir zwei Kollegen haben heute abend so wenig miteinander gesprochen.«

Und er schlug dem Kollegen mit seiner verkrümmten Hand auf die Schulter.

»Wie sah er aus?« flüsterte Fräulein Augusta Hahn Fräulein Emilie leise zu.

»Wer?«

»Na der, den du auf der Treppe gesehen hast, dieser Blonde.«

Fräulein Emilie beschrieb ihn.

»Dann kenne ich ihn«, sagte Fräulein von Hahn, »von der Straße, glaube ich.«

»Wirklich?« – und Fräulein Emilie lachte kurz auf – »Das kann ich mir lebhaft vorstellen. Du hast deine Augen ja auch überall – wenn es darum geht.«

Die beiden Fräulein Hauch hatten sich bei allen verabschiedet und umarmten Fräulein Sejer: »Ach, Viktoria, nein, nun hätte ich es beinahe vergessen. Ottilia und ich wollten uns den geblümten Bettüberwurf so gern als Vorlage ausleihen. Die alten Muster, weißt du, werden ja jetzt wieder modern.«

»Habe ich eigentlich den letzten zurückbekommen?« fragte Fräulein Sejer. »Na egal, laßt ihn euch von der Holm geben.«

Die beiden Fräulein Hauch waren draußen.

»Hm«, sagte Fräulein Sejer, als sich die Tür hinter ihnen geschlossen hatte, »es ist so rührend. Minna wird ja nicht müde, Ottilias Jungfernkammer ein bißchen hübscher zu gestalten.«

»Augusta«, fügte sie lauter hinzu, »hast du gesehen, wie der neue Knecht der Hauchs ihnen zur Hand ging? Er hat einen wirklich stattlichen Körper. Sie haben ihn von den Husaren.«

Herr Schou unterhielt sich noch immer mit Herrn Meyer, der ihn gerade auf das Thema »Vormundschaft« angesprochen hatte: »Mir ist das doch vollkommen egal. Das sind nicht meine Geschäfte.«

»Nun ja«, sagte Herr Meyer, »aber ein Vormund kann auch von seiten der Behörden bestellt werden.«

Frau von Hahn hatte sich auf einmal neben Fräulein Sejer gesetzt und fragte, woher sie ihr Wild beziehe, denn nirgendwo sonst bekäme man solch einen Hasen.

»Auch bei dir gibt es wunderbare Saucen, Therese«, sagte Fräulein Sejer.

»Gott, Viktoria, mit deinen sind sie doch überhaupt nicht zu vergleichen.«

Im Salon studierten Frau Lund und die beiden Fräulein Meyer unter großem und etwas nervösem Gelächter noch einmal die Zettel mit den Sentenzen.

William Ask und Willy saßen auf dem Sofa.

»Ach«, sagte Willy, »daß man hierherkommen mag, um zuzusehen, wie sich die Spatzen um die Krümel streiten. Und dann hat man nicht einmal soviel davon, damit man für zwei Zehner standesgemäß zu Abend essen kann.«

Der Schriftsteller lächelte müde.

»Die können sie von mir bekommen«, sagte er und zog zwei Scheine aus seiner Westentasche.

»Eigentlich ist es eine Schande«, sagte Willy, der das Geld mit einer Hand nahm, die eine Reihe von Ringen zierte, und in die Fracktasche steckte, »aber zu Hause hält man es auch nicht aus.«

»Und wieso nicht?«

»Na ja«, antwortete Willy, »da könnte es bisweilen vorkommen, daß man sich hinlegt und heult.«

Und als William den Kopf hob und ihn ansah, fügte Willy hinzu – und sein Gesicht war plötzlich voll von all den Falten, die es in den nächsten dreißig Jahren noch prägen würden: »Ja, denn was ist der Sinn, Mann?«

Der Etatrat, der die letzte Stunde in einem Schaukelstuhl verbracht und dabei sorgfältig die Berlingske gelesen hatte, ging an ihnen vorbei.

»Wieso *wollen* Sie eigentlich nichts, junger Mann?« sagte er zu Willy.

»Was soll man denn wollen?« fragte Willy.

»Ein *Glied* sein«, antwortete der Etatrat, »aber, mein junger Freund, genau an diesem Punkt verweigert sich die Jugend.«

Der Etatrat ging weiter, um sich von Fräulein Sejer zu verabschieden, die noch immer neben Frau von Hahn saß.

»Der liebe Etatrat sieht ein wenig müde um die Augen aus«, sagte Frau von Hahn.

»Das ist durchaus möglich, gnädige Frau«, antwortete der Etatrat, »nun ja, aber ich kann durchaus noch sehen und hören. – Leben Sie wohl, Fräulein Sejer« – und der Etatrat verbeugte sich –, »nun bin ich es doch, der die Hand über sie hält.«

Frau von Hahn wurde einen Moment sehr blaß, sagte dann aber herzlich: »Wie über so viele andere.«

»Hm«, erwiderte der Etatrat, unter dessen Blick Frau von Hahns gelblich-bleiches Gesicht plötzlich rot wurde, »ein Hausarzt hat heutzutage nicht mehr allzuviel zu sagen. Er kann gerade mal so ... das Schlimmste verhüten.«

»Ja«, sagte Fräulein Sejer, »das ist wirklich liebenswürdig von Ihnen« – und plötzlich lächelte sie –, »falls es notwendig wird.«

Frau von Hahn wandte hastig den Kopf und sah ihre Kusine an. Doch Fräulein Sejer erhob sich bloß: »Leben Sie wohl, lieber Rat, leben Sie wohl. Und haben Sie Dank, daß Sie gekommen sind.«

Dann begleitete sie ihn zur Tür.

Frau von Hahn war blitzschnell aufgestanden und ging hinüber zu Justizrat Meyer, der sein Gespräch mit dem Kollegen Schou beendet hatte.

»Nun«, sagte sie und ließ ein Lachen hören, das wie ausgetrocknet klang, »haben Sie die Vormundschaft bekommen?«

Ohne die Antwort abzuwarten, ging sie zurück zu Fräulein Sejer und sagte: »Es muß schön sein, sich einen solchen Hausarzt leisten zu können. Ein Hausarzt verleiht einem Haus doch immer eine gewisse Ausstrahlung.«

»Ja«, antwortete Fräulein Sejer, »der Etatrat, liebe Therese, ist ausgesprochen beruhigend.«

Der Kellner meldete Herrn Justizrat Schous Wagen, und Frau Emma Lund sagte zu Frau Bella: »Liebe Bella, könnte ich nicht mit euch fahren … Es ist doch immer ein ziemliches Stück.«

»Aber herzlich gern, liebe Emma«, antwortete Frau Bella, die sich noch von William Ask und Herrn Willy verabschieden wollte.

»Wir kommen auch mit«, sagte Willy, »ich glaube, jetzt wollen die Vögel endlich die Köpfe unter die Flügel stecken.«

Schou, Willy und Ask gingen in den Flur, wo Schous Diener, der einen Pelz trug, der gnädigen Frau den mattschwarzen Abendmantel umlegte.

Als Frau Lund herauskam und ihre kurze Jacke anzog, drehte sich Herr Schou zu ihr um: »Ist *Madame* soweit?«

Die ganze Gesellschaft ging die Treppen hinunter, Frau Bella und William voraus.

Als sie einen Treppenabsatz tiefer als die anderen waren, sagte Frau Bella: »Mein Freund, das Schlimmste ist doch, daß es ewig so weitergeht.«

»Was meinen Sie?« fragte Ask.

Frau Bella zögerte einen Moment, bevor sie sagte: »Morgen geben wir ein Abendessen. Geschäftsfreunde meines Mannes.«

»Tja«, erwiderte William, »heutzutage wird ja bei Geschäften ziemlich viel gegessen.«

»Zumindest bei *einigen* Geschäften«, sagte Frau Bella.

Als sie zur Toreinfahrt gekommen waren, stieg Frau Lund als erste in den wartenden Wagen.

»Ich glaube, ich gehe noch ein Stück mit Ask«, sagte Herr Schou, als seine Frau ebenfalls in den Wagen gestiegen war. Und an den Diener gewandt, fügte er hinzu: »Hans, Sie brauchen nicht auf mich zu warten.«

Wie in ein Laken hatte sich Frau Bella wortlos in ihren mattschwarzen Mantel gehüllt.

»Gute Nacht«, sagte sie und hielt den Kopf gesenkt.

Der Wagen fuhr davon.

Willy kam aus dem Tor gelaufen und sprang gerade auf eine elektrische Straßenbahn, als Herr Schou und Ask auf den Bürgersteig traten.

Nun stand er im gelben Licht des Straßenbahnwagens.

»Flotter Bursche«, sagte Herr Schou.

»Ja, die Beleuchtung steht ihm«, sagte William, der seinem Blick folgte.

In der Bahn drehte Willy sich um und entdeckte plötzlich Herrn Lauritzen, der einen Kragenschoner aus schwarzem Moirée-Antique trug.

»Sie auch hier, Lauritzen?« sagte Willy, »dann haben wir ja den gleichen Weg.«

»Es sieht so aus, Herr Hauch«, antwortete Lauritzen und grüßte.

Justizrat Schou und William Ask waren die Straße ein Stück hinuntergegangen, ohne ein Wort zu wechseln.

Dann sagte Schou und schnaufte ein bißchen:»Es tut gut, an die Luft zu kommen. Sie können mir glauben, lieber Freund, in diesen Zeiten wird einem manchmal schon ein wenig schwindlig im Kopf.«

»Das glaube ich gern«, antwortete Ask, »es ist ja auch nicht ganz einfach, eine ganze Stadt umzubauen … nur durch Spekulationen.«

»Völlig umzugestalten, meinen Sie wohl«, sagte Schou.

Ohne ein weiteres Wort ging er ein Stückchen voraus.

»Wissen Sie übrigens«, sagte er dann, »daß ich auch mal Dichter gewesen bin? Ich habe sogar eine Sammlung von Erzählungen herausgegeben, als ich dreiundzwanzig war, unter Pseudonym. Heute dichte ich Prospekte.«

»Na ja«, fügte kurz darauf hinzu, »vielleicht haben wir überhaupt zu viele Dichter – auch im Geschäftsleben. Wir backen zu große Brötchen in zu kleinen Öfen. Es sind einfach zu viele, die an dasselbe Kapital wollen – und sich auf dieselbe Stadt stürzen.«

Der Justizrat lachte laut auf: »Haben Sie nicht bemerkt, wie gedrängt wir da oben bei Tante Viktoria saßen?«

»Nun ja, ein wenig eng war es schon«, sagte Ask. »Aber Hauptsache, Sie können sich ordentlich auf das ›kleine Geld‹ stürzen.«

»Das ist *zu* klein«, antwortete Schou, »außerdem bin ich der Ansicht, daß in den Prospekten bereits sämtliche Schlagwörter mißbraucht wurden.«

Er ging ein Stück weiter, bevor er sich wieder an William wandte: »Hören Sie, mir kommt da eine Idee. Könnten Sie nicht einen Prospekt über ein Projekt draußen am Strandvej verfassen?«

Ask antwortete nicht.

»Wir bezahlen gut«, sagte Herr Schou, »und es gibt doch ganz sicher Tage, an denen auch Sie in Verlegenheit sind?«

»Ja«, seufzte Herr Ask aus vollem Herzen.

– Er sagt nicht sofort nein, wenn sich eine Gelegenheit ergibt, dachte sich Herr Justizrat Schou.

Und sie gingen weiter.

Nur der engste Familienkreis war noch bei Fräulein Sejer geblieben, und auch Frau von Hahn und Tochter standen nun auf, um sich zu verabschieden.

Als die beiden Damen auf der Straße standen, sagte Mutter Hahn: »Und dann diese Hauchs, machen sich mit einem Bettüberwurf davon, und erst Emma, die sich nichts vom Spielgewinn entgehen läßt.«

Fräulein von Hahn ging ein paar Schritte, bevor sie sehr trocken feststellte: »Ich weiß nicht, Mama, vielleicht sind sie die Klügsten.«

Oben im Wohnzimmer saß noch die Familie Meyer.

Um sich wach zu halten, ließ Fräulein Sejer die Füße unter dem Tisch tanzen, ihre Hände hüpften dabei über die Tischdecke.

Seit einer Stunde hatte der Justizrat einen seltsamen, gleichsam Unrat witternden Gesichtsausdruck angenommen, er setzte sich die Goldlorgnette auf die Nase, die er sonst nur bei sehr vertraulichen Erbschaftsangelegenheiten trug, und beobachtete die unruhigen Hände des Fräuleins.

»Du bist nervös heute abend«, sagte er.

»Ich, Meyer? Lieber Freund, nicht im geringsten.«

»Doch«, sagte der Justizrat, »man sieht es an deinen Händen.«

»Mein Bester, das habe ich vom Kammerrat«, antwortete Fräulein Sejer, die ihm einen kurzen Blick zuwarf, »der Liebe fuhr immer mit dem Finger über die Tischdecke, als würde er ins Hauptbuch schreiben.«

»Vater, du sitzt doch auch ständig da und rechnest auf der Tischdecke«, sagte Fräulein Lucie, die sich über den Zusammenhang zwischen »unruhigen Händen« und der »Anstalt« nicht im klaren war.

Frau Madderson saß in einem Sessel und schlief, bis schließlich alle aufbrachen und Fräulein Sejer allein zurückblieb.

Sie öffnete sämtliche Türen der Wohnung und lief wie ein Hampelmann hektisch durch das ganze Haus.

Die Hände hatte sie zu Fäusten geballt.

»Ich gehe nun ins Bett«, rief sie durch die Wohnung.

Und sie ging in ihr Schlafzimmer und schloß die Tür.

Dann setzte sie sich auf einen Stuhl, nahm die Perücke ab und das Gebiß heraus (aus Furcht, daran zu ersticken, schlief sie nie mit Gebiß) und wickelte sich in eine Unmenge von Umhängetüchern, Halstüchern und Taschentüchern – ein kunterbuntes, kantiges Bündel, auf dem lose ein Kopf befestigt war.

Sie kroch ins Bett und drückte auf den Knopf am Kopfende.

Fräulein Holm kam mit einem Glas herein, gefüllt mit einer dampfenden Flüssigkeit.

»Das tut gut«, sagte Fräulein Sejer und trank, »und man weiß, daß es kein Gift ist.«

Sie trank aus, während Fräulein Holm an ihrem Bett wartete, ohne sich zu rühren.

»Na, meine Liebe«, sagte Fräulein Sejer, »das war doch ein entzückender Tag ... richtig vergnüglich.«

Plötzlich lachte sie auf, laut und schrill.

»Ja, diese *Leibrenten* sind schon eine sehr angenehme Sache«, sagte sie, »eine großartige Erfindung. So kann man ihnen doch eine Freude machen, solange man lebt.«

Fräulein Holm antwortete nicht.

Aber wie in einem plötzlichen Wutanfall richtete Fräulein Sejer mit Hilfe der Bettquaste unversehens ihren verwachsenen Körper auf.

»Ja«, sagte sie so laut, daß ihre Stimme brach und heiser wurde. »Aber was hat das Leben mir gegeben? Jetzt will ich *sie* tanzen sehen, bis sie an meinem Grab weinen.«

»Sie können gehen«, sagte sie und fiel zurück in ihre Kissen.

Fräulein Holm löschte die Lampen im Haus, eine nach der anderen.

Dann ging sie in ihr eigenes Zimmer.

Sie stand vor ihrem Tisch und holte die gebrannten Mandeln heraus – die gestohlenen Mandeln für ihren Sohn.

Reportagen

Während der Illumination
Skizzierte Zeichnung

Gnädige Frau, Sie bitten mich, Ihnen zu berichten, wie die Illumination gewesen ist – glänzend. Leider sind Sie aber vorsichtig genug, hinzuzufügen, daß Sie sich mit keinem auch noch so sprechenden Adjektiv zufriedengeben werden – und auch kein Referat wünschen. Was Sie möchten, ist eine leichte Zeichnung, ein skizziertes Gemälde, meinen Eindruck von dem Fest in Worte gefaßt. Keinesfalls, so schreiben Sie, wollen Sie etwas anderes. Keinesfalls etwas anderes! Dies jedoch ist unglücklicherweise gerade das Schwierigste von allem. Dennoch werde ich Ihren Wunsch zu erfüllen versuchen, gnädige Frau, und ich tue es, weil es Ihr Wunsch ist und weil ich hoffe, Sie werden mir meinen guten Willen mit einem Ihrer glückseligen Lächeln danken.

Also: Wir hatten einen Wagen genommen, mein Freund H. und ich. Sie haben H. im Sommer in Marielyst kennengelernt, es ist der große blonde Jurist, den Sie den Ermittlungsbeamten nannten, weil er so neugierig war. Er ist wirklich ein wenig neugierig, er will unbedingt alles sehen, hören und wissen; aber wenn es um ein Fest geht, einen Umzug oder eine Militärparade, dann ist er der beste Begleiter, den ich kenne. Sein einziger Fehler wird dann zu einer Tugend, und er mißachtet sämtliche Gebote, um Prinzessin Thyras Hut zu sehen oder die Lichter in den Fenstern des Schotten zu zählen. Wir hatten also einen Wagen genommen, eine alte Droschke, deren Kutscher die Vermählung als eine Benefiz-Veranstaltung für Droschkenkutscher ansah und daher den doppelten Preis verlangte; im übrigen ein anständiger Mann, ebenso bedächtig und würdevoll wie seine Pferde. Wir brachen am Amagertorv auf. Die Uhr zeigte ungefähr halb sieben, und an der Østergade war man gerade dabei, die Lichter zu entzünden. Viele Menschen sind bereits unterwegs, und wir müssen langsam fahren, Schritt für Schritt. Die noch nicht zu einer kompakten Masse zusammengewachsenen Scharen halten sich mitten auf der Straße, um nach beiden Seiten sehen zu können. Ein lautes Lachen, ein Witz, ein kleiner Schrei, sonst überall gebührende Ruhe und Ordnung. Mir kamen die Feste im Tivoli in den Sinn, bei denen es das Publikum auch als Ehre ansieht, sich anständig zu benehmen. Und, wie gesagt, zwischendurch wurden überall die Lichter angezündet – unbestreitbar eine glänzende Illumination, allerdings, so erschien es mir, mit ein bißchen viel Reklame. Es fiel schwer, zu vergessen, daß es die Vorweihnachtswoche war. Die Zeit des Avertissements par excellence. Das Gedränge wird dichter, und etwas lautere Rufe sind zu hören, diese halbironischen Ausrufe, die Sie von Feuerwerksveranstaltungen her kennen: »ah« – »oh« – »nein«. Menschen hängen sich an die Kutsche, doch auch sie steht still: wir sitzen fest. Es ist das Arrangement von Brønderslev & Lohse, das dieses Aufsehen erregt; dort haben sie in das große Schaufenster ein Stück Leinwand gespannt, auf dem wie durch einen Schleier ein Bild der Prinzessin und des Herzogs zu sehen ist – sehr einfallsreich und sehr hübsch. Überhaupt, welch ein Ideenreichtum sich am Sonnabend entfaltete! Ich habe ein Transparent gesehen, von dem behauptet wurde, es wäre aus der Festausgabe des Dags-Avisen ausgeschnitten; in der Købmagergade waren tropische Pflanzen, die sich um eine Niobe-Büste rankten, der Blickfang, und die britische Bibelgesellschaft ließ auf der Frederiksberggade eine Riesenausgabe der Bibel leuchten! »Der Bibel?« fragen Sie. Ganz bestimmt war es die Bibel, inmitten eines Stillebens von Tannen und Fastnachtsbesen. Einige sagten, es wäre ein Symbol, andere hielten es für Reklame. Aber wir sind ja noch immer auf der Østergade, gnädige Frau, und wir fahren im Schrittempo. Überall strahlender

Glanz, aber nicht dieser Glanz, der die Nacht zum Tag macht – ohnehin eine dumme Redensart, dieses »die Nacht zum Tag machen«! – Nein, ein blendendes Meer von wogendem Licht, dessen Strahlen sich brechen, während sie alles verschönern und streicheln: Die Linien der Häuser, die im flackernden Schein unstet, unruhig und schillernd erscheinen; die Gesichter der Menschen, über die sich die kurze, betörende Schönheit des Lampenlichts legt. Um uns herum das Geräusch trampelnder Füße auf dem Pflaster, lautstarke Unterhaltungen, bewundernde Ausrufe, »Guten Abend« und »Auf Wiedersehen« ... Kopenhagen muß eine große Stadt sein, daß sie so viele Menschen in ihren Mauern beherbergen kann, all diese Tausende von wogenden Köpfen; ich versuche, die Hüte zu zählen, gebe es aber sofort wieder auf – es wäre so, als wollte ich eine Volkszählung von ganz Kopenhagen vornehmen.

Dann erreichen wir den Kongens Nytorv. Wie kann ich Ihnen beschreiben, wie der schneebedeckte Platz aussah, beleuchtet von dieser unermeßlichen Zahl an Fackeln, Feuern und Licht! Wenn ich die Augen schließe und mich in meinem Stuhl zurücklehne, sehe ich noch immer die erleuchteten Häuserreihen, das russische Gesandtschaftshotel, in dessen Sälen die gewaltigen Kronleuchter angezündet waren, und das Hôtel d'Angleterre, dessen einfache Regelmäßigkeit so wohltuend war. Inmitten dieses Lichtermeeres hat Etatrat Meldahl die Kunstakademie unbeleuchtet gelassen, dunkel wie ein melancholisches und häßliches Mausoleum, und Kammerherr Fallesen hat sich damit begnügt, auf dem Dach des Nationaltheaters ein Opferfeuer für Hymen zu entzünden – er hat das herrliche Gebäude gerade so weit erleuchtet, daß man seine Düsternis erkennen kann. In diesem Moment fährt der König zum Schloß. Eine Reiterabteilung schafft Platz, seine Majestät folgt in einer geschlossenen Kutsche, begleitet von berittener Polizei. Die Menschen entblößen die Köpfe und grüßen mit lebhaften Zurufen, der König grüßt sichtlich bewegt mit der Hand zurück. Das Gedränge folgt der königlichen Equipage. H. und ich gaben es auf, weiterfahren zu wollen, und liefen bis Amalienborg. Im königlichen Palais war es dunkel, doch »das Pferd« war von Gaslaternen erleuchtet, und am Ende der Frederiksgade lag die »Brage«, bis über die Toppen geflaggt. Vergeben Sie mir, gnädige Frau, aber Sie wissen, daß ich für das Theater schwärme, und so, wie das Dampfschiff da hinter einem Eisengitter lag, wie für eine Parade von Gasfackeln beleuchtet, erinnerte es mich unwillkürlich an eine Dekoration aus »In 80 Tagen um die Welt«. Das Ganze war so theatralisch, daß es mich beinahe abstieß, aber dann wandte ich mich um und sah hinauf zu den Fenstern des königlichen Palasts. Dort lag Prinzessin Thyras Zimmer, dort im Zwischengeschoß. Wieviel könnte diese Mauer wohl über *dieses* Leben erzählen, für das nun der Salut über dem Schloßplatz dröhnt – ein glückliches, von der Sonne beschienenes Leben, voller Liebe. Oft werden die Gedanken der Herzogin von Cumberland hierher zurückkehren, in diese Kulisse der Welt und der Träume ihrer Jugend. Sonderbar, daß man während eines Festes so oft wehmütig wird.

Auf dem Gammeltorv war das Gedränge unbeschreiblich, ein Gewühl von Menschen aller Art: Schreiende und weinende Kinder – was vollkommen normal ist, denn sie werden getreten; Damen, die ihre Brüder oder Ehemänner verloren haben; Männer, die sich schlagen, um voranzukommen – und aus genau diesem Grund weder vor noch zurück gelangen; junge Ladenschwengel, die sich mit Absicht an die Damen drängen und sich dann entschuldigen; Damen mit Herren und Damen ohne Herren; Dienstmädchen, die nur mal auf einen Sprung vorbeischauen wollen, mit Schals um den Kopf und Schlappen an den Füßen, die sie unterwegs verlieren; Flegel, die schmutzige Witze reißen; ältere Bürger mit ihren Ehefrauen; wohlbeleibte Matronen mit sehr vielen Blumen an den Hüten; Studenten mit jungen Mädchen am Arm ...

»Mein Gott, Mikkelsen, mein Hut!« ... »Meine Galoschen bleiben hängen!« ... »Herrje, die Pferde!« ... »Ich sterbe!« ... »Laß uns weiterkommen!« ... »Lang lebe die Pressefreiheit!«

Welch ein Rufen, welch ein Gedränge! Man drückt sich und pufft sich, stößt sich und rempelt sich, bedrängt sich und zerrt sich zur Seite. In solch einem Moment verliert die Menge das Bewußtsein, den Willen und sogar ihre Kraft. Ich mußte an ein Schafsgatter denken, in das viel zu viele Schafe gesperrt sind: Willenlos stehen die Tiere da und blöken, planlos schubsen sie sich hin und her. – Glanzpunkt des gesamten Arrangements war zweifellos der Brunnen: Die Wasserstrahlen fielen dicht nebeneinander, und das Wasser beschrieb einen hübschen Bogen, wie ein wogender Schleier, den der Wind sich greift und aufbauscht. Und doch mußte ich ständig an Professor Mellinis Wunderfontäne im Zirkustheater des Tivoli denken. Sie lachen, gnädige Frau? Wie gesagt, es ist nun einmal mein unglückliches Schicksal, in der Natur ein Theater und in einem Festarrangement nur das Theatralische zu sehen. Es heißt, daß Laube, als er das erste Mal von Capri hinüber zur Küste Neapels sah, ausrief: »Was für eine hübsche Dekoration!« *Sans comparaison,* mir geht es im übrigen fast wie Laube.

Die Menge wird gewaltsam beiseite gedrückt, es muß Platz für eine Droschke geschaffen werden. Die Leute fluchen über den Polizeidirektor, der es zuläßt, daß sie überhaupt fahren darf. Es ist eine Dame aus einem der Theater, die eine Spritztour unternimmt. Wie hingegossen liegt sie neben einem Herrn im Wagen und betrachtet herausfordernd die Menge, über deren Köpfen ein vibrierendes, unartikuliertes Murmeln wogt, eine unheimliche Mischung aus Rufen, Worten und Gejohle der Masse. Bemerkungen kreuzen sich, Worte prallen aufeinander, es werden jede Menge faule Witze gerissen. Vom Rathaus sind einzelne Töne des Hochzeitsmarsches aus »Die Hochzeit auf dem Ulfsberg« zu hören; es klingt wie ein schwaches Echo, dem es nicht gelingt, mehr als die Hälfte der Töne zurückzuwerfen. Eine Dame wird ohnmächtig, zum Glück gibt es jedoch nicht genügend Platz zum Umfallen. Dennoch besteht man darauf, sie fortzutragen, ich werde von der zusammengelaufenen Menge mitgerissen. Ein Stückchen weiter ist auf dem Platz ein Schrei zu hören: Es brennt. Der Schrei schwillt an und wird weitergetragen wie eine Parole der Vorposten im Feld. Tatsächlich ist eine Feuerspritze zu sehen, die in hohem Tempo mitten durch die Menge fährt; man weicht aus einem Gefühl heraus zurück, das unbestimmt ist wie alle Gefühle der Masse, nur Instinkte können dafür verantwortlich sein, daß hier Platz geschaffen werden muß. Der Feuerwehrwagen rammt die Droschke, in der die Schauspielerin mit einem erbosten Blick sitzt, der eindeutig besagt, daß sie es als eine persönliche Beleidigung empfindet, wenn in der Stadt ein Feuer ausbricht und sie dem Spritzenwagen ausweichen muß. Ich drehe mich um und will nach H. sehen, aber er ist verschwunden; er wollte irgendwo in der Nähe Balduin Dahl hören und hat es, wie er mir später erzählte, auch geschafft. Auf dem Weg dahin verlor er allerdings seinen Hut, und ein wohlwollender Mitbürger hat sein Portemonnaie gestohlen, aber das war ihm egal; er kam bis zur Rathaustreppe, und das war sein Ziel. Gnädige Frau, würden wir uns für die großen Aufgaben ebenso einsetzen, wie wir es häufig für die kleinen wagen, dann könnten wir alles erreichen; aber wir Gegenwartsmenschen setzen für unsere kleinen Liebhabereien so viel aufs Spiel, daß für die wirklich wertvollen Opfer kaum noch etwas übrigbleibt.

Ich rettete mich zu Peter à Porta. Dort war es so voll, daß

die Gäste beinahe aufeinander saßen – fast wie Heringe in der Tonne – und die Kellner sich kaum durch dieses Durcheinander von Tischen, Stühlen und in dem Chaos umgefallenen Hockern drängeln konnten. Und all diese Menschen hatten nur ein einziges Thema: die Finsternis am Nationaltheater und der Kunstakademie, die Tausende Lichter am Magasin du Nord und die Bibel. In einer Ecke saßen zwei Folketing-Abgeordnete und flüsterten über Ledreborgs letzte Wahlversammlung, ein paar Schauspieler klatschten über einen neuen Skandal, aber alle anderen lebten und atmeten nur für die Illumination. Und mit welchem Ernst man diese Bagatellen diskutierte! Alles in der Welt, gnädige Frau, ist wahrlich relativ, und es gibt nichts Großes oder absolut Kleines, das zumindest begriff ich bei Peter à Porta am vergangenen Sonnabend.

Es war an der Zeit aufzubrechen, um die Abreise zu sehen. Wir gingen durch die Vestergade bis zum Halmtorvet. Der Platz war voller Menschen, die vor Kälte blau angelaufene Gesichter hatten; man stampfte auf die Erde, um sich warm zu halten, und hin und wieder begann eine kleinere Gruppe, den »Tapferen Landsoldaten« zu singen – bisweilen läßt die Langeweile das Volk patriotisch werden. Dahinter lag das »Boulevard«, das gegen einen Eintritt von fünfzig Øre einen Platz anbot, von dem aus man nichts sehen konnte, dennoch hatten sich ein paar tausend Menschen das günstige Angebot nicht entgehen lassen. Vor uns strahlte die prachtvolle Dekoration des Tivoli – leichte, luftige, leuchtende Bögen, gleichsam ein in die Wolken gebautes Fata-Morgana-Schloß. Und der Himmel, der grau und schwer über der Stadt lastete, nahm von diesen Tausenden von Lichtern und Flammen den Schein eines mächtigen Feuers an, einer enormen Feuersbrunst. Oder soll ich sagen, er erinnerte vielmehr an den glühenden Himmel einer Julinacht, wenn man nicht weiß, ob der Himmelsbogen von dem Tag gefärbt ist, der kommen wird, oder von dem, der gegangen ist – wenn es so aussieht, als zöge am Horizont eine Ahnung des Morgenrots auf. Nun aber waren es die Brautfackeln einer Königstochter, die den Himmel erröten ließen. Aus dem Tivoli steigt ein Raketenregen auf – »Sie kommen, sie kommen!« Weiter hinten auf dem Platz wurden die Rufe immer lauter, die Luft bebte, zitterte und wurde von den unablässigen Rufen in sich überkreuzende Strömungen versetzt, und doch es war eher ein brausendes Murmeln, ein großer, gemeinsamer Schrei als ein eigentlicher Ruf. Man drängte vor und zurück, man schob, und man kämpfte. Am vergangenen Sonnabend ließ sich vor dem Industrieausstellungsgebäude ein kleines Stück Daseinskampf beobachten, wie auf dem Tablett serviert. »Da sind sie!« Der Polizeidirektor im ersten Wagen, darauf einige Herren vom Gefolge, der König und die Königin in einem geschlossenen Wagen, umgeben von berittener Polizei und Soldaten – das sieht so bedrückend aus, und der König ist so blaß, aber es ist ja auch die letzte Tochter, die die königlichen Eltern aus einem glücklichen Heim ziehen lassen. »Jetzt kommen sie!« In der goldenen Kutsche sitzen die Braut und der Bräutigam, die Prinzessin mit einem weißen Hut und einem weißen Pelzumhang über ihrem Brautkleid, der Herzog in einer hübschen Uniform mit einer Reihe glänzender Orden an seiner Brust. Rund um die Kutsche erzittert die Luft vom lärmenden Jubel.

Ich schob mich weiter in Richtung Bahnhof. Sie machen sich keinen Begriff von dem Durcheinander, das hier herrschte, gnädige Frau. Man quetschte sich und zwängte sich planlos vor und zurück, man wurde im Kreis gedreht und hochgehoben und fiel wieder herunter. So war es tatsächlich – und während aus Tausenden von Kehlen der gleiche Jubelruf zur Ehre eines fürstlichen Brautpaares zu hören war, verstand ich zum ersten Mal, wie leicht Revolutionen geboren werden können. Ein Funke in einer solchen Volksmenge, der nur noch ihre Instinkte geblieben sind – ein Funke, mehr braucht es nicht. Selbst wenn sie jubelt, hat die Masse etwas Fürchterliches. Sie lächeln und sagen, daß Sie mich in dieser Bemerkung wiedererkennen? Sehr gut möglich, doch ich empfand genau das, was ich hier beschreibe, und es sind doch meine Eindrücke, um die Sie mich gebeten haben … Im nächsten Augenblick fragte ich mich, ob wir keinen Maler haben, der dieses Bild malen könnte. Wie sollten Worte dieses Tableau zeichnen können, das Makarts Pinsel malen müßte – rundherum Gesicht an Gesicht: dicke Proletariergesichter mit breiten Lippen und schweren Kinnladen, das Haar strähnig in der Stirn – und dann diese verbeulten, fettigen, alten Hüte; junge, lächelnde Frauengesichter mit kleinen funkelnden Augen; alte Männer mit schlaffen Mündern und hängenden Kinnladen; geschminkte Damen mit Samthüten, flatternden Schleiern, Spitze und Tüll; weiter entfernt die Husaren, auf deren Säbeln und Knöpfen, den Uniformtressen und dem Zaumzeug der Pferde das Licht der Gaslaternen spielt … Verwirrung, Lärm, willenlose Bewegung überall. Die Lokomotive pfeift, ein blendender Raketenstrauß erleuchtet den Himmel. – Dann wird das Gas auf dem Dach des Bahnhofs gelöscht. Es ist vorbei …

Drei Stunden später ging ich durch die Straßen, es war Nacht geworden. Die Häuser lagen dunkel und schweigend da, ruhige Massen ohne Leben. Und nach so viel Lärm, gnädige Frau, klang die Stille nun wie sanfte Musik in meinen Ohren …

Leben Sie also wohl, liebe Freundin, und fröhliche Weihnachten! Wenn ich kann, besuche ich Sie nach Neujahr.

Landleben

An den morschen Zäunen weht der Schnee zusammen und türmt sich zu kleinen Hügeln um die blattlosen Büsche, wie eine Barrikade legt er sich vor das Gitterwerk der Veranda. Der wilde Wein wirft seine verwitterten Zweige wie verschlungene Polypenarme im Sturm hin und her. Die Häuser sehen hilflos aus, von innen starrt uns die Öde der leeren Wände kalt und unheimlich entgegen; die Türen sind schief und verzogen, und der Schnee kann hineinwehen – fast so dicht wie ein Teppich überzieht er den Boden des Wohnzimmers. Der Sturm reißt die Türen auf, rasselt mit den Schlössern, und schlägt sie wieder zu, er fegt durch die Löcher und Ritzen, und beinahe sieht es so aus, als könnte er auf die Idee kommen, die ganze Villenkolonie auf seine Reise mitzunehmen.

Doch dann kommt das Frühjahr, dem wilden Wein wächst frisches Laub, der Flieder blüht, und alle Büsche werden grün. Die üppige Pflanzenwelt überwuchert die Häuser, und die Löcher und Ritzen verschwinden hinter diesem dichten Vorhang. Wie kleine Nester schauen die Häuschen hinter den schützenden Bäumen hervor. Und die Sonne lächelt auf alles und alle. Die Sommerresidenzen der Kopenhagener warten auf ihre Gäste.

In der Stadt wird es warm. Man bleibt auf der Schattenseite der Straße, geht mit aufgeknöpftem Sommermantel spazieren und bestellt Eis für seine Limonade. Man unternimmt Waldausflüge, um sich den längst verblühten Waldboden anzusehen, und die Dame des Hauses serviert acht Tage hintereinander Kaltschale.

»Mein lieber Henrik, du wirst doch bei sechzehn Grad im Schatten nicht etwa Fleischbrühe essen wollen ...«

»Heut' nacht hatte es Frost ...«

»Sechzehn Grad im Schatten, Henrik. Karoline und ich haben es am Frueplads selbst gesehen ...«

Die Dame des Hauses pustet in die Kaltschale, bis sie vor Anstrengung einen hochroten Kopf bekommt. Der Herr des Hauses kämpft vergebens mit der unerbittlichen Härte des Roggenzwiebacks. Sein knirschend arbeitender Gaumen ist nicht zu überhören.

»Gradmans sind jetzt auch aufs Land gezogen«, bemerkt Karoline fast beiläufig und läßt den Löffel sinken.

Über der Suppenschüssel wechseln Mutter und Tochter einen schnellen Blick.

»Ja«, sagt die Dame des Hauses und pustet, daß ihr die Hälfte der Kaltschale vom Löffel fliegt.

»*Gradmans* sind hinausgezogen.«

Der Gaumen des Hausherrn arbeitet jetzt sehr angestrengt.

»Und Kolds haben sich eingemietet«, fügt Fräulein Karoline hinzu.

Der Herr des Hauses beugt sich über seine Kaltschale und schüttelt den Kopf wie ein Schaf, das von Fliegen geplagt wird.

»Wieso gibt es eigentlich nie Dickmilch?« fragt er.

»Dickmilch? Nein, Holm, also entschuldige bitte. In dieser stickigen Speisekammer wird daraus sowieso nichts anderes als Molke.«

Erneut Pause. Der Herr des Hauses schüttelt weiterhin den Kopf und krümmt sich immer tiefer über seinem Teller. Er benutzt den Löffel mit angewinkeltem Arm. So wie er dasitzt, sieht es aus, als wollte er sich gegen irgendeine unsichtbare Bedrohung wehren.

»Wer geht heute abend in die Loge?« fragt er, ohne den Kopf zu heben. Das Schweigen bedrückt ihn wie die Stille vor einem Gewitter.

»Der Platz muß leer bleiben«, erklärt Karoline und lehnt sich nonchalant mit ausgestreckten Beinen im Stuhl zurück.

Papa schaut auf: »Leer?«

Die Frau stützt sich in ihrem Stuhl auf. »Ja, Henrik.« Sie macht eine kurze Pause und sagt dann sehr deutlich über die Terrine hinweg: »Wir müssen wenigstens so *tun*, als wären wir auf dem Land.«

Klirrend fällt Henriks Löffel in den Teller. Er greift zu seinem Taschentuch und wischt sich mit einer langsamen, bemitleidenswerten Bewegung den Schweiß ab. Karoline stemmt die Ellenbogen auf den Tisch, den Blick auf ihre gespreizten Finger gerichtet, die Dame des Hauses hält sich auf ihrem Stuhl sehr gerade und mustert kühl ihre bessere Hälfte, der sich nun wieder duckt und versucht, die letzten Reste der Kaltschale aus dem leeren Teller zu schlürfen.

»Willst du noch was, Holm?« fragt die Dame des Hauses gereizt und unnötig laut.

Nein, Henrik reicht es.

Drei Tage später mieteten sich Holms in Ny-Taarbæk ein. Henrik hatte das Spiel aufgegeben, sein Widerstand war in den Kaltschaleströmen seiner Frau ertrunken. Die Dame des Hauses und Karoline waren in einem Landauer von Villa zu Villa gefahren und mieteten schließlich drei Zimmer mit Zugang zum Garten und einer Veranda, in der eine rote Lampe an die Decke gehängt wurde. In die Ecke wurden ein Pan und ein Strauß Farnkraut auf zwei theatralische, eiserne Blumentischchen gestellt, die eine Venus zierte; von der Straße her sah das Ganze beinahe dramatisch aus.

Ny-Taarbæk paßte genau zu den Holms.

In Gammel Taarbæk prallen extreme Gegensätze aufeinander. Dort liegen alte Landsitze mit sehr viel Platz, und im Garten hinter dem Haus hat es drei, vier Obstbäume, Kartoffeln, Petersilie und so viele Erdbeerbeete, daß die Hausherrin ihren Gatten mit einem betörenden Lächeln bitten kann, die Erdbeeren aus dem »eigenen Garten« zu probieren, wenn der Diener in einer Schüssel mit Eis auf dem Boden Rosenbeeren anbietet, die eigentlich aus Hellerup stammen.

Im Erdgeschoß gibt es einen Salon und ein Eßzimmer, und ein Kabinettzimmer führt hinaus zur Terrasse. Alles ist in diesem sommerlich hellen, blauweißen Stil gehalten, von dem man in den Romanen lesen kann: weißlackierte, kattunbezogene Stühle, weiße Tische mit Platten aus Marmorimitat und ein Kamin, der an den kühlen Septemberabenden angefeuert wird, wenn die Dame des Hauses liest oder Briefe schreibt, nachdem sie auf der Promenade der Badeanstalt die Sterne bewundert und ihr Abendessen verdaut hat – die Füße am Kaminrost, so wie die Baronessen in den französischen Lustspielen.

In diesen Landhäusern hält man es bis Mitte Oktober aus, man hat das Obst zu ernten, und außerdem ist es *comme il faut*, lange auf dem Land zu bleiben. Es zeugt von einer gewissen Solidität, belegt, daß man dort draußen einen Kachelofen hat. Und damit steht man gleich eine Stufe höher auf der Rangleiter.

Diese Villen sind alt, man hat sie geerbt, sie sind im Besitz der Familie, sie sind Teil des Vermögens ihrer Bewohner. Direkt daneben stehen die Mietshäuser: Fischerhütten und lehmverputzte Katen mit Veranden an stinkenden Gassen, Siedlungen, die würdige ländliche Ausgaben von Peder Madsens Gang sind, Butzen, in denen Menschen in Dachkammern und Gartenhäuser gestopft werden, ein Euphemismus, mit dem das gichtfördernde Elend des undichten Schuppens wohltönend kaschiert wird. Dort ißt, lebt und schläft man in demselben Raum, dort sind Wandschirme der brüchige Damm gegen die Auferstehung vollkommen paradiesischer Zustände, dort besteht die Speisekammer aus einem Fliegenschrank, der in dem einzigen Baum auf diesem winzigen Fleckchen Erde hängt, das die Dame des Hauses als Garten bezeichnet, dort hat man direkt vor seinem Fenster eine so übelriechende Kloake, daß Rosenaaen im Vergleich dazu ein Segen ist, dort vergeht man vor Hitze, wenn die Sonne scheint, und wenn es regnet, muß man aufgrund des undichten Daches unter einem Regenschirm sitzen ... man wohnt dort, ist aber nie da, weil es ganz einfach unmöglich wäre, dort zu leben.

Aber das ist auch egal, denn Vater ist im Laden, Mutter besucht eine Freundin auf der »Anhöhe von Ry«, und die Tochter fährt vormittags immer mit ihrem Notenbüchlein und den Aufsatzheften in die Stadt, um ihren Freundinnen zu erzählen, wie herrlich es dort draußen ist.

Das sind die Mietshäuser. Sie stehen da, als wären sie aneinandergeklebt, versteckt hinter staubigen Bretterzäunen, von der Sonne gebacken, vom Staub der Landstraße überzogen, überhitzt, begrenzt, begafft. In diesen Siedlungen hat man keinerlei Geheimnisse voreinander, jeder wohnt in einem Glashaus – aber leider wird dennoch tüchtig mit Steinen geworfen.

Doch diese Art von Vergnügen ist nichts für die Holms. »Ny-Taarbæk« ist *le just milieu*. Kleine Häuser, im wahrsten Sinne des Wortes auf Sand gebaut, diminutive Veranden mit wildem Wein, ein von vier Hecken umgebener grüner Rasen, ein kleiner Hofplatz, auf dem man ein paar Kugeln rollen lassen kann und sich dann einbildet, man spiele Krocket, ein kleines Wohnzimmer mit einem Sofa und zwei Sesseln, ein Eßzimmer, in dem knapp sechs Personen essen können, eine Küche, so groß wie der Verschlag des Kochs auf einem Schoner, und zwei kleine Schlafzimmer, in denen man wegen der Luft bei offenem Fenster schläft. Oben im Giebel noch ein Loch, in dem die Mädchen auf einer Pritsche schlafen und noch einmal die abenteuerlichen Schrecken der Bleikammern erleben.

Das Ganze sieht aus, als wäre es in aller Eile gebaut und könnte ebenso rasch wieder abgerissen werden. Fachwerk, Bretter, Flickwerk und Halbsteinmauern. Moderne Baukunst in Miniaturausgabe.

Aber man hat es für sich, versteht sich, und Ny-Taarbæk hat so viele Vorzüge. Man ist so schnell im Dyrhave, und vormittags gehen die Damen des Hauses dorthin, mit einem kleinen, zusammenklappbaren Stuhl und einem englischen Roman, in dem sie nie weiterkommen. Bisweilen auch mit einer koketten Staffelei und einem Stück Leinwand, die der Lehrer mit einer Vorzeichnung versehen hat, um dann etwas Spinatgrün und ein wenig Glasblau darauf zu klecksen, überzeugt davon, auf der Leinwand die ganze hinreißende Schönheit erfaßt zu haben, die Christian Winther den sommergrünen Wäldern Seelands abgelauscht hat. Jeden Mittwoch kann man sich in der Badeanstalt auch zu den Symphoniekonzerten einfinden, bei denen sich »ganz Kopenhagen« trifft, um wie im Musikverein bei Haydn zu gähnen und in all den tausend Nuancen von Drap zu brillieren, das die Damen und Herren um die Wette präsentieren. Und um sich »die Fremden« anzusehen: Herren in schwarzen Stoffstiefeln und bunten Hemden mit hellen Krawatten und Goldnadeln, Damen in kurzen Röcken und blauem Schleier, und Kinder, die so wenig anhaben, daß man unwillkürlich meint, sie seien im Badeanzug und wollten ins Wasser.

Es summt im Konzertsaal. Man trifft sich, man grüßt sich, man macht sich Komplimente; von oben gesehen, erscheint es wie ein wogender Ball, all diese wippenden Köpfe mit ihren weißen Hüten, weißen Schleiern und weißen Federn.

Die Kellner sprechen Deutsch, die Fremden ein wenig von allem, und wir selbst »werfen mit Sprachkenntnissen um uns, die unsere Gäste staunen lassen«. In der drückenden Hitze wird mit Fächern und parfümierten Taschentüchern gefächelt. Die Luft ist durchtränkt von Puder, Rosenduft und dem Geruch nach Essen.

Bei der a-Moll-Sonate schwitzt das Orchester fürchterlich. Langsam tropft dem Waldhornisten der Schweiß von der Nasenspitze auf das bestickte Chemisette.

Gammel Taarbæk trifft sich mit Ny-Taarbæk, und bei dieser Begegnung umwirbt man sich gegenseitig. Die »Alten« nennen die »Neuen« Parvenüs, es bleibt ein ständiger Wettkampf; man kämpft um den Wagen der Richardts, um Geermanns Butter und um die Gemüsefrauen; mit jedem Tag wird neues Öl in das Feuer der Mißgunst gegossen.

Dann geht man nach Hause. Am Strandvej ist es ruhig. Zwischen den Häusern verirrt sich das Licht aus den Wohnzimmern ins Laub der Bäume, gleitet zwischen die Zweige der Büsche und legt sich als leuchtender Streifen über das Resedabeet im Gras. Und das Licht auf dem Weg läßt die Schatten der Büsche doppelt so tief und geheimnisvoll erscheinen. Unten an der Pforte ist gedämpftes Flüstern zu hören – man unterhält sich über die Hecke …

Dumpf murmelnd läßt der Øresund seine Wellen gegen den Strand rollen.

Die Sommernacht ist überall schön.

Doch Taarbæk hat keine Zeit, die Schönheit der Sommernächte zu bewundern: Vater muß mit dem ersten Zug in die Stadt, und Joakim und Ludvig fahren jeden Morgen um acht; man muß früh zu Bett, wenn man um sechs Uhr aufstehen muß.

Und so bricht der Herr des Hauses morgens auf, schlaftrunken und ohne irgend etwas zu sich genommen zu haben, veranstaltet er Tag für Tag einen Wettlauf mit Leutnant Lissners Geduld, der beim Frühzug dem alten Satz über Eisenbahnen, die nicht warten, respektable Schande macht.

Schnaufend, verschwitzt und abgekämpft erreicht er um acht sein Büro weit draußen in Christianshavn, aus dem er um sieben wieder heimkehrt. Dann bekommt er die übriggebliebenen Reste des Abendessens, die im Ofen längst trocken geworden sind, entspannt sich in einem Sessel und schläft ein.

Aber er entspannt sich auf dem *Land*, er schläft im Schoße der Familie auf dem *Landsitz*. Die *Familie* lebt auf dem Land.

»Die Familie« – das allerdings ist die Frage. Um sechs Uhr früh werden die Kinder aufgescheucht, um in aller Eile ein Bad zu nehmen, ihre Schulbücher zusammenzusuchen, noch einmal die Aufgaben zu überfliegen und atemlos zur Bahn zu rennen. Von der Eisenbahn zur Bredgade oder nach Christianshavn. Müde, verschlafen und vollkommen erschöpft kommen die Kinder dort an. Stunde um Stunde sind sie nun in den warmen, überheizten Klassenzimmern eingesperrt und werden mit Weisheit vollgestopft wie die Straßburger Gänse, die ihr Futter nicht verdauen dürfen. In der ersten Stunde schlafen sie ein – die Müdigkeit nach dem Bad, das Gerenne zur Bahn, durch die Straßen, nun die monotone Stimme des Lehrers, das Gemurmel eines Schülers, wenn jemand aufgerufen wird – sie schlafen ein.

»Adolf!«

Adolf fährt ruckartig auf und greift mit beiden Händen nach dem Caesar. »Drittes Kapitel«, sagt der Lehrer. Man hört ein leierndes Murmeln, das wellenartig ansteigt und wieder abfällt, wobei Adolf Oberkörper und Kopf im Takt hin- und herbewegt.

Derweil sitzt der Lehrer wippend auf dem Katheder, mit geschlossenen Augen, die Arme über Kreuz.

Die Jungen sitzen in den Bänken und haben die Köpfe auf ihre verschränkten Arme gelegt.

»Genug!«

Ein Ruck geht durch die schläfrigen Gestalten, die Köpfe werden ein wenig gehoben, der Lehrer wippt noch immer ...

So vergeht quälend langsam Stunde um Stunde an diesem heißen Sommertag.

Um drei fahren die Kinder nach Hause. Daheim wird das Essen heruntergeschlungen, dann geht es nach oben in die Dachkammer, um über den Schulaufgaben, die eher hemdsärmelig erledigt werden, und einer Pfeife, einer verbotenen Frucht, einzuschlafen.

Der Ruf: »Tee, Jungs!« weckt sie. Und nach dem Tee ins Bett.

Ja, sicher, die Familie lebt auf dem Lande.

Man *kann* das komisch finden, dennoch kann man nicht umhin, diese Art von Landleben auch durchaus ernst zu nehmen. Denn ist tatsächlich irgend jemand der Ansicht, es sei für Kinder förderlich, wenn sie Tag für Tag, ob bei Hitze oder Regen, derart hetzen müssen – vom Sommerhaus zur Eisenbahn und von der Eisenbahn durch die Straßen in eine völlig überheizte Schule? Immer in Unruhe, immer auf dem Sprung, nie zu Hause, zehn Stunden am Tag draußen auf der Straße. In der Eisenbahn zusammengepfercht mit allen möglichen Kindern aus allen möglichen Elternhäusern. Die Hausaufgaben werden in den Abteilen überflogen, man redet, schwatzt, plaudert und tratscht. Die jungen Damen rauchen Zigaretten, die jungen Herren Zigarre, es wird geflirtet, und man läßt es sich gefallen, es wird geschwärmt, gebuhlt und angegeben. In den Stunden auf der Bahn erholen sie sich vom Landleben. Aber, ehrlich gesagt, wo bleibt da noch Platz für die Erziehung dieser Kinder?

Es gibt durchaus Anlaß für diese Frage, denn selbst in der Stadt findet manch Elternhaus kaum Zeit, die Kinder zu erziehen. Die Erziehung orientiert sich an den alten, konventionellen Methoden.

Die Kinder stehen auf, noch bevor der Teufel sich die Schuhe angezogen hat, auf jeden Fall, bevor die Hausherrin daran denkt, das Bett zu verlassen. In der Küche bekommen sie eine Tasse Tee, das Hausmädchen kämmt ihnen die Haare und schmiert ihnen zwischendurch die Brote. Während des Teetrinkens gehen sie rasch die Hausaufgaben durch, schleichen leise an der Schlafzimmertür vorbei, um die Mama nicht zu wecken, und gehen dann in die Schule. Die Eltern sehen sie beim Abendessen.

Der Vater ersucht sie, auf ihren Stühlen gerade zu sitzen, und läßt beim Kaffee die mittlere Tochter mit einem Lineal um den Tisch gehen, das sie zwischen den Armen auf dem Rücken zu halten hat. Die Mutter schimpft, weil sie mit dem Messer essen. Der Jüngste bekommt eine Ohrfeige, weil er in der Nase popelt.

Nach dem Essen werden die Hausaufgaben erledigt. Abends sind die Eltern eingeladen. Mama hat eine Glasschale mit ein paar Apfelsinen aufs Büffet gestellt. Sobald sie gegessen sind, wird ein verbotener Roman aus dem Bücherschrank gestohlen – eine Unsitte, im Bücherschrank den Schlüssel stecken zu lassen –, oder man schläft am Eßtisch ein ...

So ist die Erziehung. Und jeder, der sich einreden will, dies sei doch bloß *ein Teil* der Wahrheit, darf diese Schilderung gern als eine erdrückende Anklage betrachten.

Jawohl, als eine Anklage; denn das hat mit Erziehung nichts zu tun, und eine Generation, die ihre Kinder nicht erzieht, verurteilt sich selbst zum Tode. Die Eltern überlassen alles der Schule, schließlich bezahlt man Schulgeld genug, und das Zeugnis ist doch in Ordnung. Vilhelm wird beim Examen ganz sicher die besten Noten bekommen! Eine Schule, in der – abgesehen davon, daß man fünfzehnjährige Jungen zu Spezialisten macht – der Stoff gar nicht mehr bewältigt werden kann, ohne daß er den Schülern zu den Ohren herauskommt; in der gepaukt, auswendig gelernt und der Stoff nur noch flüchtig gestreift wird; in der man im Kopf eines sechzehnjährigen Menschen fünf, sechs Sprachen Cancan tanzen läßt; in der das Zeugnisheft alles ist und der Charakter nichts – ja sicher, man kann ruhig alles der Schule überlassen.

Aber woher soll man denn die Zeit zur Erziehung nehmen? Es stimmt schon, die Möglichkeiten der Verführung von Kindern haben zugenommen, die Ansteckungsgefahren sind größer und die Nerven reizbarer geworden; durch Zeitungen, Zeitschriften, Diskussionen und Gespräche, die man in Gegenwart der Kinder führt, werden tausend Dinge selbstverständlich, über die Kindern nie Bescheid wissen sollten; es stimmt schon, Kopenhagen ist eine große Stadt, und Schulen und Elternhäuser liegen häufig direkt neben den moralischen Kloaken der Großstadt – auf jeden Fall gibt es in Kopenhagen eine Schule mit einer merkwürdigen Lage, um es einmal vorsichtig auszudrücken –, kann sein, daß die Zeiten gefährlich sind – aber es sind tatsächlich auch harte Zeiten, und Vater hat es schwer genug, unser tägliches Brot zu verdienen …

Vielleicht, doch dann muß man sich an die Mütter wenden, um ihnen zu sagen, daß die Schule ihre Kinder nicht erzieht, daß sie es gar nicht *kann* und auch nicht tut, daß diese Schule genug damit zu tun hat, die Kinder zu unterrichten, und nicht auch noch auf ihr Leben achten kann, geschweige denn auf ihre Träume. Und doch sollte man vor allem auf die Phantasie der Kinder aufpassen, sollte ihren Träumen die Richtung weisen.

Die Träume unserer Kindheit bestimmen unser Leben …

Doch dieses Thema ist zu hoch für meinen flüchtigen Stift – und außerdem waren wir in Taarbæk. Bisweilen bin ich versucht zu glauben, daß der Feuilletonist eigentlich der glücklichste Mensch auf der Welt ist – sämtliche Themen kann er anschneiden und braucht ihnen nicht einmal auf den Grund zu gehen; das ist angenehm, denn es findet sich immer Unrat am Boden …

Wie gesagt, »Alteingesessene« und »Neue« sind in Taarbæk Rivalen. Es gibt nur einen Punkt, in dem sie sich voller Sympathie einig sind: in der Verachtung für die aus Charlottenlund.

Sie kennen Charlottenlund? Sie fahren nie dorthin? Kann ich sehr gut verstehen.

Ein paar sonnenverbrannte Vogelbauer auf einem Feld, bei dem Schatten ein Fremdwort ist; ein paar Sandwüsten, die Gärten genannt werden; hin und wieder ein verkrüppelter Busch, der für seine Existenz um Vergebung zu bitten scheint. Schließlich bei jeder Villa ein Hühnerstall. Hühnerställe sind Charlottenlunds Spezialität, man exportiert Küken.

Und dann die Nähe zum Wald, einem zweiten Dyrehavsbakke, allerdings ohne Madame Lundager und ihre Waffeln. Ohne Übertreibung, ein wahrer Rummelplatz. Dort steht das Grøndalshus, eine ländlicher Tanzschuppen, in dem alles ländlich ist und wahrscheinlich nur die Unschuld vom Lande fehlt, dann liegt dort Gyldenlund mit seinen ausländischen Artisten, der Alexanderpavillon, das Egely, der »Stall« und noch ein Pavillon, dessen Namen ich vergessen habe. Das Amtsgericht hat diesen Teil des Waldes tatsächlich mehr als reichlich mit »Nachtigallen« bevölkert.

Wieso läßt man zu, daß diese Wirtshäuser zwischen der Stadt und Bakken florieren? Fragen Sie nicht mich, ich finde es auch seltsam. Es sei denn, man tut es, um die unglücklichen alten und verblühten Frauen, die hier ihre letzten Verse singen, noch eine gewisse Zeit ihr Leben fristen zu lassen, bevor sie in dem dunklen Strom verschwinden, der das Elend verschlingt, überrollt und davonträgt.

Andererseits ist es auch denkbar, daß diese Institutionen

gar keinen Schaden anrichten. Sicher, der Ton ist durchaus
freizügig, die Lieder sind lebhaft; die männlichen Komiker
spielen Damen, und die weiblichen sind äußerst glaub-
würdig als Herren, und die Kopenhagener Polizei würde
kaum sämtliche Lieder genehmigen, dennoch ist das Ganze so furchtbar armselig, so abschreckend, dürr, geschminkt
und altbacken, daß wirklich niemand in Versuchung geführt
werden kann.

Ich persönlich glaube ja an einen erheblichen Anstieg
der Mieten in Charlottenlund, wenn die Buden geschlossen
würden.

Taarbæk und Charlottenlund sind die Hauptquartiere der
Sommergäste – noch. In zwanzig Jahren hat die *beau monde*
Ny-Taarbæk verlassen und ist weiter nach Norden gezogen.
Derzeit ist Rungsted die Grenze für alle, die morgens in die
Stadt fahren und abends wieder zurückkehren. Skotterup
gehört den Schauspielern, Snekkersten den Feriengästen,
Hellebæk ist Gemeineigentum. Aber der Strom geht nach
Norden: Das Wasser ist besser, die Luft frischer, die Bauplätze
billiger.

Nur eines bedauere ich, und das sind die armen künftigen
Kinder, die dann von Hellebæk nach Kopenhagen in die
Schule fahren müssen.

Aber Zukunft hin oder her, vorläufig ist Vedbæk noch
eine Villenkolonie und keine Stadt, Rungsted ist ländlich,
und Hellebæk das Land. Dort ist an der Strandböschung sicher noch ein kleines Haus mit niedriger Decke zu finden,
bei dem man sich bücken muß, um zur Tür hineinzukom-
men; dort kann man sein Fleckchen Garten bestellen, ohne
angestarrt zu werden, und in Hemdsärmeln in der Hänge-
matte unter den Kirschbäumen liegen, ohne Anstoß zu erregen …

Oder man zieht ins Landesinnere auf einen richtigen
Bauernhof mit großen Zimmern und einem Obstgarten mit

dichten Hecken um die Rosenbeete. Hier ist man wirklich auf dem Land. Es gibt Feldwege und Zauntritte, einsame Pfade in den Wald und am Bach hinter der Mühle eine einfache Bank.

Die junge Frau trinkt morgens Milch, sie hat die Kuh gemolken. Und die Kinder sitzen oben auf dem Fuder, wenn der Bauer das Heu einfährt ...

Das ist *Landleben*, doch jeder nach seiner Fasson, denn hier gibt es weder einen Konzertsaal noch eine Tombola oder Roulett. Daher ist es gut, daß an der Küste jeder nach eigenem Gutdünken wählen und bekommen kann, wie er es gerne hätte.

Nur – zeige mir deinen Sommerwohnsitz und ich sage dir, wer du bist.

Die Stadt der Wahnsinnigen

»Sie wollen nach Gheel?« – Ja … »Gheel – *la ville des fous* …
vous savez?« – Ja, ich wußte es.

Es wurde nicht weiter gefragt – es gibt Dinge, über die man
nicht lange spricht, und zu diesen Dingen gehört Gheel –,
aber man sah mich ein wenig skeptisch an – es war eine
derart eigenartige Idee! – »Außerdem ist es sehr weit dorthin« … Oh, ja … die Fahrt von Brüssel dauert zwei Stunden
– »Mehr nicht?« – Nun, wir hatten gedacht, es würde sehr
viel länger dauern … aber, es *ist* schrecklich abgelegen …

Ja, abgelegen ist es.

Mitten in Belgiens dichtbesiedeltster Gegend, an der
Grenze zum Waasland, wo selbst sandige Heideflächen wie
Gärten bestellt werden, freundliche Kanäle die fruchtbare
Ebene wie Landstraßen durchziehen und Eisenbahnen das
Land wie ein Netz umspinnen; wo die ganze Region wie
eine einzige Stadt besiedelt ist und sich Kirchen mit ver-
steckt hinter Gartenanlagen liegenden gotischen Türmen
und Schlössern abwechseln, mit Fabriken, Kleinstädten und
Dörfern, die an dem sausenden Eilzug vorbeihuschen; wo
alles lächelt, die Wiesen, die plätschernden Flüsse, die weißen
Schlösser und die schimmernden Villen – mitten in dieser
Landschaft liegt einsam Gheel.

Abgelegen.

Die menschliche Scheu vor dem Elend hat einen Kreis
um die Stadt gezogen. Die bleichzitternde Furcht der Masse, der Aberglaube der Menge und der Ekel der Aufgeklär-
ten haben »die Stadt der Wahnsinnigen« aus der lächelnden
Landschaft getilgt.

Bisweilen geschehen in unseren Familien seltsame, stumme Unglücksfälle. Die gesamte Verwandtschaft weiß davon,

aber man spricht nicht darüber, man nimmt das Unglück hin und schweigt. *So* schweigt man über Gheel, und sogar diejenigen, die Verwandte oder Freunde in »der Stadt der Wahnsinnigen« haben, sprechen am liebsten nicht über diesem Ort: Meist ist der Wahnsinn für sie das abschließende Siegel eines traurigen Irrwegs oder eines Lebens, das verspielt wurde ... Daher haben sich alle darauf verständigt, über Gheel zu schweigen, und mitten in Belgiens dichtbesiedeltster Gegend, an der Grenze zum Waasland, wo selbst sandige Heideflächen wie Gärten bestellt werden, liegt »die Stadt der Wahnsinnigen«, abseits und einsam.

Man erreicht Gheel in zwei Stunden, allerdings muß man in diesen zwei Stunden dreimal umsteigen. Es ist eine sehr kleine Bahn, die hierher fährt – auf Schienen, die von einem Nebengleis abzweigen, mit schlechten Waggons und wenig Verkehr. Es ist erstaunlich, daß sich diese Strecke rentiert, doch wie der Stationsvorsteher erzählt, wird relativ häufig ein ganzes Abteil belegt, obwohl nur zwei Personen mitfahren, der Kranke und sein Aufseher. *Das* gleicht die Bilanz dann aus – und das ist auch gut so, denn man kann kaum verlangen, daß eine Aktiengesellschaft Eisenbahnen aus Mitleid mit ein paar Unglücklichen unterhält, die den Verstand verloren haben.

Die Stadt sieht aus wie alle kleinen Städte, es gibt Straßen, die hinein- und hinausführen, Gassen, die sich zwischen den Bretterzäunen schlängeln, und Gärten vor den weißen Häusern. Still ist es. Still in den Straßen und still auf dem sandigen Platz mit den verkümmerten Pappeln und dem Steinbrunnen mit einem Marmorbecken. Die Feldsteinmauer des Friedhofs begrenzt den Platz, es ist eine alte Mauer, aus der Grasbüschel wachsen. Ein Genesener hat aus Dankbarkeit ein Kruzifix auf der Mauer errichten lassen – aber das ist schon lange her. Im Lauf der Jahre hat die Christusfigur ein

Bein verloren, und das Kreuz steht ganz schief. Der Platz ist groß; jetzt, während des Sommers, wird die sandige Erde von der Sonne gebacken, im Herbst jedoch kann der Sturm ordentlich zupacken und am Kreuz rütteln. So ist es im Lauf der Zeit zu den Schäden gekommen.

Direkt gegenüber der Kirche liegt »Das weiße Lamm«, grau, mit zwei Etagen und einer Steintreppe. Der Fuhrmann aus Tornhout lädt seine Tonnen vor der Treppe ab, während Madame Elisa, die roten Arme in die Seiten gestützt, nach Neuigkeiten fragt und feilscht. Im »Weißen Lamm« muß in der Küche immer etwas vorbereitet sein, denn die Besucher essen bisweilen zu Abend, bevor sie heimreisen, und manchmal bleiben sie sogar über Nacht. Im »Lamm« ist es sehr gemütlich, und Madame Elisa hat keine Pensionsgäste wie der Wirt vom »Goldenen Horn«, dessen Baron alle übrigen Gäste verscheucht hat. Denn die Fremden – verstehen Sie –, die die Pensionsgäste nicht gewohnt sind …

Madame Elisa ist eine sehr vernünftige Frau, die »Das weiße Lamm« mit Geschick regiert und versichert, daß das große Feuerwerk in Brüssel nicht für fünf Centimes besser sei als das, was der Bürgermeister in Gheel am Tag der heiligen Dymphna abbrennen läßt, nicht für fünf Centimes.

An der Allee liegen die vornehmen Häuser. Kleine Hotels, freundlich und weiß, mit Blumen hinter den Scheiben. Im ersten Stock sind Gitter vor den Fenstern. Im übrigen ist die Allee ein wenig schattig, selbst jetzt um die Mittagszeit, und bestimmt halten die Menschen in den freundlichen Häusern einen Mittagsschlaf, denn hier ist es sehr ruhig – so ruhig, daß man sich beinahe nach ein wenig Lärm sehnt, danach, daß jemand spricht. Hinter sich hat man den sonnenbeschienenen Platz; und vorn, so weit man sehen kann, die schmale Allee mit ihren stummen Häusern.

Da kommt ein junger Mann aus dem Garten schräg gegenüber vom Krankenhaus – ein junger Mensch im traditionellen Crevé-Anzug der Pariser Modenarren, helle Jacke und blaue Hose; er trägt sein Lorgnon an einer sehr breiten Schnur und kaut auf einem Stock mit einem Achatknauf …

Um ihn zu fragen, wo ich den Arzt fände, an den ich mich wenden soll, überquere ich die Straße zur Hälfte und ziehe den Hut …

Der junge Mann bleibt stehen und beginnt plötzlich an allen Gliedern zu zittern, dabei verbeugt er sich dreimal sehr tief … Das Herz wurde mir kalt in der Brust, ich lief auf der Stelle davon und hörte hinter mir das verzerrte Lachen des Wahnsinnigen.

Ich fand Herrn X. im Krankenhaus, und nachdem er meine Empfehlungsschreiben gelesen hatte, war er bereit, mich zu begleiten. »Aber«, fragte er, während er die Jacke wechselte, »haben Sie starke Nerven?« Ich war ziemlich blaß und spürte, wie meine Knie zitterten, denn noch immer sah ich diesen jungen Mann vor mir, der sich im Veitstanz verbeugte. Den ganzen Tag schon wurde ich von dieser entsetzten Neugierde gequält, die uns beispielsweise dazu bringt, den Verband einer Wunde oder das Laken über dem Gesicht eines Toten anzuheben, und die sich dann wie eine Gänsehaut über den Körper zieht und den Herzschlag verlangsamt.

Und jetzt diese Wanderung durch diese stumme Stadt, die nur von Pensionsgästen und ihren Aufsehern bewohnt wird, dazu die Mittagshitze – nein, ich fühlte mich nicht wohl. Aber ich wollte »die Stadt der Wahnsinnigen« sehen.

Ich bat um ein Glas Wasser, der Arzt lächelte. »Jetzt schon«, sagte er. »Ja, das war der kleine Baron, der sie erschreckt hat.«

Vermutlich.

»Wir werden jetzt ein halbes Dutzend Häuser in allen Varianten besuchen, verstehen Sie, und um mit dem Anfang zu beginnen, gehen wir zunächst in die Kirche – schließlich ist die heilige Dymphna die Mutter des Ganzen. Und da heißt es, die Heiligen brächten keinen Nutzen.«

Auf dem Weg zur Kirche erzählte er mir die Geschichte der Prinzessin: Sie war zum Christentum übergetreten, und dann wurde sie hier in Gheel – vor langer Zeit, versteht sich, es geschah im Jahr 600 – von ihrem Vater enthauptet. Die Priester bewahrten den abgeschlagenen Kopf auf, und schon bald geschahen die ersten Wunder an seinem Schrein. Die heilige Dymphna hatte die Macht, den Besessenen die Dämonen auszutreiben. Man strömte nach Gheel; Töchter kamen mit ihren geistesgestörten Vätern, Mütter mit ihren Töchtern, Kranke und Aussätzige, von Dämonen Besessene und vom Teufel Beherrschte scharten sich um den Stein, an dem der grausame Vater seine fromme Tochter ermordet hatte. Neun Tage und neun Nächte wurde kniend am Stein gebetet, und am neunten Tag geschah zuweilen das Wunder und der Dämon entwich. Dann und wann starb einer der Kranken allerdings auch – das war wohl das gewöhnlichste Wunder.

Wer es nicht glaubt, kann es auch nachlesen, die ganze heilige Geschichte Dymphnas mit einer Übersicht über ihre wichtigsten Wunder – ein ganzer Katalog der von der Heiligen vollbrachten Mirakel.

Dann kam eine dunkle Zeit, in der die Mönche von Tornhoud behaupteten, sie besäßen das Haupt Dymphnas, und als sie die Prinzessin in einem silbernen Schrein präsentierten, der auch Wunder vollbringen konnte, kam es zum Streit unter den verängstigten Seelen. Wußte man doch, daß die fromme Prinzessin kaum zwei Köpfe gehabt haben konnte. Gheels Priester indes waren siegreich, *ihr* Kopf war Dymphnas Kopf, sie bekamen einen noch größeren Silberschrein, und sie bauten der Heiligen eine Kirche … die Kirche, die der junge Arzt mir jetzt zeigte.

Im Lauf der Zeit wuchs der Ruhm der heiligen Dame,

und zusammen mit den Kranken pilgerte man nach Gheel. Hinter dem Altar ist unter dem Heiligenschrein der schwarze Marmorstein zu sehen, auf dem Tausende von Menschen gekniet haben, die in den vergangenen sechshundert Jahren an diesem Ort Heilung suchten. Auf Knien schleppten sich der Kranke oder seine Verwandten neun Stunden unter Fürbitten um diesen Stein, und wie ein Flußbett ist der Stein von den Knien der demütig Betenden rundum von einer tiefen Furche gezeichnet.

Manchmal allerdings hatte die Heilige nicht die Macht, in den einundachtzig Stunden dieser neun Tage zu helfen: der Dämon war zu stark. Dann forderten die Priester den Betreffenden auf, den Kranken in Gheel zu lassen. Handelte es sich um einen frommen Ritter oder eine edle Dame, beköstigten sie den Aussätzigen selbst in dem Gebäude neben der Kirche, in das manche sehr fromme Familie noch immer einen Unglücklichen schickt, der hier in eine der alten Zellen der Priester gesperrt wird – um Gott oder dem Klerus die Möglichkeit zu geben, Wunder zu vollbringen, sagte der Arzt. War der Patient nicht ganz so vornehm, kam er bei einem Bürger aus Gheel in Pflege. Jahr für Jahr stieg die Anzahl derer, die in der heiligen Stadt blieben, Generation um Generation gewöhnte sich daran, die Kranken zu pflegen, Gheels Einwohner wuchsen mit den Schwachsinnigen auf und lebten mit ihnen, sie wurden als »Wärter« geboren, sie gewöhnten sich an das Leben mit den Wahnsinnigen. Sie dienten Gott und der heiligen Dymphna, während sie ihren Lebensunterhalt verdienten.

So entstand rund um die Kirche der heiligen Dymphna »die Stadt der Wahnsinnigen«.

Wir verließen die Kirche. »Sehen Sie«, sagte der Arzt, als wir die Allee hinuntergingen, »diese Entstehungsgeschichte ist für den Charakter des gesamten Ortes verantwortlich. Die Basis, auf der wir arbeiten, ist vor allen Dingen das angeborene, durch Jahrhunderte vererbte Mitgefühl der Bevölkerung für die Unglücklichen, die sie pflegen. Außerdem ist die Pflege der Schwachsinnigen so ziemlich die einzige Einkommensquelle der Stadt, und der gegenseitige Neid ist die beste Polizei. Dennoch, letztlich ist es das ererbte Mitgefühl, auf das wir uns verlassen können. Gheel ist eine Welt für sich, Fremde meiden sie, seit hundert Jahre hat kein Gesunder sich mehr in der Stadt angesiedelt; jahrhundertelang haben die gleichen Familien die Kranken gepflegt, und – unter uns gesagt – meiner Meinung nach ist es ein Wunder, daß die Gheeler Bevölkerung bei dieser Art zu leben nicht abnorm geworden ist. Unseren Theorien nach müßte sich der Schwachsinn im Lauf der Jahrhunderte als ansteckend erwiesen haben – aber die Rasse ist kräftig, daran muß es wohl liegen.«

»Lassen Sie uns zuerst den Prinzen besuchen«, sagte er und blieb am Anfang der Allee stehen. »Ein Pensionsgast, der sechstausend Franc im Jahr bezahlt. Im übrigen eine traurige Geschichte«, fuhr er fort, während er an der Tür des Hotels klingelte – »der Prinz hielt Pferde – und sechs Wochen nach der Hochzeit wurde Seine Hoheit schwachsinnig; die Familie schleppte ihn fünf, sechs Jahre in Deutschland und Frankreich von Anstalt zu Anstalt. Man hätte sich die Mühe sparen können, der Mann ist unheilbar und spielt jetzt mit Puppen.«

Eine Dame schloß auf. Wir trugen unseren Wunsch vor, das Haus zu sehen.

Sehr gern, aber heute morgen wäre gerade die Prinzessin gekommen, und … Wir wollten Seine Hoheit nicht stören, aber dieser Herr ist von weit her gekommen, um Gheel zu sehen …

Das Hotel war ausgestattet wie ein vornehmes Haus in Brüssel, Marmortreppen, Salons, ein großer Speisesaal unter einer prächtigen Decke. Im ersten Stock die privaten Zimmer der Pensionsgäste: ein Salon und ein Schlafzimmer für jeden. Alles sehr elegant, vor allem die mit raffiniertem Luxus ausgestattete Wohnung des Fürsten: mit blauen Seidengardinen um das Bett und vor den Türen, einem Toilettentisch aus Marmor, auf dem eine Unzahl von Kristallbehältern mit der Fürstenkrone und dem Wappen der Poniatowskis stand – der Kranke ist ein Poniatowski –, einer Chaiselongue, auf der ein Tigerfell lag, niedrigen Stühlen und einem Smyrnateppich, in dessen weichem Flor die Füße versanken ...

Der Salon des Engländers war mit Eichenholz getäfelt; streng und ein wenig kalt wie das Büro eines Geschäftsmannes, über dem Schreibtisch hing ein Gemälde von Steewens, eine junge Dame in Weiß mit großen, schwermütigen Augen und einem melancholischen Zug um den Mund ...

»Seine Schwester«, sagte der Arzt und zeigte auf das Bild. »Die Krankheit liegt vermutlich in der Familie.«

Der Prinz kam herein. Ein mittelgroßer Mann, elegant, etwa Mitte Dreißig. Er hatte sich zum Abendessen umgezogen, das Haar war in der Stirn geteilt, die ganze Person roch nach dem schwachen Duft einer feinen Seife. Er mußte einmal hübsch gewesen sein – wenn er schwieg und die aristokratischen Züge ruhig blieben, war er noch immer schön. Sprach er, entstellte etwas Verzerrtes sein Gesicht, und der Blick bekam diesen eigenartigen Glanz, der den Kranken verrät.

Der Arzt stellte mich vor, und der Prinz verbeugte sich. Er rieb sich die von Diamantringen geschmückten Hände, während er stehend der Erklärung des Arztes zuhörte. Doch auf einmal breitete seine Hoheit die Arme aus und fing an zu singen, ein Lied, das mal wie ein langgezogener Klagelaut, mal wie ein erstickter Schrei klang. Und aus dem Speisesaal stimmten die beiden anderen Pensionsgäste laut schreiend mit ein – ein fürchterliches Konzert.

Mein Führer sah mich an. »Geben Sie dem Herrn ein Glas Wasser«, sagte er. Dann gingen wir.

Alle Kranken in Gheel haben die gleichen Freiheiten, sie können spazierengehen, das örtliche Kasino besuchen, in den Billardsalons spielen oder ihren Wein im »Lamm« trinken. Und diese Freiheit genießen mindestens zwölfhundert der ungefähr zweitausend Kranken in der Stadt.

»Es ist ganz einfach«, sagte der Arzt, »die ganze Stadt ist eine einzige Klapsmühle, und wir kennen nur zwei Kategorien von Menschen, Kranke und Wärter. Wenn der kleine Baron ins ›Lamm‹ geht, um Champagner zu trinken, wird Madame Elisa, die den Wein ausschenkt, schon wissen, wieviel Wasser sie hineinzutun hat; und wenn Mr. Bretton ins ›Horn‹ geht, um Billard zu spielen, weiß der Wirt, ob Mr. Bretton lieber verliert oder gewinnt. Bei unseren Konzerten spielen die Kranken, bei unseren Theatervorstellungen sind sie die Schauspieler – und alles kann passieren, denn man ist in ›der Stadt der Wahnsinnigen‹ …«

An dieser Stelle eine Bemerkung: überall in Belgien spricht man von *la ville des fous* – in Gheel selbst ist das Wort *fou* aus der Sprache gestrichen. – *Aliéné* ist der Begriff für die Kranken.

Eines der Hauptprinzipien bei der Behandlung des Kranken ist die Freiheit des Patienten; das Bestreben, ihn während seiner Krankheit in den gleichen Verhältnissen leben zu lassen, in denen er als Gesunder lebte, ist das zweite entscheidende Prinzip dieser sonderbaren, für Geistesgestörte gebauten Stadt. Kranke wie Gesunde brauchen einen Schuster, einen Schreiner, einen Schneider – und der kranke Schuhmacher, Schreiner oder Schneider wird bei seinem gesunden Kollegen untergebracht, er wird Mitglied seiner Familie und beteiligt sich an seiner Arbeit, kurz gesagt, er bleibt Schuhmacher und atmet weiterhin Schusterluft. In Gheel spielen die Kranken das Leben weiter, das diese Unglücklichen nicht mehr allein leben können.

Wir besuchten eine Reihe verschiedener Häuser. Wir

sahen bürgerliche Wohnungen, gemütliche Wohnzimmer, große Gärten, helle, freundliche Räume, und überall hielt sich ein Kranker auf. Hier hatte er als Aufenthaltsort eine Gartenlaube gewählt, wo er stundenlang an einem grünen Tisch saß und zeichnete – Skizzen auf Karton, sonderbare, wüste Gesichter mit großen Augen und struppigem Haar, verzerrten Mündern und dicken Lippen. Die Blätter zeugten von Talent, der junge Mann – eine blasse, von der Krankheit gebeugte Gestalt mit dunklen Augen – war Maler gewesen, man hatte große Hoffnungen in ihn gesetzt. Ein großes Talent, das gegen mächtige Kräfte kämpfte. »Ein paar Gran Selbstbeherrschung«, sagte der Arzt, »und dieser Mensch hätte möglicherweise seinen Namen neben den von Rubens setzen können – er stand an der Grenze zum Genialen. Jetzt malt er die Klapsmühle.«

Der Kranke erzählte über seine Bilder, es waren wilde, seltsame Geschichten, die einem überhitzten Gehirn entsprangen, Leibesfrüchte einer Phantasie, die mit den Gliedmaßen eines Michelangelo Ungeheuer gebar …

Gheels Krankenberichte könnten viel erzählen – aber das Papier ist stumm. Es nimmt jedwede Vertraulichkeit, ohne zu erröten, entgegen und versteht zu schweigen.

»Wieso ist dieser oder jener eigentlich krank geworden?« fragte ich den Arzt auf unserem Rundgang.

»Ich weiß es nicht«, antwortete er. »Einige behaupten, Gott wollte es so. Angst und bange ist einem dennoch um die armen Teufel.«

»Eigenartig, daß man nie diese Scheu überwindet«, sagte ich, als ich die Gartenlaube des kranken Malers verließ. Ich warf noch einen letzten Blick auf diese grauenerregenden Bilder, die überquollen von den Schrecken einer kranken Phantasie, und einen letzten Blick auf den Unglücklichen, der sie schuf.

»Eigenartig, aber doch erklärlich«, erwiderte der Arzt. »Sie wissen doch ebenso gut wie ich, daß Geisteskrankheit häufig nur einen dunklen Fleck verdeckt, einen Fehltritt, ein Vergehen, das über Generationen hinweg üblich war … und das ist der Grund, warum die *Familie* des Kranken scheu ist – und solange die *Angehörigen* nicht offen über ihre Kranken reden wie über jede andere Krankheit – so lange ändert sich nichts …«

»Wahrscheinlich.«

»Um wen es mir leid tut, das sind die *geborenen* Kranken. Hier wird Vererbung zum Schrecken. Die anderen, wie er zum Beispiel« – er zeigte auf den Maler – »haben ihre Phantasie fast alle durch Religion oder übermäßigen Genuß überreizt, das Leben der von Geburt an Kranken jedoch wird durch die Ausschweifungen ihrer Vorfahren zerstört.«

Ich blickte zurück. Gebückt, mit wiegendem Kopf, saß der junge Maler auf den Stufen der Gartenlaube und starrte vor sich hin, mit leeren Augen, deren Feuer ausgebrannt war.

Als ich die Haustür hinter mir schloß, hatte ich einen Augenblick das Gefühl, als müßte ich ersticken und unter diesem fremden Elend zusammensinken … »Kann er lange leben?« fragte ich.

»Lange«, sagte der Arzt. »Er hat Zeit genug, die gesamte Geschichte der Klapsmühle zu malen.«

»Lange« …

»Es berührt Sie sehr – ruhen Sie sich ein wenig aus.«

Wir ruhten uns aus. Der Arzt unterhielt sich mit einem anderen Kranken, einem Juden aus Hamburg. Er war vierzig Jahre alt, wohlauf, gepflegt und lächelte freundlich, seit fünfzehn Jahren lebte er in diesem Haus. Er sprach viel, über Gladstone, den Freihandel und Kaulbach … Er sprang hastig von einem Thema zum nächsten, streifte sozusagen das eine, während er bereits mit dem nächsten begann. Im übrigen war nichts Ungewöhnliches an ihm zu bemerken.

Er hätte gut als ein etwas geschwätziger Exzentriker durchgehen können. Doch dann erwähnte der Arzt eher nebenbei den Namen Rothschild. Es war gleichsam der zündende Funke, »das rote Tuch«. »Ich bin sein Sohn«, ging der Kranke auf mich los, »Sie wissen doch, daß ich sein Sohn bin, unehelich, verstoßen« … Er folgte uns auf die Straße, gestikulierend, aufgeregt, ununterbrochen redend.

Der Arzt sah, daß es mir unangenehm war. »Gehen Sie nach Haus«, sagte er kurz, in einem etwas schärferen Ton.

Mit einem sklavischen Knurren drehte sich der Kranke um und ging.

In einem anderen Haus besuchten wir den kleinen Baron. Sein Salon sah aus wie das Boudoir einer Dame, ein ekelerregender Duft hing in dem halbdunklen Zimmer, durch die zugezogenen Vorhänge drang rotes Licht.

»Er wird nie wieder gesund«, sagte der Arzt, »also kann er leben, wie er mag.«

Es ging eine übertrieben weibliche Empfindsamkeit von dem ganzen Raum aus, die rundum verteilten Möbel, die niedrigen Hocker, die Blumen, der große Spiegel … Umgeben von Etuis und Schminktöpfchen saß der kleine Baron vor dem Spiegel und wandte uns den Rücken zu. Er schminkte sich die Augen und probierte an seinen Händen einen Puderquast aus.

Lange sah er in den Spiegel, dann stand er auf, zog die Handschuhe an und blickte wieder in den Spiegel. In diesem Licht war er durchaus noch ansehnlich, ein kleiner Boulevardlöwe im Käfig …

»Wollen Sie mit ihm sprechen?«

»Oh nein, nein« … Ich erinnerte mich an die Verrenkungen auf der Allee, den Veitstanz … »Nein, danke.«

Im Schlafzimmer des kleinen Barons hing Leda mit dem Schwan über dem Bett. Darunter hatte eine Frauenhand geschrieben: Von Mou-Mou für Zi-Zi … Die Worte wurden von einem Rosenkranz umschlungen. Arme Mou-Mou!

Wir gingen von Haus zu Haus. In jedem Haushalt immer zwei Pensionsgäste – nur im Hotel des Prinzen gibt es drei –, entweder zwei Männer oder zwei Frauen.

Es braucht viele Zimmer, um eintausendsechshundert Kranke unterzubringen, und während wir von Haus zu Haus gingen, wurde ich von einem – warum sollte ich es nicht gestehen? – klammen, einem unbeschreiblichen Schrecken erfaßt. Es war nicht meine Phantasie, die mich erregte, sie war müde und schläfrig. Es war mein Mitleid, das in diesem grauen Elend hilflos aufstöhnte.

Wir sahen Frauen und Männer, Junge und Alte, Reiche und Arme. Und sie alle lebten dasselbe Scheinleben in dieser sonderbaren Stadt.

Hier wohnte eine Pianistin. Sie war drauf und dran gewesen, sich einen Namen zu machen, sie war jung, sie war hübsch … Nun unterrichtet sie die Kinder der Stadt, die Kinder der Gesunden in der Stadt der Wahnsinnigen. Der Arzt bat sie, für uns zu spielen, und sie setzte sich ans Klavier.

Wenn überhaupt, wird es wohl viele Jahre dauern, doch vermutlich werde ich diese eigenartige Musik niemals vergessen: eine Flut unruhiger Töne, ein wogender Strom lärmender Laute, es schien, als jage die Spielende ruhelos umher, um ihre eigenen Gedanken zu finden. Es war melodiös, eigentlich schön – doch hinter den Tönen war es leer, etwas war zerborsten …

Sie war sehr hübsch und natürlich, mit etwas kindlichen Zügen, um ihren Mund spielte ein helles Lächeln. Aber ihre Augen waren verschleiert. Der Blick ihrer Augen erinnerte an eine Regenwolke, die von der Sonne durchbrochen wird.

Wir sahen eine ältere Frau, die mit Puppen spielte, sie

wickelte sie, wiegte sie auf ihren Knien in den Schlaf, legte sie an eine ausgezehrte Brust …

»Sie hatte mal ein Kind«, sagte der Arzt, »sie hat es eines Nachts mit ihrer Bettdecke erstickt.«

Wie sahen die Häuser der Armen, hier wohnen die Pensionsgäste für zweihundert Franc im Jahr. Sie leben, wie sie zu leben gewohnt sind, auf die gleiche Weise, von der gleichen Nahrung, in den gleichen Verhältnissen. Tagsüber arbeiten sie, helfen in der Familie, und abends versammeln sie sich auf dem Marktplatz, um sich am Brunnen zu unterhalten, zu klatschen und zu tratschen. Jeder hat sein kleines Zimmer, einen Raum mit einem Bett, einem Stuhl und einem Tisch, alles reinlich, ordentlich, gut …

Ja, sie haben es gut, diese Unglücklichen.

Und doch, welch ein Elend in diesen Zerrbildern des Lebens — welch ein Elend. Dante sah auf seiner Wanderung durch die Hölle keine größeren Schrecken, als dem Mitleidigen auf seiner Wanderung in Gheel begegnet.

Doch ich will meinen Stift beherrschen. Ich habe geschworen, nur die nackte Wahrheit zu Wort kommen zu lassen, ohne Pathos. Allerdings hat man nicht immer den Mut, aufzuschreiben, wozu man den Mut aufbrachte, es zu sehen.

Sicherlich ist es lange her, daß man in Gheel die Kranken in Scharen durch die Stadt trieb, die Beine aneinandergekettet; sicherlich ist es auch lange her, daß man beide Geschlechter in einem fürchterlichen Miteinander zusammenleben ließ; lange her, daß man auf dem Platz schreienden Verrückten begegnete, deren Hände gefesselt waren; lange her, daß man hier in der Stadt der Wahnsinnigen die Tobenden in Käfige sperrte. Aber noch immer existiert ganz weit draußen, weit weg von der kleinen Allee, »das Viertel der Tobenden«. Ihre Schreie hört man nicht, denn der Umkreis der Stadt beträgt eine Meile, aber ich habe sie gesehen; selbst hier, in der Stadt der Wahnsinnigen, wird von ihnen nicht gesprochen, aber ich weiß, daß sie da sind. Sie schreien, lärmen, weinen, sie jammern in ihren Zwangsjacken aus Leder. Noch weiter entfernt pflegt man die Epileptiker, die Irrsinnigen, und unmittelbar an der Distriktgrenze leben die Idioten ...

Fürchterliche, herzzerreißende Bezirke, verteilt um die Stadt der Wahnsinnigen: *les pensionaires externes.*

Das Krankenhaus wird fast wie eine Strafanstalt genutzt. Wenn ein Kranker sich ungebührlich benimmt, fortzulaufen versucht oder nicht mehr zu kontrollieren ist, wird er ins Krankenhaus verlegt. Dann sehnt er sich nach seinem gewohnten Familienleben, bessert sich und kehrt zurück in seine Pension.

»Werden viele geheilt?« fragte ich.

»Von den Armen ein Teil«, sagte der Arzt, »von den Reichen nur wenige. Diejenigen, die zu uns kommen, sind von den Anstalten ihrer Heimatländer fast alle aufgegeben und dem Tode geweiht worden. Dann werden sie hierher geschickt, um sie zu vergessen, damit sie aus dem Weg sind. Das ist das Traurige daran.«

Ich war müde, ich konnte nicht weitergehen ...

»Und wir haben uns erst eine halbe Sektion angesehen«, sagte der Arzt. »Sie haben schwache Nerven.«

Ja, sicher, aber die übrigen dreieinhalb Bezirke mußte er mir erlassen. Gheel ist in vier Distrikte unterteilt, jeder hat seinen Arzt und eine eigene *garde de section* – mir schien es nicht sonderlich viel für diese unfaßbare Zahl von Kranken, die sich auf einem so großen Gebiet verteilen – elftausend Hektar –, und nach allem, was man mir sagte, ist die unzureichende ärztliche Versorgung wohl auch eine der Schattenseiten der Einrichtung von Gheel.

Nun hat jedes Ding seinen Makel, doch dieser Mangel – dem abzuhelfen die Regierung sich im übrigen bemühen sollte – kann indes kaum die Vorteile dieser Stadt der

Schwachsinnigen aufheben, in der man doch immerhin so tut, als hätten die Unglücklichen noch ein Leben.

Menageriebesitzer sperren ihre Tiere in Käfige, die Zoologischen Gärten sorgen zumindest für große Häuser und eingezäunte Freigehege. Gheel ist bei diesem traurigen Vergleich der Zoologische Garten.

Und der Aufenthalt ist billig. Achtzig Centimes am Tag, alles inklusive, davon zweihundert Franc im Jahr für den Aufseher – das ist der niedrigste Satz, und von dieser Mindestsumme aus kann es sich in vielerlei Schritten bis auf sechstausend Franc pro Jahr steigern. Für sechshundert Franc wohnt man beim Bürgermeister.

Am Sonntag ist Kirchgang, in langen Reihen kniet man auf Gebetskissen direkt auf den Bodenfliesen und betet zur heiligen Dymphna. Hin und wieder kann es durchaus vorkommen, daß der eine oder andere Patient während des Gebets *agité* wird, dann führt man ihn hinaus, und die anderen werden nicht gestört. Meist murmeln die Kranken jedoch ihre Gebete in Ruhe.

Nie zuvor habe ich mehr Heiligenbilder gesehen als in Gheel, überall sind sie zu finden: Kreuze über den Türen, Heiligenfiguren in den Gärten, Darstellungen von Heiligen in den Zimmern. Wie eine Kapelle erscheint solch ein Haus.

»Sie wollen Gott um sich haben«, sagte der Arzt. »Außerdem beruhigt es viele Kranke.«

Wir gingen zur Bahn. Der Arzt betonte ein letztes Mal die Vorzüge dieser sonderbaren Stadt, dieser Freiheit, die die Patienten an einem Ort genießen, an dem alles ihnen gehört, alles für sie da ist; umgeben von Aufsehern, die seit Generationen auf Kranke aufgepaßt haben, deren Leben, deren Wohltätigkeit diesen Kranken gilt. Denn in Gheel lehrt man die Kinder zuerst, mit *les aliénés* umzugehen, erst danach lernen sie ein Handwerk.

Und so ist es seit Jahrhunderten gewesen.

Ich gab ihm recht. So voll mir das Herz von all dem war, was ich gesehen hatte, von all diesem Elend, das sich an diesem Ort auftürmte, mußte ich doch seine Bewunderung teilen.

»Aber ich könnte hier nicht leben«, sagte ich. Der Arzt blieb vor einem Gartenzaun stehen. Dahinter lag ein verwilderter Garten, aus dem Laub lugten weiße Marmorfiguren, der Rasen war nicht mehr von den grünen Wegen zu unterscheiden. Tief drinnen stand ein verborgenes Schloß, eine italienische Villa mit geschlossenen Fensterläden.

Und alles sah so trist aus, ein Bild trauriger Verlassenheit.

»Ein reicher Belgier hat dieses Schloß für seinen jungen Sohn gebaut, der wie so viele zerstört nach Gheel kam, nach einem Feldzug gegen das Leben in Paris – es gehören Ländereien und ein Jagdrevier zum Haus. Der Sohn war das einzige Kind. Er starb vor nunmehr zehn Jahren, und man kann das Ganze für fünfhundert Franc mieten – ich persönlich glaube allerdings, daß sie das Schloß bald abreißen, denn Liebhaber werden sich kaum finden. Wer sollte es auch haben wollen – es sei denn, ein Rothschild würde verrückt.«

»Einer, der vergessen werden möchte«, sagte ich.

»Sie haben recht – man wäre gut versteckt ...«

Schweigend erreichten wir den Bahnhof. Wir verabschiedeten uns voneinander, und der Arzt bat mich, gut zu Gheel zu sein. »Diese armen Menschen haben es gut ... anderen geht es schlimmer. Als ich mir die Anstalt in Gent ansah, habe ich geweint, ich, als Arzt. Hier haben sie es gut.«

Aus dem Zugfenster sah ich in der Ferne den Turm der heiligen Dymphna und das Dach des Schlosses. Dann verschwand auch dieses Bild, und während ich mich im Abteil zurücklehnte, stieß ich einen langen Seufzer aus ...

Ich habe versucht, die Aufgabe zu erfüllen, die ich mir selbst gestellt habe: nur mitzuteilen, was ich gesehen habe.

Ich habe die Dramen weggelassen, die ich aus der Stadt der Wahnsinnigen hätte erzählen können, ich habe ihr Grauen nicht gezeichnet. Ich habe berichtet, so gut ich es vermag, und was ich gesagt habe, hat zumindest den einen Vorzug: wahr zu sein.

Mitten in Belgiens dichtbesiedeltstem Gebiet liegt abseits der öffentlichen Straßen Gheel, die sonderbare Stadt der Wahnsinnigen.

Die Scheu der Menschen, Aberglaube und Furcht haben sie von Belgiens Landkarte getilgt, eine Mauer wurde um diese Stadt gezogen, deren einzige Einwohner die Schwachsinnigen und ihre Wärter sind.

Armenleben

Wir gingen über eine alte Galerie, deren Boden so baufällig war, daß die Bretter unter uns schwankten. Wir mußten uns bücken und fast kriechen: An einer alten Schnur hingen graue Lumpen zum Trocknen. Sie versperrten den Durchgang.

Aus den Fenstern der beiden Seitengebäude starrten uns Frauen- und Kindergesichter durch die dreckigen Scheiben an, mit diesem ebenso scheuen wie gierigen Blick, dem Blick des Elends, der uns aus Hunderten von Gesichtern auf dieser ganzen grauenvollen Wanderung verfolgt hatte.

»Es ist ihre Weihnachtswäsche«, sagte der Polizeibeamte und verließ den Gang unter einigen zusammengestückelten Lumpen, die man hier als Unterrock bezeichnen würde.

Wir stolperten ein paar Stufen hinunter in die Dunkelheit abseits gelegener Ecken und gelangten an die Stiege, eine sonderbare Wendeltreppe mit abgetretenen, klebrigen Stufen; auf jedem Absatz ein schmutziggrauer Pfosten, beinahe verschimmelt wie alles in diesen Häusern, der als Markierung diente, damit man diesen Abstieg ohne Geländer im Dunkeln nicht hinabstürzte.

»Es muß ziemlich schwer sein, betrunken hier hochzusteigen«, sagte H., der dritte der Gruppe.

Der Polizeibeamte bemerkte trocken: »Darum fallen sie ja auch runter.«

Wir stiegen die Stufen hinab und erreichten die Straße durch einen schmalen Gang, in dem die Gosse das Weiterkommen erschwerte. »Im Sommer stinkt es hier fürchterlich«, sagt der Polizeibeamte.

»Das Schlimmste ist wahrscheinlich, sie herauszubekommen, wenn sie gestorben sind«, sagt H. und streckt einen Arm aus, um den Gang zu vermessen.

»Ach, die kommen erst hier unten in den Sarg …«

»Ah … so … ja, ich verstehe.«

Wir standen auf der Straße. Der Polizeibeamte zückte sein Notizbuch und las darin. »Auf zu den nächsten«, sagte er. Wir folgten ihm, ohne ein Wort zu sagen. Er erzählte. Erzählte von »Interieurs«, die so erschreckend waren wie die Häuser. Ich hörte zu und begriff nichts: Seine Geschichten waren eine verschwommene, nur mit einem halben Ohr wahrgenommene Begleitung meiner gelähmten Gedanken. Wir hatten die Straße hinter uns gelassen, als mich das Schweigen weckte: Er hatte aufgehört zu erzählen.

Mein Kopf war leer, als wäre ich aus einer Ohnmacht erwacht; ich bemerkte, daß H., der auf der anderen Seite des Beamten ging, einen Walzer pfiff. Als ich mir allerdings sein Gesicht ansah, das trotz der Kälte des Wintertages, die ja normalerweise Farbe gibt, fahl war, begriff ich, daß sein Pfeifen offenbar die gleiche Ursache hatte wie mein Schweigen: Entsetzen.

Der Polizeibeamte fing wieder an.

»Jetzt haben wir nur noch vier, fünf vor uns«, sagte er. Er sah auf und blieb stehen, wir waren bis zur Ecke gekommen. »Aber … vielleicht reicht es Ihnen ja schon, Sie sehen ein wenig blaß aus …«

Ich antwortete nicht, H. murmelte irgend etwas, daß es ja auch ein wenig ungewohnt sei.

»Das verstehe ich gut. Sogar uns Alte beschleicht bei diesen Besuchen manchmal ein eigenartiges Gefühl – vor allem, wenn das Wetter etwas schlechter ist. Sie haben es ja bei Sonnenschein gesehen.«

»Bei Sonnenschein?«

»Ja, stellen Sie sich mal vor, es regnet, dann ist es den ganzen Tag finster wie die Nacht in diesen Löchern – das Elend torkelt dann im Zwielicht herum und stolpert über seine eigenen Beine…«

Ich verstand ihn und sah mit einemmal all diese Bilder, die bisher eher undeutlich in meiner Vorstellung geschlummert hatten noch trostloser und düsterer, im Dreck der Regentage, im Dämmerlicht der Nebeltage. Das Elend, durch die Dunkelheit torkelnd, über seine eigenen Beine stolpernd.

»Gott sei Dank«, sagte ich, » ... daß die Sonne schien ...«

Dann trennten wir uns an der Ecke.

H. und ich bummelten durch ein paar kleine Nebenstraßen und bogen zur Østergade ab – es war die Zeit der Spaziergänger. Den Gestalten, die hier in zügigem Tempo unterwegs waren, um sich warm zu halten, verhalf die Kälte zu Farbe, roten runden Wangen und Spannkraft. Vor den Geschäften waren ganze Trauben von Schaulustigen zu beobachten, die sich die Auslagen der Weihnachtswoche ansahen, beide Bürgersteige waren voller Menschen. Damen in engen Mänteln, deren lächelnde Gesichter aus Pelzkrägen und Tüllschleiern auftauchten, Herren in Pelzen und Herren in Mänteln. Und über dieser ganzen Szenerie die Sonne eines Dezembertages.

Ich starrte in die Gesichter, auf die Farben der einzelnen Kleidungsstücke, auf das Glück in all diesem Lächeln. Man schien aus einem Traum zu erwachen, aus einem tiefen Schlummer. Und beim Erwachen fühlt man sich unvertraut und fremd.

Wir sprachen kein Wort, weder H. noch ich. Einen Augenblick standen wir noch am »Pferd«. Er schien zu zittern.

»Mach's gut, du«, sagte er.

»Auf Wiedersehen.«

»Hör mal, weißt du was – ich gehe noch ein Steak essen. Mir ist so merkwürdig – so leer, als wäre ich auf einer Beerdigung gewesen.«

Er gab mir die Hand und schlenderte hinüber zum d'Angleterre. Und als ich ihm gestern begegnete, erklärte er: »Nein, hör zu – das war das letzte Mal, daß ich die

Polizei begleitet habe … ich habe es noch immer nicht verkraftet.«

»Nein – das war wirklich nicht angenehm.«

»Also kann man sich den Anblick ebensogut ersparen«, sagte er. »Davon wird es ja auch nicht besser.«

»Nicht viel – nein!«

»Man kann sich den Anblick ebensogut ersparen«, hatte H. gesagt. Vielleicht, denn amüsant ist es nicht: Wenn man gesehen hat, was wir drei an jenem Tag sahen, weiß man, wie das Elend aussieht, und sein Gesicht ist abstoßend. Nicht amüsant, denn hat man einmal dieses furchtbare Gesicht gesehen, vergißt man es so schnell nicht wieder, und eventuell verbindet man monatelang eine reale Vorstellung mit Worten wie Not oder Mangel, Hunger und Entbehrung; Monate, in denen jeder Buchstabe in diesen Worten ein Gesicht ist, das sich in unsere Erinnerung brennt, jeder Ton eine Dissonanz, die unser Ohr quält; Monate, in denen wir etwas weniger gedankenlos sind als gewöhnlich – und Gedankenlosigkeit schon ein Glück ist.

Wenn man es aber gesehen *hat*, ist es vielleicht tatsächlich am besten, auch weiterhin über diese Bilder zu schweigen; es hilft nichts, darüber zu sprechen, niemand bedankt sich, wenn man es tut. Was wir gesehen haben, ist das Unglaubliche, und sogar wenn ein Meister – also jemand, der der größte Menschenfreund ist und dabei gleichzeitig vollkommen unsentimental – dieses Unglaubliche beschriebe, würde man ihm nicht glauben, und erst recht niemandem von uns …

Und da all dieses Elend, das wir auf jener Wanderung sahen, in unserer glücklichen Gesellschaft nun einmal als unvermeidlich angesehen wird, wieso dann darüber reden, wenn es ohnehin niemand glauben will und niemand es danken wird? Wer bittet darum? Möchte denn jemand erschreckt werden, indem er in das Antlitz des Todes starrt? Kaum.

Wenn ich Ihnen heute dennoch von diesen Besuchen erzähle, dann nicht, um Sie zu ärgern, und nicht, um mit dem Tuch zu spielen, das über den Zügen des Todes liegt, oder um einen Zipfel anzuheben, den ich dann wie in einem Spiel leichtfertig wieder fallenlasse. Es geht mir nicht um Leichtfertigkeit.

Aber diese Menschen hungern. Darum will ich meine Stimme erheben und die große Gesellschaft, in der diese Elenden täglich Hunger leiden müssen, bitten, barmherzig zu sein und sie einen einzigen Tag satt werden zu lassen.

Um dieses Ziel zu erreichen, rufe ich nicht die hohen Musen an, die sicherlich genug damit zu tun haben, mit den Grazien auf dem Olymp zu tanzen, doch die Erinnerung möge mir beistehen, damit ich ein wenig davon erzählen kann, was ich gesehen habe, und nur davon. Hier *ist* keine Übertreibung möglich, hier läßt sich kaum schönfärben. Denn was ich gesehen habe, war ohne Farben, und wer davon erzählen soll, dem fehlen die Worte.

Wir Schreibenden sind allzu leichtsinnig: Warum spielen wir so häufig mit Worten, spielen leichtfertig mit Wendungen wie Hunger und Elend, wenn uns die Worte und Bilder fehlen, sobald wir der Nacktheit des Elends endlich einmal gegenüberstehen?

Darum müssen Sie den tieferen Ton, den ernsthaften Klang in den alten Worten heraushören, denn ich kann keine neue Sprache erfinden, um von all dem Furchtbaren zu berichten. Und noch etwas. Sage niemand, unsere Erzählung würde übertreiben: Was wir sahen, war schlimmer als alle Worte, auch wenn die Phantasie ihnen Farbe verleiht. Und wenn Leser sich hinter der Ausrede der Übertreibung verstecken, dann suchen sie lediglich einen Vorwand.

Also das erste Haus.

Der Hof bestand aus einem schmalen Gang. Auf der einen Seite eine baufällige Hütte, die man für einen Schuppen halten konnte, verfallenes Fachwerk, die Tür schief und undicht, die Fenster mit Papier verklebt, die eingeschlagenen Scheiben mit Lappen verstopft.

Als wir vorbeigingen, wunderte ich mich über diese Lappen. Aber möglicherweise gab es eine Werkstatt in dem Schuppen.

Auf der anderen Seite ein Gebäude mit einem höhergelegenen Keller. Fünf Türen im Erdgeschoß, zu denen Treppen führten. Sie froren, diese fünf Treppen hinauf in die Nacktheit. So wie das ganze Haus vor Baufälligkeit fror und zu erschaudern schien.

»Hier«, sagte der Polizeibeamte, »die zweite Treppe. Hier ist es nett.«

Wir klopften, es wurde nicht geantwortet. Der Polizeibeamte griff zur Tür, öffnete sie. Wir traten in die Küche. Ein kleiner Raum mit einer verlassenen Feuerstelle; man wunderte sich, daß der Raum so verräuchert sein konnte, da er doch gleichzeitig so verlassen schien. Ein Tisch unter einem dreckigen Fenster, ein Tisch, auf dem feuchter Schmutz, feuchter, kalter Schmutz getrocknet war und nun als grauer Schimmel die Brettern überzog – genau wie der Staub, der auf die Verlassenheit dieser Küche gefallen war. Auf dem Regalbrett über der Tür zwei Blumentöpfe.

H. öffnete die Schublade unter dem Tisch. Ich weiß nicht, ob die Masse, die er hervorzog, möglicherweise einmal ein Brot der Armenhilfe gewesen war.

Sonst nichts.

Nur wie soll ich Ihnen die Kälte in diesem Raum beschreiben, wie dessen Nacktheit, die Leere? Dieser Raum war die Garküche des Hungers.

Dahinter befand sich die Stube. Errichten Sie vier Wände,

die in ihrer Kahlheit kalt und schmutzig sind, und verlegen Sie in Ihrer Phantasie einen Boden, der so dreckig ist wie der Tisch in der nackten Küche. Füllen Sie diesen Raum, dessen Decke Risse hat, durch die es hereinregnet, mit der stinkenden Fäule des »Armeleutegeruchs«. Und Sie werden wissen, wie dieses Zimmer aussah.

In einer Ecke stand ein Bett mit ein paar zusammengeknüllten Lumpen, einer grauen, farblosen Masse, Fetzen, die irgendwann einmal Decken oder Kleidungsstücke gewesen sein müssen; auf dem Boden zwei Stühle, Korbstühle mit zerbrochenen Sitzen. Neben der Tür hing ein Unterrock an einem Haken. Der Pfandleiher würde ihn mit einem kopfschüttelnden Lächeln zurückgeben. Deshalb hing er wahrscheinlich hier.

So sah es hier aus. In ein graues Tuch gehüllt, lag das jüngste Kind auf dem Boden, zwei weitere verkrochen sich heulend hinter der Tür. Ich weiß nicht, ob sie sich versteckten, weil sie nackt waren; allerdings scheint es mir nicht sonderlich plausibel, denn wahrscheinlich werden sie kaum gewußt haben, was es heißt, Lumpen zu tragen, die etwas verhüllen.

Der Polizeibeamte zog eins der Kinder hervor. Es war erschreckend mager – diese erschütternde Magerkeit von Kindern, die hungern. Bläuliche, eingefallene Wangen; große Augen, aber ganz tief im Kopf und stumpf. Der Blick war ängstlich, älter als sein tatsächliches Alter. Der Hunger verleiht Kindern einen seltsam altklugen Gesichtsausdruck.

Und die Haut – bronzegelb bei ihnen allen –, die sich über diese dünnen Knochen zog, war übersät von Geschwüren. Sie hatten Geschwüre an den Beinen und Armen, und ekelhafte, aufgebrochene Geschwüre um die Nase.

»Hunger«, sagte der Polizeibeamte. »Sie hungern.«

»Ich wußte nicht, daß es so aussieht«, erwiderte ich. Und es muß wohl ein gewisser Schauder in meinem Ton gelegen haben, denn unser Führer blickte auf.

»Diese sind noch die Glücklichsten«, sagte er.

Er ließ den Arm des Kindes los und wandte sich zum Gehen. Wir standen bereits auf dem Gang. »Gut, daß ich nicht darüber schreiben muß«, sagte er.

»Wieso?«

»Diese Worte stünden nicht im Molbech«, antwortete er.

Von der Decke hing ein Seil. Der Vermieter hatte es aus Menschenfreundlichkeit aufgehängt, um das Leben derjenigen zu schonen, die monatlich zehn Kronen für den Dachboden bezahlten und diese Treppe hinauf mußten. Die Stufen schwankten leicht.

Dort oben herrschte vollkommene Dunkelheit. Einen Moment tastete der Polizeibeamte unsicher umher, stieß an irgendwelches Holz, klopfte. Von innen war ein Grunzen zu hören. Dann öffneten wir eine Tür, ein paar zusammengenagelte Bretter, und traten ein. Ich fuhr ein Stück zurück.

»Müssen wir reingehen?« fragte ich.

Es war die Luft, die mich zurückweichen ließ. Das Ekelhafte war zu *schmecken*. Es herrschte ein Gestank nach den Ausdünstungen Kranker, nach verdorbenem Essen, nach Dreck; man mußte in dieser Luft geboren sein, um sie atmen zu können.

Hatte man sich an die Dunkelheit gewöhnt, war im Zwielicht ein Tisch mit einer Unmenge von Scherben zu erkennen, zerschlagene Blumentöpfe und undefinierbarer Abfall, und mitten in all diesem Zeug die halbverfaulten Reste von den Mahlzeiten der Not.

Diese Abfälle verursachten den Gestank.

Am Fenster stand eine Kommode, die Schubladen waren herausgezogen, sie waren vollgestopft mit vor Dreck starrenden Lumpen und Lappen und unbestimmtem Plunder.

Der Hunger hatte die Bettdecken geplündert, zurückgeblieben war nur ein unbeschreiblicher Stoff, aufgelöste Strohreste …

Aber warum sind nur alle Worte so mißbraucht, daß kein Begriff Ihnen verdeutlichen kann, wie furchtbar diese von Eiterbeulen befallene Nacktheit war, warum kann Ihnen kein Ausdruck den stinkenden Inhalt dieser Kommode schildern, diese elende Sauerei auf dem Tisch?

Kein Fleck auf diesem Boden, der sich nicht in einen Müllhaufen aus Lumpen und Dreck verwandelt hatte, kein einziger Fleck. Und die Wände hatten Löcher, Ungeziefer-kolonien.

Ein halbwüchsiger Mensch lag wie Hiob mitten auf dem Boden. Er war der einzige Sohn einer Witwe, ein Idiot. Als er uns sah, machte er ein paar typische Veitstanzbewegungen und bekam einen dieser krampfhaften Lachanfälle, mit denen uns die Idioten so blödsinnig angrinsen. Er richtete sich halb auf und sprach – undeutlich lallend wie ein Ertrinkender, der den Mund nicht mehr richtig öffnen kann.

Eine alte Schürze war sein einziges Kleidungsstück.

Der Idiot behielt sein murmelndes Grinsen bei, er stöberte und wühlte in den Scherben auf dem Boden. Als ob das Elend die Gestalt eines gräßlichen Hampelmannes angenommen hätte und sich selbst Grimassen schnitt …

Wir *wollten* in diesem Haus nichts mehr sehen, wir *wollten* nicht. »Noch ein bißchen«, sagte der Polizeibeamte, und nachdem wir die Treppe hinuntergestiegen waren, öffnete er die Tür zu dem Schuppen. Es wohnten Menschen in diesem Schuppen.

Ich erzähle Ihnen nicht, wie es dort aussah. Die Bewohner, die dieselbe Sprache sprechen wie wir, würden diesen undefinierbaren Hausrat Tische, Betten und Stühle nennen, ich weiß keinen Namen für solchen von Schimmel und Moder, von Dreck und dem Gestank der Unsauberkeit triefenden Plunder.

Schlafstellen mit stinkenden Decken über ein wenig feuchtem Stroh, Tische, die nur stehenblieben, solange sie sich an Wände stützten, die ebenso hinfällig waren. Es war Unsauberkeit, die fror.

Eine der Wohnungen stand leer. Die Frau war gestorben. Ein Nachbar war vor einigen Tagen aufs Revier gekommen. Sie hätten Angst, daß Madame Lunds Atmung versage, hatte er gesagt, es wäre entsetzlich, wie sie daläge und keuche.

Als die Polizei kam, standen die Hausbewohner allesamt untätig herum und gähnten betreten, ohne etwas zu unternehmen. Der Nachbar war in die Wohnung gekommen, als Madame Lund sich in Krämpfen auf dem Boden wand. Dann waren die anderen dazugekommen und hatten zugesehen.

Jetzt gingen sie davon aus, daß sie hin war.

»Und ›hin‹ war sie«, sagte der Polizeibeamte.

»Woran ist sie gestorben?« fragte ich.

»Ach« – H. zuckte die Schultern –, »eigentlich ist es doch nicht verwunderlich, daß diese Leute sterben.«

Nein – überhaupt nicht verwunderlich. Erstaunlicher ist, daß sie leben.

Während wir die Straße hintergingen, erzählte unser Führer Polizeigeschichten, darunter einige komische. Sie paßten zu unserer Stimmung wie schlechte Witze zu einem Leichenschmaus.

»Natürlich ist das der Abschaum«, sagte er, »aber ein Gutes hat es. Dieser Teil der Bevölkerung bleibt stabil, wir kennen ihn seit Generationen – das erleichtert die Arbeit.«

»Und die Überwachung«, sagte H.

»Genau wie im alten Ägypten«, warf ich ein.

»Genau so«, sagte der Polizeibeamte. »Sie bleiben, wo sie sind.«

Diese Worte waren fürchterlicher als alles, was wir gesehen hatten. Dantes Überschrift über der Hölle des Proletariats.

Dann gingen wir weiter. Wir sahen ein zweites Haus, ein drittes, ein viertes, doch wir sahen dieselben Bilder. Die einzige Nuance dieses Elends war der Grad des Lasters, das ihm folgte. Das Elend ist ein Januskopf, sein Zwillingsgesicht wird Laster genannt.

In einem Haus mußte man auf Leitern bis auf den Dachboden kriechen. Und durch sämtliche Stockwerke verfolgte uns der Geruch der Trunkenheit, der sich mit dem Gestank des Drecks und des Moders vermischte, dessen übelriechenden Schimmelgeruch man nur mit großer Mühe einatmen konnte.

In einigen Häusern war man scheu, man öffnete die Tür nur einen Spalt weit und starrte durch Ritzen hinaus, aus Fenstern und Türöffnungen folgten uns die bohrenden Blicke der Hungernden.

Hier war man zudringlich. Wir begegneten dem impotenten Winseln der Trunkenheit, ihrem jammernden Klagen.

Eine korpulente Frau versperrte uns den Weg. Wir waren gezwungen, uns den mit Geschwüren überzogenen Kopf ihres Kindes anzuschauen und ihre eigenen geschwollenen Finger zu untersuchen.

Das Kind war kein Jahr alt …

Der Polizeibeamte wollte vorbei. Sie blieb jedoch stehen, und in ihrem Gewimmer wiederholte sie laut und immer drängender die Frage: »Kriegen wir dann was zu essen? Kriegen wir dann was zu essen?«

Der Polizeibeamte schob sie zur Seite, schubste sie, obwohl sie schwanger war, und schließlich kamen wir vorbei und stiegen eine Etage höher. Aber von unten hörten wir noch einmal, und diesmal noch lauter: »Gibt er uns dann was zu essen?«

»Wie alt ist das Kind?« fragte ich.

»Oh« – und zum ersten Mal mußte die Stimme unseres Führers eine starke Regung unterdrücken –, »Sie haben recht – die Kinder hier sind ein ebenso gräßliches Unglück wie der Suff.«

Unter dem Dach wollten sie uns nicht öffnen. Aus der Dachkammer drang ein ständiges Jammern. Schließlich kam die Frau heraus. Sie war fast nackt, mit den Händen hielt sie ein durchlöchertes Nachthemd zusammen. Der Unterrock spannte über dem Bauch.

Sie lallte bereits am frühen Morgen, und ihre Erklärungen, warum es nicht sauber wäre, ertranken in der brabbelnden Weinerlichkeit der Trunksucht. Mit geschwollenen Fingern trocknete sie ihre tränenden Augen. Ihr Kadaver war aufgetrieben von der schweißigen Schwammigkeit eines Trinkers.

»Wir wollen uns das Dach ansehen«, sagte unser Führer, und endlich kamen wir hinein.

Man bringt zwar den Mut auf, sich den Untermieter anzusehen, der auf einem Schemel in der Ecke unter der Dachluke sitzt und mit offenem Mund idiotisch schaukelt, die Lippen voller Geschwüre, wie alles in diesem furchtbaren Haus; den Mut, die beiden Kinder zu sehen, die sich nackt in der Kiste wälzen, die nachts alle vier Bewohner aufnimmt: die Frau, den Untermieter und die Kinder ihrer Tochter – man zwingt sich, das zu sehen, aber man weigert sich, davon zu erzählen.

Solche Erinnerungen sind nicht in Worte zu fassen, das Entsetzen lähmt den Stift in unserer Hand.

»Diese Kindern leben vom Branntwein«, sagte der Polizeibeamte.

Blaugefroren saßen sie auf dem Bett in der Hocke und starrten uns an. So teilnahmslos und neidisch starrt nur der Hunger. Was dieser Blick uns mißgönnt, sind nicht Kleidung, nicht Glück, es ist nichts anderes als das Fleisch an unserem Körper …

So sahen wir Haus für Haus, wie sich Trunksucht und Elend paarten.

Und jedesmal, wenn unser Führer uns neues Elend zeigte, sagte er: »Aber es *muß* sein. Hier kann man nicht helfen.«

Wir sahen Keller, feuchte Räume, in denen die Luft von Ausdünstungen verpestet war, die Wände vor Wasser trieften und der Tag sich von der Nacht nicht unterschied.

In diesem Zimmer lagen nachts neun Menschen. Ich werde erzählen, wie. In einer Ecke stand ein Doppelbett, darin schliefen der Mann und die Frau, zu ihren Füßen die zehnjährige Tochter und ein kleines Kind. Auf einem Strohhaufen in einer Ecke bemerkten wir zwei Pferdedecken, das war das Lager für weitere vier Kinder. Für das neunte gab es eine Wiege.

So fanden sie Platz; wie sie Luft bekamen, weiß ich nicht.

Drei der Kinder waren über zehn Jahre alt.

Es gab andere Orte, in denen die Räume aus Scham mit Lumpen abgeteilt waren, die wenigstens die Illusion eines Wandschirms boten; und wie so oft ging gerade in diesen Massenunterkünften die Saat der Unmoral auf ...

Überall standen Wiegen, selbst im armseligsten Heim, überall gab es Kinder. Von hilflos elender Nacktheit ins Elend geboren.

Elend bedeutet hier Hunger. Denn diese Menschen wissen nichts, kennen nichts. Ihre Moral wird bereits in ihren ersten Jahren hinterrücks ermordet, der Begriff Gewissen hat bei ihnen eine eigene Bedeutung, die mit unserer nichts zu tun hat. Ihre Gesellschaft hat ihre eigenen Gesetze, unsere verstehen sie nicht ... ihr Gesetz ist der Hunger!

Sehen Sie sich ihr Leben an! Hier werden sie geboren, in diesem Raum bringt ihre Mutter sie ohne Hilfe zur Welt – »noch eins« in der Horde, das ist der Segen, der ihrem Leben gegeben wird. Es gibt bereits ein halbes Dutzend Mäuler, und der Mann hat »nichts Festes«. Hat die Mutter Milch, stillt sie das Kind, wenn nicht, stirbt es wahrscheinlich – was vermutlich das beste ist. Anderenfalls wächst es heran. Um sich herum sieht es Trunkenheit und Not, sein Feind ist der Hunger, sein einziger klar formulierter Gedanke, ein einziges Mal satt zu werden ...

Wenn man hungert, stumpft man ab.

»Am meisten tut es mir um die armen Mädchen leid«, sagt unser Führer ... »Die gehen in der Regel nur einen Weg.«

»Aber dadurch haben sie doch zumindest Brot«, sagt H.

»Ja« – er bleibt einen Moment stehen –, »jedenfalls eine gewisse Zeit.«

»Na ja, und dann kommen sie ins Arbeitshaus – und *das* dürfte doch auch ein Segen sein.«

Der Beamte antwortete nicht.

»Geholfen werden kann ihnen hier jedenfalls nicht«, sagte er dann.

»Und ihnen die Kinder wegzunehmen?« schlage ich vor.

Er schüttelte den Kopf. »Ja«, sagte er, »wenn man könnte ...«

Wir sahen andere Häuser, in denen die Männer arbeiteten und sich bemühten, in denen magere Frauen, die nahezu keine Kleider am Körper trugen, sich um die Kinder kümmerten, deren Lumpen von nicht müde werdenden Händen geflickt wurden – in denen das Elend zumindest sauber war.

Wir sahen Wohnungen, in denen das Laster reicher war als das Elend, in denen es noch Reste von Wohlstand gab und in denen die Gleichgültigkeit größer war als die Armut ...

Wieder andere, in denen der Hunger zu lähmenden Krankheiten geführt hatte, der Mangel zu Geschwüren ...

überall war es letztlich dieselbe fürchterliche Geschichte: der Kampf ums Brot.

Und unablässig wiederholte unser Führer diesen einen Satz: »Laßt sie satt werden.«

Diese Menschen waren für ihn ein einziger hungriger Mund, der gesättigt werden mußte.

»Laßt sie satt werden!« – »Gebt ihnen Brot!«

»Und morgen?«

»Ja, dann hungern sie wieder – aber einige *müssen* hungern.«

Ich werde aufhören, und ich weiß, daß ich Ihnen kein Bild vermitteln konnte – nicht ein einziges.

Von der Luft dieses hilflosen Elends ersticken mir die Worte im Hals. Aber – und das tröstet mich – es geht hier auch nicht um meine Worte, sie sind armselig, oder meinen Pinsel, der dem Stoff eines Hogarth nicht gewachsen ist. Alles, was ich zu sagen habe, ist eine Bitte, die ich *für* die Hungernden vorbringe, für diejenigen, die hungern, und die ich an jene richte, die das Brot haben.

Was wir auf dieser Wanderung sahen, kann ich nicht nachzeichnen; aber wenn es in meinen Worten auch lediglich eine Spur dieses ungeheuren Mitleids gibt, eine Andeutung, die sich armselig auf den Bildern ausnimmt, armselig in ihren Vergleichen und Farben, um das Farblose zu malen – dann soll mein Mangel an Fähigkeiten verständlich machen, daß das, was wir gesehen haben, entsetzlich war.

Und wenn das verständlich ist, dann sollen Sie wissen, daß dieses Elend sich in ein Wort fassen läßt: Hunger. Lassen Sie diese Menschen, die nach Brot schreien, einen Tag lang satt werden.

Vergessen Sie nicht, daß die intensivsten Augenblicke im Leben dieser Abgestumpften vielleicht die Minuten sind, in denen sie »die Glücklichen« hassen, in denen die Wut des

Hungers uns mißgönnt, daß *wir uns satt essen können* ... Sie sehen ja nicht ein, daß das Leben »der Glücklichen« – und *das* ist die Gerechtigkeit des Lebens – möglicherweise gar nicht glücklicher ist, daß die Seelen derer, die nicht vollkommen vom Kampf um das tägliche Brot in Anspruch genommen sind, andere Kämpfe austragen und andere Sorgen haben.

Hungern ist ihr Leid – sich satt zu essen das Glück ihres Lebens.

Sie vereinfachen das Leben.

Aber genau dadurch, daß wir sie einen einzigen Tag satt werden lassen, könnten wir sie eine einzige Stunde glücklicher machen – *glücklicher möglicherweise, als wir selbst es sind, wir, die wir geben.*

Wohin wir auch kamen, man bat uns um Brot – wenigstens um Brot für die Kinder.

»Heiligabend«, sagte unser Führer überall und verteilte großzügig Essensmarken für die ›Weihnachtfreude für die Kinder der Armen‹.

Laßt sie diesen einen Tag satt werden, diese Tausende, die sonst hungern. Lassen Sie uns alle nach unseren Möglichkeiten ein Scherflein dazu beitragen.

»Sehen Sie«, sagte der Polizeibeamte, »hier kann eine Schale Milchreis glücklich machen. Das geht nicht überall.«

Nein – nicht überall.

An Bord der »Thingvalla«

I
Nacht

Es hatte ein wenig aufgefrischt. Der Wind war mit dem lodernden Sonnenuntergang weit draußen im Westen gekommen. Jetzt war der Himmel dunkel und tief verhangen.

Die »Thingvalla« lief schwer, gleichmäßig und sicher. Die Wellen verursachten keinen Lärm. Ruhig, in mächtigen, dumpfen Wogen rollte das Meer heran. Schlag um Schlag hob sich das Wasser, sackte zusammen und floß ab – Welle um Welle.

An Deck war es still geworden. Unten lief die Maschine. Aus dem Glasdach des Maschinenraums ergoß sich flackerndes Licht; es fiel auf das Gespenst des Schornsteins, lief unsicher übers Deck und warf einen Schein auf einige geduckte Gesichter, die sich flüsternd über die Luke zum Laderaum beugten.

Die Schritte von der Kommandobrücke klangen so eintönig.

Wir gingen auf und ab, ohne ein Wort zu sagen. Die Unterhaltung war versiegt, erst abgeglitten in Geplauder und einsilbige Worte, dann erstorben. Jeder von uns dachte sich wohl seinen Teil.

»Aber ich gebe Ihnen recht«, sagte der junge Kaufmann aus New York, »für diese jungen Leute ohne Beruf wird es hart. Sie klopfen Steine, fegen die Straße oder sterben vor Hunger.« – Er blieb an der Tür zur Kajüte stehen: »Aber die meisten haben auch nichts Besseres verdient, und Amerika ist ein entlegener Friedhof, um sie zu begraben. Gute Nacht, mein Herr, und betrachten Sie die Dinge so, wie sie sind. Sogar auf einem Auswandererschiff sind sie tatsächlich ganz

einfach, und es gibt nur verdammt wenige Romane darunter
– wenn man sie nicht selbst schreiben will. Gute Nacht!«

»Gute Nacht.«

Dort hinter dem Tauwerk war ein hübscher Platz, ganz in
Lee. Man saß geschützt und spürte den Wind nicht.

Verdammt wenige Romane hatte er gesagt, und wahrscheinlich hatte er recht. Er kannte ja die Verhältnisse, er hatte den Atlantik fünfmal überquert, und ich hatte von alldem
bisher nur wenig gesehen …

Und dennoch. Während das Meer draußen träge dahin-
rollte und der Rauch sich an dem tiefen Himmel wie eine
Natter windend vorzuschieben schien, sah ich gegen meinen Willen all diese Gesichter wieder – einen nach dem anderen. Bild für Bild …

Zunächst die Abfahrt. Am frühen Morgen. Stapel von Kör-
ben, Leinensäcken und Kisten. Auf Kisten und Bohlen saßen
sie und bewachten ihr Hab und Gut. Die Familie dort aß
bereits zu Mittag. Die Kinder drängten sich um eine offene
Holzkiste, an der der Vater Brot schnitt; die Mutter hatte ein
Kind an der Brust.

Ich bat sie, auf meinen Koffer aufzupassen, noch mußte
man nicht an Bord. So kam ich mit ihnen ins Gespräch.

Der Mann war Kutscher. – Und jetzt wollte er auswan-
dern? – Ja, das schien ihnen das Beste zu sein … Dann hatten
sie wohl auch ein wenig Geld für den Anfang? – Nein, das
war nicht der Rede wert, aber sie hatte einen Bruder …

Der Mann hatte gesprochen, bedächtig, doch es klang
auch ein wenig bedrückt. Die Frau wiegte das Kind. Sie
hatte gebückt dagesessen, so daß ich ihr Gesicht nicht sehen
konnte, jetzt schaute sie auf. Die Worte brachen nur so aus
ihr heraus.

»Kann man mit *ihnen* für zwölf Kronen in der Woche
leben?« Sie schaute auf die Kinder, sie schaute auf mich. Da

war etwas Nervöses, Unausgesprochenes in ihrem Ton, etwas unbeschreiblich Nüchternes, das mich berührte. Ein Blitzen in den hellgrauen Augen, die tief unter den roten Augenlidern lagen, etwas, das brannte wie Fieber.

Dann zog sie das Kind näher zu sich heran, und ohne mich anzusehen, sagte sie: »Wenn man Brot hat, verläßt man sein Heimatland nicht …«

Ja, der Mann aus New York hatte recht. Es ist tatsächlich ganz einfach, und man müßte schon Romanautor sein, um über diesen breiten, bäurisch-verhärmten Mann, seine Frau und ihre fünf Kindern einen Roman schreiben zu können. Ihr Leben hat nichts mit Romanen zu tun, dazu ist es zu alltäglich.

Und doch ist auch sie einmal jung gewesen. Vielleicht ist sie sogar hübsch gewesen, damals, als die Wangenknochen noch nicht so hervorstachen. Dann heiratete sie den Kutscher und bekam ein Kind, im darauffolgenden Jahr ein weiteres und im Jahr darauf noch eines. Es ist ganz einfach. Und mit der Zeit gab es immer mehr Münder, das Essen wurde knapp und die Wohnstube nicht größer. Dann kamen noch zwei Kinder, und sie begannen zu hungern. So einfach ist das. Und nun war sie es leid zu hungern. Die meisten ertragen es, aber dieses Blitzen in ihrem Auge bewies, daß sie nicht dazugehörte. Darum setzten sie nun über, um ihr Glück zu machen.

Vermutlich hatte sie einen etwas stärkeren Willen als die meisten. Aber woher nehmen diese Menschen nur ihre Willenskraft? Sie werden in engen Kammern und stickiger Luft geboren, sie bestellen den Boden wie ihre Väter vor ihnen. Davon abgesehen lernen sie ein paar Kirchenlieder und einige Geschichten aus der Bibel. Als Jugendliche haben sie ein paar Träume, die aber nicht sonderlich ausschweifend oder hochtrabend sind. Liebe heißt, eine Liebschaft zu haben und sich dann eine Frau zu nehmen. Gott ist der, über den sie in der Kirche reden, und Kinder diejenigen, denen man das Essen beschafft. Das ist ihr Leben.

Es ist schwer zu sagen, wozu sie ihren Willen gebrauchen oder wo sie ihn hernehmen sollen.

Sie jedenfalls war es leid. Leid, die Kinder zu versorgen und den ganzen Tag für einen erbärmlichen Lohn in Diensten zu stehen, um nachts über die Sorgen des kommenden Tages zu grübeln; sie war diesen trägen Mann leid, der nur mit seinen Pferden herumfuhr; sie war es leid, zuzusehen, wie ihr Elend immer größer wurde, still und leise, aber unaufhaltsam. Sie hatte nicht aufgegeben. Normalerweise fallen die grauen Sorgen des Alltags wie Pulverschnee auf diese Menschen, gleichmäßig und ruhig, wie der Schnee im Winter. Tag für Tag wird das Essen knapper, das Zusammenleben bitterer, die Bürde schwerer – aber all das vollzieht sich so gleichförmig, so einschläfernd gleichförmig. Und so werden sie träger und träger, während sie sich abmühen.

Doch nun hat sie sich in diesem Dasein einen Ruck gegeben und will fort …

Nein – das ist kein Roman!

Wir kamen an Bord. Ein Beamter überwachte die Brücke, man durfte nicht mehr an Land. Dort herrschte ein unruhiges Getriebe, ein Starren aus hundert Augen. Auf dem Schiff drängte man sich an der Reling. Kopf an Kopf standen sie an die Reling gelehnt. Wie unbeweglich diese Gesichter waren! Nur hin und wieder ein kleines Zucken des Mundes. Und die Augen hatten einen unendlich leeren Blick.

Auf dem Achterdeck spielte Musik. Ein paar angetrunkene Burschen stimmten ein, der Gesang schlich sich durch die Reihen. Dann erstarb er wieder.

Man *wollte* ruhig stehen. Und wurde man durch einige Hurras aufgeschreckt, durchfuhr die Menschen entlang der Reling nur ein kurzes Zucken.

Das Schiff setzte sich in Bewegung. An Land drängte man enger zusammen, »Lebehochs« wurden gerufen, und mit einemmal flogen sämtliche Hüte und Taschentücher in die Luft.

Auch auf dem Schiff wachte man regelrecht auf. Und aus allen Mündern erschall plötzlich etwas, das man ein Hurra nennen könnte. Es glich einem Schrei. Und in diesen Schrei, der sich mit den Rufen vereinte, die in unregelmäßigen Abständen immer wieder von Land her erklangen, mischte sich der Schmerz der Auswanderer mit dem Lebewohl derer, die blieben.

Es war ein kurzer Schrei.

Die Menschen am Kai überkam eine sonderbare Unruhe, wie bei Menschen, die bei einem Brand zusammenlaufen. An Bord wurde gewunken. Und dann verteilte man sich, jeder suchte sich seine Ecke. Nur wenige sprachen, als die »Thingvalla« den Kai entlangfuhr.

Die ganze Zeit hat der junge Mann beim Tauwerk gestanden und regungslos über alle Köpfe hinweg gestarrt. Er bleibt dort stehen.

Der Kapitän erzählt mir, er sei einer von denen, die fortgeschickt werden. Zwanzig von ihnen sind an Bord.

Was heißt: fortgeschickt werden? Man hat irgend etwas Falsches getan, und nach Ansicht der Familie ist man rettungslos verloren. Das heißt, fortgeschickt zu werden.

Alles ist versucht worden. Aber nun muß der einzelne vor der Familie zurückstehen, deren ehrenwerter Name nicht befleckt werden darf. Es gibt Reisegeld, Empfehlungsschreiben und einen Segen. Dann wird erleichtert geseufzt ... und die nächste Generation auf dieselbe Weise erzogen: »Man« hat sich schließlich nichts vorzuwerfen.

Zunächst mußte eine Amme den Jungen stillen, eine Amme, die man nicht kannte, die aber drei Kinder hatte, obwohl sie nicht verheiratet war; dann kümmerte sich ein Kindermädchen um ihn. Der Vater ging seinen Geschäften nach, die Mutter kümmert sich um ihren »Umgangskreis« und das Haus. In der Schule lernte der Junge sein Pensum und entwickelte eine gewisse Gleichgültigkeit gegen moralische Normen, zu Hause wurde alles den Lehrern überlassen, und die Lehrer überließen alles dem Elternhaus. Es war ein besonders ehrenwertes Haus: Man hatten seinen Seelsorger, seinen Landsitz und sein gutes Auskommen; selbstverständlich nannte man es ein Heim.

Wenn der Mensch dann sechzehn Jahre alt ist, kommt er in ein Büro. Was hat er gelernt? Viel: Französisch, Deutsch, Englisch und Physik. Und obendrein eine ganze Menge Lebensweisheit. Oh – es wird so viel auf den Schulbänken getuschelt, und nicht immer sind es die schönsten Geschichten. Wer achtet schon darauf, woher sich die Phantasie der Jungen speist?

Dazu kommt ihre Lektüre. Wer kontrolliert sie? Etwa der Lehrer, der fünfzehnjährigen Burschen Bücher von Musset leiht? Und Paul de Kock noch jüngeren? In solche Bücher taucht ihre blutarme Phantasie dann ein, es ist ein gefährliches Labyrinth.

Vielleicht kommt die eine oder andere Erfahrung noch dazu. So viel kann in vier Wänden geschehen.

Dennoch werden die meisten von ihnen durch diese Erziehung zu anständigen Bürgern, so wie ihre Väter. Wohlgemerkt, sie hatten nie eine richtige Kindheit, und eigentlich schaden sie auch niemandem. Sie werden nur zu Skeptikern, die kaum noch über moralische Werte verfügen – und doch sind sie alles in allem gute Speerspitzen der kommenden Gesellschaft.

Andererseits muß man wissen, daß durch diese Art der Erziehung auch Hitzköpfe geboren werden *können*. Keine Menschen, die zu Verbrechern oder ähnlichem werden, aber Menschen, die Dummheiten begehen. Möglicherweise hätten gerade sie die Tüchtigsten werden können. Doch man hat ihnen weder eine Idee vermittelt, für die es sich zu leben lohnt, noch einen festen Grund, auf dem sie stehen können. Also widmen sie ihre Energie und Leidenschaft dem erstbesten Irrweg der Straße, und jetzt reisen sie davon – nicht weil sie die großen Leidenschaften kennengelernt hätten, sondern lediglich, weil sie einen Instinkt entwikkelten.

Und darum haben sie in die Kasse gegriffen.

Aber ist *das* ein Roman? So eine alltägliche Geschichte ist kein Roman. Daß man der Jugend nichts mehr gibt, an das sie glauben kann, daß man nicht über ihre Lauterkeit wacht, daß man schweigt, anstatt zu reden, daß die Schulen alles dem Elternhaus überlassen, und das Elternhaus lediglich ein Haus ist, in dem man wohnt, daß ein Sohn aus dem Ruder läuft – ist das ein Roman?

Der junge Mann steht noch immer dort – aber plötzlich läßt er das Tauwerk los, und während er seinen Hut schwenkt, stimmt er einen langen Schrei an.

Andere stimmen mit ein, und von Land aus werden die Fortreisenden mit erneuten Hurras verabschiedet, dem letzten Gruß.

Die »Thingvalla« arbeitet sich durch die See. Am Himmel sind die Flammen gelöscht, die Wolken treiben dahin.

In der Kabine habe ich mich vorhin mit einem jungen Mädchen unterhalten. Jung, nun ja, sie war achtundzwanzig Jahre alt, und das gilt hier schon als alt.

Sie war Lehrerin. Sie hatte auf einigen der großen Herrenhöfe gearbeitet, aber nun hatte sie die Lust daran verloren und zog fort, ganz allein, ohne Empfehlungsschreiben.

Dahinter könnte sich möglicherweise ein Roman verbergen. Denn bei weitem nicht alle Lehrerinnen, die in Fräulein Zahles Schule gegangen sind, reisen nach Amerika. Da muß es noch etwas »anderes« geben.

Liebeskummer könnte der Grund sein, ein gebrochenes Herz, eine verlorene Hoffnung. Aber, um ehrlich zu sein, danach sah sie überhaupt nicht aus. Ihre Stirn war ruhig, der Mund mit den schmalen Lippen ein bißchen streng. Nur ein Dichter würde in diesen Zügen etwas von Stürmen und Unglücksfällen lesen.

Im Grunde sah sie eher ein wenig müde aus.

Es bedarf keines Romans, um eine solche Existenz in die Flucht außer Landes zu treiben. Sie ist arm und hat keine Familie, sie ist nicht sonderlich hübsch. Sie ist nicht verheiratet und weiß, daß es auch nie dazu kommen würde. Ist dieses graue, einförmige, ständig fremdbestimmte Leben, das in einem Stift enden wird, diese traurige, einsame Wanderung auf einem staubigen Weg denn so verlockend? Was mutet man ihrem Herzen zu? Was ihren Gefühlen? Was ihren Bedürfnissen? Eine alte Jungfer mit Stricknadeln und Schoßhund zu werden, der nichts bleibt als ein paar verblichene Träume?

Wahrscheinlich hat sie von ihren Träumen nicht leben können, dieser schmalen Fastenkost für unsere Fähigkeiten, dieser Hungerkur für unser Leben. Vielleicht ist es in ihrem Dasein auch zu einer Enttäuschung gekommen, die sie ihre Leere hat sehen lassen; vielleicht hat sie gelitten, doch sie war stark genug, um diese Enttäuschung nicht wie Opium zu genießen, das uns einschläfert.

Jetzt reist sie.

Und dennoch – es ist kein Roman. Es gibt so viele Gouvernanten, die achtundzwanzig Jahre alt sind, und alle haben sie ihren Roman wie einen alten Strauß Trockenblumen in der Vase. Im Unterschied zu ihr sind sie vernünftiger, wenn sie sich damit begnügen, jeden Tag die alten Träume aufzuwärmen und keine allzu großen Forderungen an das Leben zu stellen.

Sie bleiben zu Hause, nur die Hitzköpfe ziehen fort. Vielleicht sind die Fortgehenden aber auch die Allervernünftigsten. Unter den Skandinaviern dort drüben besteht ein großer Bedarf an Frauen. Kommt ein unverheiratetes Mädchen in die Gegend, reist man dreißig Meilen weit, um sie zu sehen, und häufig hält man sofort um ihre Hand an …

Bestimmt wird es der Lehrerin so ergehen – und es kann ja sehr angenehm sein, eine gute Partie zu machen –, aber wirklich romantisch ist es nicht …

Ich stehe auf und gehe in den Raum über dem Mitteldeck.

Die Luft dort unten ist stickig. Vorsichtig trete ich ein paar Stufen die Treppe hinunter, bleibe stehen und schaue hinein. Es ist der oberste Raum. Schlafende Männer, im Halbdunkel liegen Frauen und Kinder auf den Pritschen. Hin und wieder ist im Dämmerlicht ein Kopf zu erkennen, der über den Rand schaut. Über eine Koje fällt der Schein einer Lampe. Es ist die Koje des Kutschers.

Die Frau sitzt aufrecht und singt ein Kind in den Schlaf, der Mann schläft lang ausgestreckt, neben sich zwei der Jungen. So unbekleidet, halb verborgen von einem Meer aus Decken, Kleidungsstücken und überall herumfliegenden Fetzen, sehen sie aus wie zerlumpte Vagabunden …

Weiter unten liegt der Treppengang wie ein dunkler Schlund.

Ich gehe wieder hinauf. Ich will nichts mehr sehen. Der Tag wird uns seine hellen Farben schenken, ich werde auf den Tag warten.

Und die Nacht ist bald zu Ende. Weit im Osten röten sich bereits die niedrigsten Wolken, und die Dämmerung zieht sich über das Meer zurück, als würde ein Teppich eingerollt.

Die »Thingvalla« fährt dem Tag entgegen, mit Menschen auf der Suche nach ihrem Glück.

II
Tag

Man rieb sich die Augen an Bord der »Thingvalla«. In den Kojen des Mitteldecks waren die Passagiere ein wenig benommen, als sie kreuz und quer liegend erwachten – sie haben eine unruhige Nacht hinter sich. Man rieb sich die Augen und versuchte, seine Gedanken zu ordnen.

Der gestrige Tag war so verwirrend gewesen. Der Abschied von daheim, der letzte Blick; auf dem Sund dann die Reden und Hochrufe, das Musikkorps und die patriotischen Lieder, das ganze Arrangement, das eher nach einer Vergnügungsfahrt aussah. Es war einfach keine Zeit geblieben, um es wirklich zu begreifen und zu verarbeiten. Man hatte nur gelärmt, gejohlt und Hurra gerufen – vielleicht war es aber auch genau das, was man übertönen wollte. Es entstand eine so merkwürdige, oberflächlich heitere Stimmung, jeder wollte beweisen, daß er ein Teufelskerl war und es wie etwas ganz Alltägliches nahm … Man überspielte es voreinander und versteckte sich hinter der Munterkeit.

Wie gesagt, es war eine etwas unruhige Nacht; draußen kam die See mit hoher Dünung, und an Bord hatte man sich in den Kojen ziemlich herumgeworfen, bis man in einen leichten Schlaf gefallen war. Es wurde nicht viel geredet, und doch lag ein jeder da, lauschte auf einen Seufzer des anderen und erleichterte zwischendrin auch einmal verstohlen sein Herz, indem er tief einatmete.

Der erste Tag war nicht normal gewesen. Doch jetzt graute der Morgen, nun sollte die Reise wirklich beginnen. Man machte es sich bequem, gewöhnte sich ein, arrangierte sich.

Gestern noch ließ man alles so geschehen, wie es kam; rundum zufrieden hatte man Hurra gerufen und alles herrlich gefunden, weil man doch irgend etwas finden mußte –

obwohl einem alles so vollkommen gleichgültig war, und man eigentlich keinen Gedanken mehr daran verschwenden wollte. Nun aber erinnerten sie sich daran, daß sie hier vierzehn Tage zusammen leben mußten, und vierzehn Tage sind eine lange Zeit. Also wurde zunächst einmal genörgelt, um das Beanstandete dann dem eigenen Geschmack gemäß zu verbessern.

Überall auf dem Boden des Zwischendecks standen offene Kisten und Kästen, Schmortöpfe wurden auf die Deckel gestellt und kleine Spiegel an die Kojenwände gehängt, kurz gesagt, man richtete sich ein. Kleider wurden ausgebürstet oder aus dem Koffer gezogen, um sie sich anzusehen, um zum hundertsten Mal zu kontrollieren, ob alles eingepackt war und man nichts vergessen hatte.

Währenddessen zog man sich an, ging umher und widmete sich Nachthemden, bunten Röcken und groben Hemden, über denen locker und ungeknöpft die Hosenträger baumelten. Mütter hängten Kleidungsstücke zum Trocknen über das Geländer, schaukelten Kinder oder saßen auf dem Rand einer Koje und stillten.

Welch ein Gewusel von Kindern! Sie krabbeln zwischen den Decken und Kissen auf den Pritschen herum, sie wühlen in Kisten und Kästen. Nicht ein einziger dunkler Kopf ist dazwischen, es ist das pure Blond, dieses schmutziggelbe Bauernhelle, das von der Sonne gebleicht und vom Wetter strohig geworden ist. Und alle versuchen auf schwedisch und dänisch, sich gegenseitig zu überschreien.

So gesehen geht es auf dem Zwischendeck der »Thingvalla« lebhaft zu. In der Mitte das breite, viereckige Loch der Treppe hinauf zum Licht und zur Luft. Zwischen dem Holzgeländer und den Kojen der breite Gang, der einmal rund um das Deck führt, und auf dem Kinder und Erwachsene um die Wette lärmen; an den Wänden die Kojen.

Die Kojenplätze liegen übereinander, im Grunde sehen

sie aus wie die Käsebretter auf den großen Herrenhöfen, breite Pritschen mit einer Kante, wie man sie im Krankenhaus für die Leichen benutzt. Allerdings gibt es hier Bettzeug und Decken anstelle von Leichentüchern.

Auf manchen Auswandererschiffen hängt zwischen den Kojen eine Trennwand aus Leinen, hier ist es nicht so. Als ehemaliges Frachtschiff ist die »Thingvalla« ein bißchen primitiv, und die Familien leben in einem beinahe grenzlosen, kommunistischen Zustand, bei dem ein Territorium in das andere übergeht, und man es mit den Zwischenräumen und Übergängen nicht so genau nimmt. Ich spreche mit meinem amerikanischen Großhändler darüber.

Natürlich hat der Mann aus New York schon Atlantikdampfer gesehen, auf denen es für jede Familie sogar ihre eigene, wenn auch sehr kleine Kabine gab, ein winziges Loch, das man indes für sich hatte und in dem man allein war. »Aber verstehen Sie«, sagte er, »es ging erst einmal darum, die ›Thingvalla‹ auszuprobieren. Das ein oder andere fehlt daher vielleicht noch – nur, glauben Sie mir, den Mängeln wird abgeholfen. Auswanderer, die mit einem dänischen Schiff fahren, haben die Garantie, ordentlich behandelt zu werden – ist es nicht so, beschweren sie sich doch sofort in Kopenhagen, und sie wissen genau, wo sie sich Gehör und Publikum verschaffen können … Also muß man sie einfach anständig behandeln, wenn die Gesellschaft weiter existieren will. Emigrieren sie allerdings von Hamburg aus und haben auf der Reise Grund zur Klage – dann kann man ihre Beschwerde gut und gerne als eine Art Ruf in der Wüste bezeichnen.«

»Aber die Hamburger Linien sind doch recht gut?«

»Tadellos – einige von ihnen sind sogar besonders gut –, aber es können durchaus Unregelmäßigkeiten vorkommen, und dann ist es immer gut, wenn man jemanden hat, an den man sich halten kann – denn, sehen Sie, das Gefühl eines

Sklavenschiffs kann an Bord eines Auswandererschiffs bisweilen schon aufkommen ...«

Wir gehen hinunter aufs nächste Deck: Dort sind die jungen Mädchen untergebracht. Ein paar Mädchen laufen mit nackten Beinen und nicht gerade übermäßig bekleidet herum, sie kreischen, als sie in den Kojen verschwinden; andere richten ihr Haar oder schminken sich vor offenen Seekisten, die ordentlich aussehen und mit schwarzen Buchstaben auf gelbem Grund beschriftet sind. Der Name, das Datum und die Jahreszahl stehen darauf, und die Farbe ist so frisch, daß sie glänzt.

Die Kiste dieses jungen Mädchens ist rosa, mit in Weiß gehaltenen Rosenranken um den Namen. Als wir auftauchten, ist sie in ihre Koje geflohen und hat in der Eile die Kiste offenstehen lassen. Ganz oben liegen ein echtseidenes Tuch, ein Album mit einigem Zierrat und drei künstliche Zöpfe. Möglicherweise gehört sie zu denen, die heiraten wollen.

Ganz unten, noch weiter die Treppe hinunter, mit Licht und Luft aus dem gleichen viereckigen Loch, das von Deck aussieht wie das Loch eines gewöhnlichen Laderaums, haben wir die jungen Männer. Hier sieht es nicht so gemütlich aus, hier sind die Seekisten auch nicht bemalt. Die Bewohner sitzen herum und genießen ihre Morgenpfeife oder schuppen Heringe; große, fette Heringe, die von den Schiffsjungen in Zubern serviert werden.

»Das beste Mittel gegen Seekrankheit«, sagt der junge Arzt, der mich begleitet. Der Doktor hat gerade sein Examen bestanden und fährt nun über den Atlantik, um sich die Niagarafälle anzusehen. Das ist sehr vernünftig, und es ist kein Wunder, daß die Stelle des Arztes auf der »Thingvalla« gefragt ist: Man bekommt vierhundert Kronen und freien Unterhalt für das Vergnügen. Daß es auf dem Atlantik auch Zeiten geben kann, in denen das Vergnügen durchaus gemischt ist, ergibt sich allerdings von selbst.

»Bekommen sie jeden Tage so viele Heringe?« frage ich den Schiffsjungen.

»Ja – so eine Tonne voll.«

»Und die Erlaubnis, sie aufzuessen – ohne Kontrolle?«

»Ja, bis keine mehr da sind.«

Der Zahlmeister kommt mit einem großen Kessel die Treppe hinunter. Er bringt Tee. Plötzlich kommt Bewegung in die Gruppe, Zinnkasserollen und Tassen werden hervorgeholt. Die See zehrt. In einem großen Gefäß wird Butter hereingetragen und mitten im Raum neben das Brot gestellt. Auch Zucker steht *ad libitum* zur Verfügung. Jeder nimmt, soviel er mag, und es sind nicht gerade kleine Portionen, die hier in den Kojen der Burschen konsumiert werden.

Aus den Kisten werden Würste geholt, die in fettigem Papier glänzen, und trockener Käse, der in Scheiben geschnitten wird. Man frühstückt.

»Und all das gibt es für hundertzwanzig Kronen«, sagt der Arzt, als er wieder die Treppe hinaufgeht.

»Verpflegung, Überfahrt, Unterkunft, alles ist dabei – man kann nicht behaupten, es sei teuer.«

Wir gehen ins »Krankenhaus«. Vier mit gutem Bettzeug bezogene Kojen in einem kleinen Raum mit einer Tür zum Oberdeck. Hinter einem Segeltuch vier weitere Kojen für Frauen.

»Das ist in Ordnung«, sagt der Doktor, »solange niemand krank wird.«

»Wenn an Bord allerdings eine Epidemie ausbräche, wäre es wohl weniger angenehm …«

»Wohl wahr – dann käme ich kaum zu den Niagarafällen. Aber wer baut Auswandererschiffe für Epidemien! Die verbreiteteste Krankheit an Bord ist Verstopfung. Auf Emigrantenschiffen bekommt alle Welt Verstopfung, sowohl in der ersten Klasse wie auf dem Zwischendeck. Der Himmel weiß, woran das liegt!«

»Sind es nicht sechshundert Passagiere?« frage ich.

»Sicher. Das heißt, in Norwegen kommen heute noch zweihundert. Dann sind wir vollzählig …«

»Und das Krankenhaus hat acht Kojen …«

»Ah« – es ist der New Yorker, der zu uns stößt –, »da sind Sie ja wieder. Hat sein Pessimismus die ganze ›Thingvalla‹ nun mit Pockenpatienten und den dazugehörigen Sterbefällen und Beerdigungen bemannt? Er ist einfach unverbesserlich, Doktor, einfach unerträglich. Vielleicht sollte man mit diesen Aussichten vor Augen das halbe Schiff zu einem Lazarett machen, das eine Epidemie erwartet? Das wäre eine wirklich praktische Idee.«

»Das vielleicht nicht gerade, aber – ist es nicht sinnvoll, vorbereitet zu sein …«

»Sagen Sie mal, was glauben Sie eigentlich, wie es sich mit den Booten verhält?«

»Den Booten?«

»Ja, den Rettungsbooten, bester Freund.«

»Dafür gibt es doch wohl gesetzliche Vorschriften.«

»Ja, sicher, aber glücklicherweise ist das Gesetz vernünftig und weiß, daß wir überhaupt nichts anderes mehr an Bord hätten, würde es genügend Boote geben. Aber – Doktor, nun sehen Sie doch, wie erschrocken er aussieht.«

In der Küche wird das Abendessen gebraten und geschmort. Auf dem Zwischendeck ist Suppentag. Ein großer Teller Suppe für jeden der vierhundert Passagiere, die bereits an Bord sind, erfordert einen großen Kessel mit einem großen Stück Fleisch darin.

»Wir sprechen hier von halben Ochsen«, sagt der Arzt. »Stellen Sie sich vor, Sie müßten ein kleines Städtchen von einer einzigen Küche aus beköstigen – und die schwimmt, man kann also nicht mal eben eine Magd auf den Markt schicken –, dann haben Sie einen Begriff davon, woran der Proviantmeister hier zu denken hat.«

»Was bekommen sie noch außer Suppe?«

»Ein Stück Fleisch und Brot.« – Der Zahlmeister schneidet ein Stück ab, um es uns zu zeigen. Hungern mußt du auf der »Thingvalla« wahrlich nicht.

»Und an den anderen Tagen – was bekommen sie da zum Abendessen?«

»Grütze und Fisch, Erbsen, Kohl und noch einmal Suppe, solange sich das frische Fleisch hält. Danach müssen wir uns natürlich behelfen.«

»Mit Gepökeltem?«

»Ja, hauptsächlich. Das heißt, für die erste Klasse reicht das Fleisch hoffentlich. Aber dafür haben wir noch die Schweine und Hühner.«

Ich hatte die Schweine und Hühner gesehen. Die armen Tiere waren seekrank, grunzten und krächzten und sahen nicht sonderlich appetitlich aus.

In der ersten Klasse nahm man das zweite Frühstück ein.

Die Gesellschaft trug lässige Morgenmäntel, Schlafröcke und Hauskleider, das Haar der Damen war ein wenig derangiert. Man schämte sich offensichtlich nicht mehr voreinander und wuchs zu einer großen Familie zusammen.

Das Angebot war reichlich, kalte Platten mit allen Kopenhagener Delikatessen. Der Appetit war gut.

Ist denn jemand seekrank geworden?

Niemand. Das Schiff läuft ja so ruhig. Alle haben gut geschlafen.

Ein paar junge Mädchen schenken Kaffee aus. Die Damen nehmen die Häkelbeutel zur Hand, die Herren Bücher. Einige haben keine eigene Lektüre dabei, sie beschäftigen sich mit dem großen Konversationslexikon des Kapitäns.

Nach und nach zeigt man sich oben auf Deck. Jetzt, am Morgen werden Bekanntschaften geschlossen, und offensichtlich bilden sich Kränzchen von Menschen, die sich gefunden haben.

Die Mädchen und Frauen sind fleißig. Sie stricken und nähen, haben Nähkästchen und Nähbeutel mitgebracht. Die Männer und Burschen faulenzen, mal liegen sie auf dem Rücken, mal auf dem Bauch.

Die Gruppe dort besteht aus Jugendlichen: Ein paar junge Mädchen in Regenmänteln haben sich auf Taurollen gesetzt, und zu ihren Füßen haben drei, vier von denen, die »fortgeschickt« wurden, Platz genommen. Sie lachen, es ist über das halbe Deck zu hören. Im Schatten der Kajüte liegen ältere Männer und lesen, daß ihnen der Schweiß läuft. Sie studieren einen Sprachführer.

Steht man oben auf der Kommandobrücke, kann man das gesamte Deck übersehen. Die Sonne steigt immer höher, und ihre Strahlen beginnen, das Deck und seine Benutzer zu braten, man begibt sich in den Schatten der aufgespannten Sonnenschirme oder verkriecht sich hinter die Maschinenräume. Es sieht aus wie eine gewöhnliche Siesta.

Etwas eigentümlich Friedliches und Stilles liegt über dem sonnenbeschienenen Deck und seiner in Grüppchen verteilten Population.

»Nicht wahr«, sagt der Kapitän, »es ist doch alles die reinste Idylle?«

»Wohl eher so eine Art Waffenstillstand. Die Truppen ruhen sich auf neutralem Boden aus.«

»Ein Heer, das vor der Schlacht neue Kräfte sammelt – nicht so ganz falsch«, sagt der Arzt, der eben noch einen verstauchten Finger verbinden mußte.

»Was ist der Frau denn zugestoßen?«

»Ach, sie ist auf der Treppe gefallen. Die Treppen könnten schon etwas komfortabler sein.«

Der Vormittag vergeht, an Deck noch immer dieselben Gruppen, dieselbe entspannte Ruhe über Menschen, die keine Eile haben, dieselbe Sonne. Die Männer haben sich bequem hingelegt und schlafen mit dem Gesicht in den Händen, die Frauen arbeiten noch immer.

Die meisten dieser vierhundert Menschen sind Bauern, grobe, drahtige Burschen, blonde Frauen, sommersprossig und mager. Die wenigen Passagiere, die wie Kleinstädter aussehen, bleiben unter sich, der größte Teil von ihnen ist seltsam angezogen: Die jungen Männer tragen helle Überzieher, Hüte wie zu einem Spaziergang und schmale Schühchen mit hohen Hacken, die jungen Mädchen Regenmäntel und helle Hüte, die wenig haltbar und schon ein wenig zerknittert sind. Sie sehen aus, als wollten sie auf einen Pfingstausflug nach Møn.

Andere betonen das »Atlantische«. Sie sind mit großen Strohhüten und langen Stiefeln seemännisch gekleidet, die jungen Damen haben sich die Kleider hochgebunden und ein Tuch um den Kopf gelegt. Es sind die jungen Männer, die ihr Land verlassen müssen, und die Mädchen, die heiraten möchten.

Sie »spielen« die Reise nach Amerika.

Die armen Dinger – um sie muß man sich Sorgen machen. Die anderen, die Derben, die Besonnenen und die Handwerker, werden aller Voraussicht nach hart kämpfen und arbeiten – und letztlich auch nicht glücklicher werden als daheim; doch diese Luxusartikel, dieser Fünfzigøre-Talmi vom Basar des Lebens – ja, sie werden wahrscheinlich in tausend Stücke zerschlagen …

Vorläufig benehmen sich die jungen Leute jedoch wie alle leichtsinnigen Soldaten: Sie sind lustig, bis die Trommel geschlagen wird.

Wir Gäste müssen bald von Bord, inzwischen sind wir weit zwischen die blauen Fjälls und die eigenartigen Schären des Kristianiafjords vorgedrungen, nun sitzen wir zum letzten Mal auf der »Thingvalla« zu Tisch.

»Wie werden diese Scharen von Menschen eigentlich aufgetrieben?« frage ich.

»Agenten finden sie …«

»Treiben sie zusammen«, werfe ich ein.

»Ganz sicher nicht«, antwortet jemand aus der Runde. »In diesen Zeiten ist das nicht nötig. Die Lust auszuwandern ist im Augenblick wieder epidemisch.«

»Und wie kommt das?«

»Schwer zu sagen. Ein einziger Brief kann das Fieber in einem Dorf entfachen, in einem ganzen Sprengel. Dann ist es vorbei mit der Ruhe, dann brechen sie auf, eine Familie nach der anderen. Sie können sagen, das ist Wahnsinn – aber es ist ein Wahnsinn, der die Gesellschaft zur Ader läßt, und das ist durchaus erfreulich.«

»Und dann dürfen Sie auch nicht vergessen«, sagt der Kapitän, der einige Scheiben vom Rinderbraten vorschneidet, die selbst für den Appetit eines Riesen zu groß wären, »daß von den vierhundert Passagieren, die wir bereits an Bord haben, bestimmt hundert von ihren Familien geholt werden, die drüben Erfolg gehabt haben und nun die Reise für ihre Verwandten bezahlen. Dazu gehört auch ein Großteil der Besatzung.«

Jemand von uns lobt das Brot. »Es wurde von unserem eigenen Bäcker gebacken – einem kleinen Burschen.«

»Will er emigrieren?«

»Ja – tatsächlich gab es über fünfzig Bewerbungen um den Platz. Sie bekommen die Überfahrt umsonst, außerdem soll es im Augenblick keine gute Zeit für Bäcker sein. – Lassen Sie uns ein Glas auf die ›Thingvalla‹ trinken, meine Herren, und auf die neuen Schiffe und die Zukunft.«

»Und auf *ihre* Zukunft«, sagt der New Yorker und zeigt auf das Deck, wo die Emigranten in der Sonne des Junitages friedlich den Waffenstillstand einhalten.

»Ja – und auf *ihre* Zukunft!«

330

Einen Moment entstand eine Pause. Jeder hing bei diesem guten Glas Burgunder wohl seinen eigenen Gedanken und Wünschen nach.

Als wir von Bord gingen, drückten wir viele Hände und nahmen viele Grüße entgegen. Mehr als ein Auge wurde feucht bei diesen Grüßen, und mehr als ein Händedruck war kräftiger und fester als der, den man gewöhnlich mit einem Fremden wechselt ...

Die Grüße bringe ich hier – von Fremden zu Fremden bringe ich sie allen Verwandten und allen Freunden, deren Gedanken die Reise der »Thingvalla« begleiten ...

Oben auf dem Schiff lief man zusammen, winkte zum Abschied und rief. Wir fuhren langsam davon, hinüber zum Kai von Kristiania.

Die »Thingvalla« blieb bis zum Abend im Fjord liegen. Vom Balkon des Viktoria-Hotels sahen wir, wie sie bei Sonnenuntergang den Anker lichtete und in den Fjord auslief. Es war ganz ruhig, und der Rauch ihres Schornsteins blieb noch lange wie eine dunkle Wolke in der klaren Sommernachtsluft hängen, selbst als sie längst hinter den Fjälls verschwunden war.

Dann verschwand auch der Rauch.

Draußen auf dem Holm begann man bereits die Feuer in dieser hellen Nacht zu entzünden: Es war die Johannisnacht.

Der Garten des Belvedere
»Cirkus Variété«

Der Garten des »Belvedere« ist weit weg. Wahrscheinlich gehören *Sie* sogar zu den Kopenhagenern, die noch nie von der Vesterbrogade zum Enghavevej abgebogen sind, um über die Felder dorthin zu gelangen. Denn das Belvedere ist nur im »Viertel« bekannt. Ein Stück von der Schattenseite des äußersten Vesterbro, wo die großen, nackten Mietskasernen ungehindert aufs freie Feld hinausragen, das sich bis zu den Dächern des nächsten Dorfes platt dahinstreckt. Ein sonderbarer und unordentlicher Gürtel rund um die Stadt – selbst weder Stadt noch Land.

Aber die Armut und die scheuen Existenzen, die es hierher verschlagen hat, nehmen sich alle Freiheiten des Landlebens. Die Kindern tummeln sich halbnackt in den tiefen Straßengräben, und nach und nach kehren die Arbeiter heim, einer nach dem anderen, ein wenig schwankend, aber mit dem Rest des sonnabendlichen Lohns in den Taschen der Leinenjacken. Aus der riesigen Baracke dort ist ein gewaltiges Gejohle zu hören. Die Kaserne ist noch im Bau. Der Treppe fehlt noch das Geländer, wackelig und zerbrechlich führt sie am Fenster des Zwischengeschosses vorbei, sämtliche Wände sind noch unverputzt. Doch hoch zum Wohnzimmer hat man eine wippende Brücke aus Brettern gelegt, und hinter den Fensterscheiben ist auf den Jalousien zu lesen: Café. Unter zwei Petroleumlampen, die mit ihrem Schein den Dunst durchdringen, der Lärm und das Durcheinander vieler Köpfe; das Wirtshaus ist voll.

Weiter geht es auf einem von Kastanienbäumen gesäumten Weg, und auf einem blauen Schild ist mit weißen Buchstaben zu lesen: Belvedere.

Eine Schar Kinder stürmt auf den Wagen zu und bettelt um Schillinge. Einer schlägt Purzelbäume und macht Handstand. Der Kutscher erkundigt sich, ob hier der Zirkus wäre. – Ja, hier im Zelt, um acht.

Die Uhr zeigt acht, und wir stehen draußen. »Sie warten auf Zuschauer« – verständlich, denn noch ist das große amerikanische Zelt ganz dunkel, und die sieben Musiker, die wie die Hühner auf der Stange dichtgedrängt auf ihrem Brettergerüst hocken, blasen in ihrer vollkommenen Einsamkeit hin und wieder falsch und melancholisch – und wir können uns den Garten ansehen.

Er wurde zur Hälfte planiert, um Wirtshaustischen Platz zu machen, doch rund um die Requisiten der Kneipe erstrecken sich der frische Rasen und die dichten Johannisbeersträucher wie ein Gürtel im Frühjahrsgrün. Ein einzelner Obstbaum wirft feinen Blütenschnee über die verwilderte Fruchtbarkeit des Gebüschs, und zur Straße hin schützt eine Weidenhecke.

Mitten auf der Grasfläche hinter dem Haus ist ein Zelt errichtet, das seine Herrlichkeiten vor dem sonntäglichen Publikum verbirgt. Ein Kettenhund paßt darin auf, er fährt auf und schlägt an, als wir die Bilder betrachten, die als Reklameschilder dienen: Kleopatra, die von der Schlange gebissen wird, Samson in Dalilas Schoß.

Wir kehren zurück zu dem amerikanischen Zelt, lösen Billetts bei einem mageren Arm, der aus einem Loch im Schuppen ragt, und gehen hinein. Das Zelt ist immer noch leer. Zwei Näherinnen rutschen verlegen auf den Bänken herum, ganz erschrocken, so allein zu sein, und die »Manege« ist so verlassen wie alles andere und wartet in sandbestreuter Feierlichkeit.

Ständig schauen Gesichter aus der Garderobe der Artisten und ziehen sich wieder zurück, während die Musik mit derselben Melodie von vorn beginnt. Der eine oder andere Zirkusarbeiter lüftet den Vorhang vor dem Eingang, schaut herein, erschrickt angesichts des leeren Raums und bleibt draußen stehen, wo eine kleine Gruppe Wartender sich um den Direktor versammelt hat, der von den Wolken aufs Gartentor und vom Gartentor wieder auf die Wolken starrt.

Zwei frierende Artisten, unter den langen Ulstermänteln im Trikot, erscheinen auf dem Platz, und nach und nach beginnt ein leises, um Verständnis heischendes Gespräch zwischen den Künstlern und dem halben Dutzend Zuschauer.

Drinnen im Zelt werden die Lampen angezündet, und ein Stallknecht bereitet die Manege vor.

Ein kleiner schiefköpfiger Zwerg fängt an, mit einer Schale Apfelsinen herumzurennen, die er katzbuckelnd den leeren Bänken anbietet. Und jedesmal, wenn er an den beiden Näherinnen vorbeikommt, verkriechen die sich vor Schreck noch ein bißchen weiter in ihre Ecke.

Er verkauft auch Programmhefte. Darin komplette Imitationen der richtigen Kunstreitprogramme. Alle bekannten Nummern werden gezeigt: Der Sprung übers Seil, das apportierende Pferd Victoria und der »Matrose beim Schiffsbruch«.

Gut, da sich nun dreiundzwanzig Zuschauer eingefunden haben – ein halbes Dutzend Arbeiter, zwei Näherinnen aus dem Viertel, fünf oder sechs Neugierige und wir –, beginnt die Vorstellung. Der Stallmeister kommt herein, knallt mit der Peitsche und brüllt: »Fräulein Kristine in graziösen Positionen.«

Und die Vorstellung läuft vor diesen wenigen Menschen mit einem traurigen Ernst ab, der aufs Gemüt schlägt; den mit Tapetenpapier bezogenen Bänken werden die obligaten Handküsse und Lächler mit einer automatischen Unabänderlichkeit zugeworfen, die auf die Nerven geht.

Nacheinander treten die Pudel und Ponys, der Jongleur und der Matrose auf. Und wenn die Clowns in die Leere hinaufschreien und sich gegenseitig ein Bein stellen, bre-

chen ein paar kleine Kinder in schallendes Gelächter aus.
Das ist der Applaus des Publikums.

Allmählich wird man vom ewigen Kreislauf des Schim-
mels in den Schlaf gelullt, und nur noch undeutlich hört
man die Witze des Clowns, wenn er das Schulpferd Napoleon füttert, das seine Verkleidung mit Nachtmütze und Serviette auf der Brust gleich mitfrißt …

Die eine oder andere Erinnerung an Schauplätze wie diesen taucht auf: hinter der städtischen Schule, auf dem Schulhügel unter freiem Himmel aufgebaut, angekündigt durch
große Plakate und einen buntschillernden Umzug durch
die Straßen des Städtchens. An Sommerabenden ritten die
Artisten wie Gespenster geschminkt umher, aufgetakelt in
ihren zerschlissenen Samttrikots mit Goldstickereien, die
vom Regen und den Widrigkeiten der Zeit alt und stumpf
geworden waren …

Und die Trompeten gellten.

Sämtliche Straßenjungen der Stadt folgten der Truppe,
und überall rannten die Mägde und Knechte an die Hoftore,
um die Gaukler vom Schulhügel zu sehen …

Es gab Tage mit Regen und Schneeschauern, an denen
sie mit tropfenden Regenmänteln auf ihren Pferden kau-
erten und die weißen Federn an ihren Baretts wie nasse,
zerzauste Hühner baumelten. Und trotzdem krakeelten die
Clowns und tuteten in ihre Hörner, während die weiße
Pierrotschminke sich auflöste und ihnen in Strömen über
die Wangen lief …

Ich sehe ihn noch an den kalten Regentagen, in Sturm und
Schneeregen – den kleinen Angelo, wie er auf seinem Pony
hockte und seine Beine in dem gestreiften, durchnäßten Trikot vor Kälte zitterten, die Hände, die die bunten Zügel
führten, waren blau angelaufen und geschwollen. Er konnte
sich kaum auf dem Pferd halten, doch der Direktor drehte

sich um und rief ihm etwas zu, und wieder begann er, Kuß-
händchen zu werfen, und versuchte zu lächeln.

Sein Mund verzog sich wie zu einem Weinen, wenn er
lachen wollte, und seine Augen erreichte das Lächeln nie.
So schwer wie erloschene Planeten lagen sie unter seinen
Lidern, traurig wie die Augen Mignons.

Angelo war der Liebling des Publikums. Der Junge führte
den Parforceritt über Hindernisse vor. Unter Schellengeläut
jagte er herum, bald oben, bald unten. Während des Rittes
bekam er Farbe, und in seinem Blick lag ein fiebriger Glanz.
Doch sobald es vorbei war und er wieder und wieder herausgerufen wurde, verschwand die Röte, er warf Handküsse
und sammelte die Apfelsinen auf, doch sogar inmitten des
Jubels blieben die Mignonaugen traurig …

Armer Angelo. Eines Tages, als die anderen Artisten zur
Probe kamen, fanden sie ihn am Trapez hängen. Er hatte sich
ein Seil um den Hals geschlungen, die Zunge hing ihm rot
und aufgedunsen aus dem Mund, die Augen starrten stier.

Angelo hatte nicht mehr leben wollen.

Warum? Der Junge war es leid zu hungern, leid, Prügel zu
bekommen, leid zu frieren und leid, Sehnsucht zu haben.

Seine Geschichte war so einfach, und so wahrheitsgemäß
wie einfach kann sie auch kurz erzählt werden. Er stammte
aus dem Grenzgebirge von Spanien. Dort, auf einem kahlen
Berg, war er geboren worden, und da er hübsch und ge-
lenkig war, wurde er verkauft: Die Eltern nahmen es nicht
so genau, sie verkauften das Kind für zwei Goldstücke, und
eines Tages wurde er von einer Truppe mitgenommen, die
nach Frankreich zog, auf Tausenden von Landstraßen ging
es nach Norden ….

Angelo fror, und er hatte Sehnsucht. Wieder und wieder
bat er, gehen zu dürfen. Auf seinen bloßen Füßen wollte der
Junge zurückkehren; er wollte an jedem Weg und in jeder
Kneipe fragen, bis er zurück nach Spanien gefunden hatte.

Dies erzählte er einer der guten Frauen in der Stadt. Sie gab ihm Brot und warmen Kaffee, und während er unter ihren erstaunten Blicken gierig aß, sprach er von Spanien und von der Sonne.

Er hatte sich eine sonderbare Sprache beigebracht, er kannte sämtliche Sprachen, doch *seine* versah er mit eigenartigen Worten, und auf seinen Kinderlippen klangen sie wie schüchterne Klagen. Am häufigsten jedoch wiederholte er immer wieder ein Wort, dieses eine Wort: Sonne. Und wenn er vor seiner Kaffeetasse saß, konnte er plötzlich in seiner eigenen Sprache ein Wort aus seiner Heimat sagen, und das Kind brach darüber in Tränen aus; sein Kopf sank auf den Tisch, und der Junge schluchzte laut.

Angelo hatte versucht zu fliehen. Er stand nachts aus seinem Bett auf und ging mit seinem Beutel in Richtung Süden aus der Stadt. Aber man hatte ihn gefunden, und der Direktor bekam ihn zurück.

Nun hatte er sich ein Seil um den Hals gelegt, und niemand konnte ihn mehr aufhalten – auf dem Weg nach Hause.

Denn in den Bergen seiner Heimat gibt es eine merkwürdige Sage: Wer in einem fremden Land stirbt, kehrt zurück und lebt wieder in seinem eigenen Heim. Angelo hatte den Mut gehabt, diesen Weg in sein Vaterland zu wählen.

Hier hinterließ er nur wenig. In einem roten Halstuch lagen sieben Taler versteckt, und auf einen Zettel hatte er gekritzelt – wer hatte ihm wohl beigebracht zu schreiben? –:

Für meine Mutter.

Die Mutter sollte es bekommen, die ihn verkauft hatte.

Die Vorstellung schleppt sich dahin. Die Clowns liefern ihre Witze ab, und das Pferd – der Schimmel, der jeden Reiter ebenso geduldig trägt wie Miss Charlotte bei ihren seriösen Tänzen, und sie ist wahrlich nicht die Leichteste, diese Miss

Charlotte – wird unermüdlich hinaus- und wieder herein-geführt.

Die Kinder klatschen, und der Apfelsinenjunge rennt be-harrlich mit seinen Früchten umher, die er den leeren Bän-ken anbietet …

Allmählich überkommt uns eine stumpfsinnige Melan-cholie. Es liegt am Zwielicht und an dieser Leere, und wir gehen hinaus in den Garten, wo es beinahe schon Nacht geworden ist.

Von den Kastanien- und Fliederbäumen löst sich ein schwerer Duft, der sich in der kühlen Luft entfaltet. Der abendliche Dunst der Stadt lastet schwer auf den Gärten und Feldern.

Die Schaubudenmusik des Zeltes und die Kommandos an die Pferde mischen sich mit dem fernen Trubel der Stra-ßen, es klingt wie ein verschwommenes, verwirrtes Sum-men, eine unablässige, undeutliche Begleitung.

So verlassen wir den »Garten des Belvedere«.

Der Brand

Ich werde mich bemühen, so ruhig wie möglich zu schreiben. Doch wenn ich den Blick hebe, sehe ich dicht vor den Fenstern einen unablässigen Feuerregen aus Funken fallen, und das ständige Krachen aus dem brennenden Schloß dringt an meine Ohren wie die Salven einer Tirailleur-Attacke. Man schreibt mit zitternder Hand und glühendem Kopf. Ein Großteil meines Berichts wird sich mit anderen Beschreibungen decken, das wird sich jedoch nicht vermeiden lassen.

Um halb sieben erreichte mich die Nachricht. Von der Straße war aufgeregter Lärm zu hören, und als ich hinausstürzte, sammelten sich die Leute in den Torwegen außerhalb der Häuser; mich überkam eine dumpfe Angst, wie bei einem sich nähernden Erdbeben. Der Himmel stand in Flammen, und man sah bereits das Lichtermeer wie einen purpurnen Strom, durchzogen von dunklem Rauch. An der Vor Frue Kirke fielen die Funken wie ein Regenguß. Doch noch wußte niemand, wo das Feuer ausgebrochen war. Man schrie »Christiansborg«. Während ich lief und die Flammen über einer Seitenstraße rot aufleuchteten, hörte ich den langen Schrei einer Frau. Es war ein junges Mädchen, das kopfüber auf den Asphalt gestürzt war.

An der Højbro sah ich dann die Flammen aus dem Schloßdach schlagen. Hier oben vom Fenster aus konnte man sehen, wie die Zungen über den ganzen First leckten. Ich lief wieder hinunter und drängte mich durch die stumme und entsetzte Menge. Niemand sprach miteinander. Die Frauen weinten und jammerten. Der Glutregen war so heftig, als würde er von einem Krater ausgestoßen; und angefacht durch den auffrischenden Sturm, fielen die Funken wie Feuerschnee über Thorvaldsens Museum, über die Kirche, hier über die Häuser und in den Kanal.

Durch das St. Jørgens Tor kam ich hinein. Das Durcheinander war unbeschreiblich. Unablässig waren Schreie nach Wasser zu hören, Rufe, doch die Gemäldesammlung zu retten. Es herrschte vollständige Ratlosigkeit. Sobald Wasser beschafft war, arbeiteten die Spritzenwagen mit Hochdruck, doch es gab kein Wasser mehr. So dicht fiel der Glutregen über den Schloßhof, daß die Funken in den Kleidern hängenblieben.

Das ständige Prasseln des Feuers klingt wie Gewehrsalven. Inzwischen hat ein konfuses Gerenne eingesetzt, um die schwachsinnigsten Dinge zu retten. Ich stürzte hinauf in die Gemäldegalerie. An den Fenstern ist das Feuer so stark, das man sich beinahe das Haar versengt. Der Feuerschein von draußen ist die einzige Lichtquelle in der Galerie. Die Menschen rennen hin und her, die Bilder werden von der Wand gerissen und auf den Boden geworfen, um die Rahmen zu zertrümmern.

Direkt gegenüber im Hof leuchtet der Säulengang wie ein attischer Tempel im Sonnenuntergang. Wir laufen mit wenigen trüben Laternen umher, um einzelne Gemälde zu unterscheiden – es ist unmöglich. Die Fensterläden werden aufgerissen, wir schauen so gut wie möglich hin, dann reißen wir die Bilder in einem wilden Durcheinander herunter. Ich bekomme ein paar holländische Miniaturen zu fassen, jemand reißt sie mir aus der Hand und weiter geht es, um andere zu finden. Jerichaus »Ofelia« liegt direkt im Schein der Flammen, inmitten dieses Lichtermeers mutet sie beinahe lebendig an. Man löst die Figur von ihrem Sockel, der wie ein Sarg aussieht, als er umgedreht wird. So wird sie fortgetragen. Das ständige Dröhnen erzählt, daß der Brand heftiger wird. Jemand trägt den »Pantherjäger« herunter. Das ununterbrochene »Beeilen Sie sich – beeilen Sie sich« gellt durch das Halbdunkel.

Hier herrscht keine Panik. Nur ein geschäftig brodelndes Entsetzen. Es gelingt mir, die Treppen hinunterzukommen. Unablässig tauchen neue Leute auf. Sie werfen Bilder hinaus und laufen wieder hinauf. Direkt unter der Decke hingen Gemälde, die nicht zu retten waren. Mitten im Halbdunkel erstrahlte plötzlich eine einzelne Figur im Schein der Flammen.

Ich ging hinüber auf die andere Seite des Torwegs, hinauf in die Räume des Reichstags. Sie waren verlassen. Ein flüchtender Feuerwehrmann rief: »Hier gibt's kein *Wasser*.« Die Korridore bestanden aus reißenden Seen. Ich begegnete niemandem. Allmählich füllten sich die tiefschwarzen Flure mit Rauch. Ich drang bis zum Folketing-Saal vor und ging hinein. Im Dach klaffte ein Loch, aus dem die Flammen mit hellen Zungen quollen. Und ständig dieses leise Knallen des Feuers von oben, und genau über mir diese kleinen munteren Flammen, die zärtlich über das Gesims strichen. Es sah nicht aus, als wäre irgend etwas gerettet worden. Bücher und Manuskripte lagen über die Tische und den Boden verstreut. Fast hätte man sich eine erregte Sitzung vorstellen können, bei der die Beteiligten mit Fäusten aufeinander losgegangen waren.

Ein Mann kam den Flur entlanggelaufen, um noch irgend etwas zu retten. Es handelte sich um Wertpapiere, die in einen Safe eingeschlossen waren, allerdings war er so schwer, daß man ihn nicht wegschleppen konnte. Zwei Mann versuchten, ihn aufzubrechen. Es war unmöglich. In einem der angrenzenden Zimmer brannte eine Astrallampe ruhig auf einem kleinen Tisch. Es sah gemütlich aus.

Die Korridore waren schwarz vor Rauch und Ruß. Ich hörte einige lange Befehle, die zum Abrücken aufforderten – und mußte heraus. Kurz darauf stürzte das Dach ein.

341

Ich lief über den Schloßhof. Es regnete geradezu Kugeln aus Feuer und glühenden Mauerbrocken. Zwischen den Säulen stob es wie Hagel. Hier gab es kaum Schutz. Der Hof wurde geräumt. Er wurde rettungslos der Vernichtung überlassen.

Wieder drängte ich mich hinauf zum Folketing, diesmal am entgegengesetzten Eingang. Gleich im ersten Zimmer bohrten sich die Flammen wie kleine Spitzkugeln durch eine weiße Tür. Als würde sie durchschossen, bis sie schließlich aussah wie ein Flaschenständer. An der Tür vorbei trat ich in einen dunklen Flur. Ich merkte mir den Weg genau, um mich nicht zu verirren. Doch bis zu meinem Todestag werde ich dieses unablässige Knistern der Flammen über meinem Kopf hören. Und das Gepolter einer gewaltigen, donnernden Dachluke, die über meinem Kopf einstürzte. Ich erreichte eine Treppe. Die Flammen hatten sie von unten erfaßt – der verkohlte Absatz hing mir direkt gegenüber, überzogen von einem brodelnden Haufen aus Funken. Es lag eine grausige Schönheit über diesem Treppenrest, der inmitten der Flammen hing. Darunter war alles ein einziger Scheiterhaufen.

Dies alles sah ich in einem einzigen Augenblick.

Hinter mir hörte ich einen Schlag, die Tür im Saal hatte nachgegeben. Eine Sekunde später erhob sich eine brennende Flut aus Feuer – eine leuchtendhelle Farbe, siegreich und triumphierend. Wir zwei, drei fuhren erschrocken zurück und warnten noch ein paar andere, die dazukamen, vor der Gefahr; es war alles vorbei, Ströme von nutzlosem Wasser flossen um unsere Füße.

Zwei von uns drangen noch an eine weiteren Stelle vor. Es war eine schmale Hintertreppe voller Wasser, auf der mitten im Schlamm ein leerer Wasserschlauch nutzlos herumlag. Diese Treppe war entsetzlich. Uns begegneten Feuerwehrleute, die nach Wasser schrien: Wasser, Wasser, oder es ist aus. Starke Burschen rangen die Hände und fluchten. Es gab niemanden, der den Einsatz leitete. »Sagen Sie, daß wir Wasser brauchen ... Wir können nicht mehr.« Man stürzte hinunter, um Wasser zu besorgen. Wir kamen an einer glühenden Eisentür vorbei. Während des Brandes sah ich dreimal solche Eisentüren, die nicht mit Wasser bespritzt wurden.

Diese Tür beulte sich unter der Macht des Feuers. Es war hier wärmer als in einem Backofen, eine stechende, unvorstellbare Hitze. Wir arbeiteten uns höher hinauf. Ganz oben hielt ein Feuerwehrmann Wache. Es war direkt unter dem Dach, und ganz in der Nähe hörten wir nun das heftige Sausen der Flammen. Die sechs, sieben Gesichter, in die ich sah, waren weiß, trotz des roten Schimmers.

Mit einemmal war ein »Zurück!« zu hören, und eine brennende Luke fiel an uns vorbei. Dann wurde es vollkommen finster. Ich weiß nicht genau, was passierte. Ein paar Stimmen schrien: Stehenbleiben – stehenbleiben, unter uns brennt es. Doch es waren relativ undeutliche Rufe, und wir blieben nicht stehen. Statt dessen rannten wir ins Stockfinstere und stolperten über Feuerwehrschläuche, die vergessen auf der Treppe lagen. Durch die Rauchentwicklung füllte sich der Raum mit Qualm wie mit einer undurchdringlichen Masse. Solche Sekunden, in denen man die Schreie flüchtender Feuerwehrmänner hört, die nicht zu sehen sind, und das Brodeln der Flammen an dem Treppenabsatz, den man gerade verlassen hatte – solche Sekunden werden zu Ewigkeiten.

Wir rutschten im Wasser aus und kamen wieder auf die Beine; ich preßte ein Taschentuch vor den Mund – und vorwärts. So kamen wir nach unten. Dann war ein fürchterliches Krachen zu hören. Es hieß, der Rittersaal würde einstürzen. Aus dem Gebäude drang ein langer Schrei.

Ein Soldat begegnet mir. Sein Gesicht ist vom Feuer ver-

sengt. Er bewegte sich wie eine Maschine und ruderte sinnlos mit den Armen.

»War es der Rittersaal?«

»Ja, ich stand neben ihnen. Sie brüllten, daß wir gehen
sollten – drei Mann blieben dort. Dann stürzte die Decke
ein. Sie waren alle drei noch *da* – so weit von mir entfernt«
– und er streckt zitternd den Arm aus – »*so* weit. Die Drei
waren sofort begraben – weg, verschüttet. Von dem Dritten
habe ich noch den Arm gesehen und gepackt … Oh – wie
er geschrien hat, wie er geschrien hat … und dann weg …
wir bekamen ihn nicht heraus …«

Ich gehe noch einmal in den geschlossenen Hof. Die
Flammen schlagen aus den Fenstern der Beletage. Das
schreckliche Knistern steigerte sich hier zum Geräusch eines
ungeheuren Sturms. Es war ein fürchterliches Dröhnen, wie
das Brausen des Meeres. Und mitten in diesem Hexentanz
des Feuers das donnernde Krachen einstürzender Mauern.

Gähnende Fensteröffnungen zeigten sich in den nackten
Mauern des Folketing-Flügels – so viele gierige Schlunde
für das gelbe, muntere Feuer. So viel Feuer.

Wir gingen zurück zur Reitbahn. Das Durcheinander
war unbeschreiblich. Scharenweise traf Militär ein, aber niemand hatte das Kommando. Man schleppte Möbel, Kissen,
Bettwäsche und Nippes aus dem Audienzsaal. Ich sah einen
Soldaten mit einem Korb leerer Flaschen, einen anderen
mit einem bestickten Kissen. Man schreit, Fenster werden
ein- oder herausgeschlagen. Es gibt keine Leitern und kein
Wasser.

Da bemerkten wir vom Hof aus einen schwachen Lichtschein, unmittelbar hinter einem der Fenster über dem
Archiv des Obersten Gerichtshofes. Als hätte jemand eine
Schirmlampe an genau dieses Fenster gestellt. Und der Schein
verschwand nicht, er war nicht sonderlich hell, aber beäng-
stigend. Wir schrien, daß es hier brennen würde, daß dieses

Fenster Feuer gefangen hätte. Niemand hörte es. Ich sah, wie ein Mann einen Vorgesetzten – einen Militär – wütend beschwor zu untersuchen, ob es dort brannte. Man tat nichts. Zehn Minuten lang war der schwache Lampenschein noch zu sehen – dann barsten die Fenster mit einem plötzlichen Prasseln, und die Flammen schlugen die Rahmen hoch.

Alles begann zu schreien. Hunderte von Menschen waren hinter diesen Zimmern. In dem angrenzenden Saal wurde das Fenster aufgebrochen und heruntergerufen. Es handelte sich um Soldaten und Zivilisten. Wir hörten nicht, was sie schrien, außer: Es brennt … Wir sahen, wie sie sich anstrengten, um uns mit ihrem Gebrüll zu erreichen – unmöglich … Sie ruderten mit den Armen und warfen lange Teppiche heraus. Vergeblich.

Es wurde nach Leitern gerufen. Es gab keine. Und die, die sich fanden, waren nicht lang genug. Ein Mann kletterte das Zwischengeschoß entlang und schlug mit der Axt ein Fenster ein. Und noch immer riefen diese Menschen dort oben irgend etwas, das wir nicht verstanden. Nie zuvor hatte ich ein Gefühl von Angst gehabt, nun aber litt ich Todesangst um diese Menschen, die dort oben sinnlos hin- und herrannten, irgend etwas Unverständliches aus dem Fenster brüllten und wieder hineinliefen.

Ein alter Gardesergeant sagte: »Sie werden sich da oben verlaufen … Diese Flure – wenn sie den Kopf verlieren … Sie erkennen doch weder Ausgang noch Eingang.«

Doch dann kamen sie heraus, sie sprangen aus dem Zwischengeschoß, stürzten die dunklen Treppen herab. Und mitten in diesem Gewühl wurde »Hagar und Ismael« herausgeschleppt und in den Matsch geworfen.

Ich stand zwischen den Säulen und hörte wieder dieses Knistern, das mir sagte, daß das Feuer über mir war. Die Flammen schlugen an beiden Seiten aus und vereinten sich. Das Schloß war verloren.

Der gesamte Innenhof sah aus wie ein einziger Scheiterhaufen. Die Hitze brannte auf unseren Wangen. In einer Gruppe von Menschen erkannte ich den König mit seinen beiden Söhnen. Bleich und entsetzt glich sein Gesicht einer starren Maske. Er rang die Hände wie unter Zwang. Ich hörte, wie der Befehl zur Sprengung des Kirchenportals gegeben wurde. Überall rief man nach Zeltner. Er war nirgendwo. Doch in allen Kellern brannte noch das Gas. Es ließ sich nicht abdrehen, niemand wußte, wo die Hauptleitung war. *Mitten im brennenden Schloß brannte das Gas!*

Überall herrscht Verwirrung. Ein Kommandeur der Marine gibt den Befehl, den Flügel zum Museum, die Tore, überhaupt alles niederzureißen und wegzuhacken. Die Menge drängt gegen ein Tor, das sich mit einem Schlag öffnet, und aus sämtlichen Kehlen entlädt sich ein Schrei.

Noch nie habe ich so etwas gesehen. Als wollten die Menschen diese Mauern mit den *Fingernägeln* einreißen. Dann kamen Hämmer, Äxte und Balken als Waffen; man wälzt sich gegen die Mauern, aber sie halten, halten verzweifelt stand. Wir erreichen den Kirchhof, hier ist noch alles dunkel. Aber aus den Fenstern dringen dicke Rauchsäulen. Und ständig dieses grauenvolle Sausen in den Ohren.

Noch einmal gingen wir in den Keller. Die Bewohner retten ihre Habseligkeiten im Schein von Gaslaternen. Als wir wieder herauskommen, lösen sich im Sturm brennende Backsteinbrocken, die um uns herum niedergehen. Große Artilleriewagen fahren davon, mit allen möglichen Dingen beladen. Noch immer liegt diese Seite des Schlosses im Dunkeln. Das Kirchendach ist mit Funken übersät, als hätte es eine Phosphorschicht.

Wir traten durch das Kirchenportal ins Freie und liefen das Schloß entlang. Ein Schneegestöber aus Feuer. Glühende Feuerwerksraketen schienen durch die Luft zu wirbeln, und dabei war es so gleißend hell, daß uns die Gasflammen der Laternen wie kleine Talgkerzen erschienen.

Der gesamte Gammelholm glühte in diesem Schein. Wie eine Silhouette stand die Statue Frederiks des Siebten vor diesem Scheiterhaufen. Mir fällt kein anderes Wort ein: Um uns herum *kreischte* das Feuer. Aus allen Fenstern wurden Bücher geworfen. Die Menschen dort oben schrien und wälzten Unmengen von Büchern heraus, wir warfen sie unten auf die Rasenflächen. Überall floß Wasser. Man sprang über das Gitter von König Frederiks Statue und warf die Bücher auf den Sockel. Und inmitten von alledem stand ein schlichtes Holzbett auf dem Platz. Ich fand ein Buch, das direkt unter der brennenden Mauer lag. Es trug das Zeichen des Königs. Es waren die *Souvenirs intimes de Napoléon III.*

Es hatte den Anschein, als würde sogar die Luft in Flammen stehen. Alles leuchtete im Feuer. Doch die eigentlichen Flammen waren eher gelblich-weiß und weitaus »schillernder« als die glühende Luft.

Wir kamen in den Hof der Bibliothek. Auch hier überall Feuer. Thorvaldsens Zimmer war noch nicht betroffen. Doch die Flammen kamen von beiden Seiten. Von der brennenden Flügeltür fiel der Flammenschein direkt auf den Fries über der gegenüberliegenden Tür. Jede einzelne Figur war in diesem Licht zu erkennen. Dann ließen die Flammen die Vorhänge zu kleinen Fetzen zusammenschnurren, und der Raum wurde in Feuer getaucht …

Ein Korps Kadetten rannte über den Hof. Ihre Kleider waren verschwitzt. Sie hatten sich wie Helden benommen …

… Während ich schrieb, habe ich das ferne Sausen des Feuers gehört – splitternd flogen die Scheiben heraus, als man das Kirchenportal sprengte. Beim Schreiben hatte ich ständig diesen Scheiterhaufen vor Augen, dieses Meer von Funken über dem Haus, in dem diese Zeilen geschrieben werden. Jetzt stehen von der Königsburg nur noch die schweren Mauern mit Hunderten von Fenstern wie lodernde Augen. Und dieser Anblick erinnert fürchterlich an das Haus eines Zyklopen, von einem Hünen errichtet, der seinen riesigen Festsaal mit einem gräßlichen Feuer erleuchtet.

Der kommende Tag wird uns eine verkohlte, zerklüftete Ruine zeigen. Das *war* Christiansborg.

Anhang

Nachwort

»Sehen können … Ja, das ist das ganze Geheimnis der Kunst«

»Falls aus mir etwas werden soll, dann in dieser Luft. Man stirbt möglicherweise in dieser Atmosphäre aus Gas, Schweiß, Parfüm, Atem und Weindunst, aber man lebt darin«, schreibt der einundzwanzig Jahre alte Herman Bang 1878 über das Leben und die Atmosphäre Kopenhagens. Wenige Jahre später ist der Autor eine bekannte und umstrittene Persönlichkeit des dänischen Kulturbetriebs, der mit seinen Artikeln und Büchern nicht nur die literarischen Autoritäten seiner Zeit herausfordert, sondern auch auf eine Reihe von Skandalen zurückblicken kann – gleich sein erster Roman *Hoffnungslose Geschlechter* war 1880 wegen »unzüchtiger Schreiberei« verboten worden. Herman Bang hatte sich einen gewissen Ruhm erworben, doch als Schriftsteller und Homosexueller blieb er zeitlebens ein Außenseiter.

Nach dem frühen Tod der Eltern hatte der Großvater den am 20. April 1857 geborenen Herman Joachim Bang mit achtzehn Jahren nach Kopenhagen geholt, er sollte Jura studieren. Doch die eigentlichen Interessen des Achtzehnjährigen gelten dem Theater, der Schauspielerei und der Literatur. Bang genießt die Attraktionen und Angebote der expandierenden Großstadt und führt – die Pariser Demimonde zum Vorbild – ein mondänes, ja geradezu luxuriöses Leben. Er wird zu einem stadtbekannten Dandy, Flaneur und Bonvivant, dessen Großvater »für Dummheiten und Kleidung und neue Dummheiten und neue Kleidung« bezahlt, wie Bang sich später erinnert.

Als der Großvater 1878 stirbt, versiegt der Geldstrom, und die Erbschaft von eintausendfünfhundert Kronen ist angesichts der Ausgaben für Kleidung, Parfüm und Cafés keine allzu große Summe. Herman Bang sieht sich gezwungen, seinen aufwendigen Lebensstil selbst zu finanzieren. Der langgehegte Traum von einer Bühnenkarriere platzt jedoch, als er bei der Aufnahmeprüfung des Königlich Dänischen Theaters durchfällt.

Er entschließt sich zu schreiben, obwohl »ich ja nicht einmal selbst daran glaubte, Talent zu haben, es war also schon ein wenig viel verlangt, daß jemand anderes daran glauben sollte. Dennoch begann ich zu schreiben. Es war die einzige Möglichkeit, um irgend etwas zu verdienen.«

Tatsächlich gelingt es ihm, die größte dänische Provinzzeitung *Jyllandsposten* von einer regelmäßigen Kolumne zu überzeugen, die er »Smaabreve fra Kjøbenhavn« überschreibt. Im Juni 1878 erscheint der erste dieser »Kleinen Briefe aus Kopenhagen«, die in unterhaltsam feuilletonistischem Plauderton die Leser in der dänischen Provinz über gesellschaftliche Ereignisse und Moden, Literatur, Theaterpremieren und Konzerte in der Hauptstadt informieren – wenn man so will, eine erste Form der Gesellschaftskolumne und Klatschspalte.

Bangs Artikel und Rezensionen fallen auf, und schon bald wird ihm die Stellung als leitender Kritiker und fester Feuilletonist der einflußreichen Tageszeitung *Nationaltidende* angeboten. Innerhalb weniger Jahre etabliert er sich als einer der führenden Literaturkritiker Dänemarks, öffnet die Feuilletonseiten seiner Zeitung der jungen Literatur Frankreichs und Skandinaviens und beginnt parallel dazu eine eigene schriftstellerische Karriere mit Erzählungen, Essays und Romanen.

Gleichzeitig schafft er sich die Freiheit, weit über die bis dahin üblichen Formen des Feuilletons hinauszugehen. In der bis 1884 regelmäßig erscheinenden Artikelserie »Wechselnde Themen« erweitert Bang seine großstädtischen Impressionen und Berichte zu regelrechten Sozialreportagen.

Er präsentiert dem eher konservativen Leserkreis der *Nationaltidende* ein »anderes« Kopenhagen und konfrontiert das lesende Publikum mit Inhalten, die bis dahin in den Zeitungsspalten ausgeblendet wurden. Bangs Interesse gilt nicht mehr allein dem Großbürgertum, der Innenstadt mit ihren mondänen Einkaufsstraßen oder den gesellschaftlichen Ereignissen im Tivoli und im Königlichen Theater, sondern gleichermaßen den kleinen Leuten und Randexistenzen der Großstadt, dem Subproletariat in den Elendsvierteln, den Marginalisierten ohne Stimme.

Mit seinen Sozialreportagen entwickelt Herman Bang eine vollkommen neue journalistische Form, eine direkt vor Ort recherchierende, teilnehmende Journalistik, die Haltungen und Meinungen transportiert. Wie sein Freund H. in »Während der Illumination« wird der Feuilletonist Bang zu einem »Ermittlungsbeamten«, der »unbedingt alles sehen, hören und wissen« will – um das Gesehene und Erlebte dann mit großer persönlicher Anteilnahme und einem subjektiven, aber sehr realistischen Blick zu beschreiben.

Es sind allerdings nicht allein die Inhalte seiner Reportagen, die Aufsehen erregen, es ist auch ihr neuer Stil. Denn Bang erweitert seine Erlebnisse und Berichte nicht nur um grundsätzliche kultur- oder sozialpolitische Betrachtungen, immer wieder baut er fiktionale Elemente – kleine Binnenerzählungen, direkte Hinwendungen an den Leser oder eingestreute Dialoge – in die Reportagen ein und experimentiert mit den unterschiedlichsten kompositorischen und erzähltechnischen Möglichkeiten.

Viele dieser Stilelemente übernimmt er in seine Erzählungen, die er neben den Feuilletons in Zeitschriften und Zeitungen veröffentlicht. Und obwohl Bang sehr genau um die Unterschiedlichkeit der Genres weiß, ist er überzeugt, daß »der Weg des Feuilletonisten eine gute Schule für den modernen Schriftsteller ist«. 1911 blickt er zurück auf seine journalistische Arbeit: »Der Journalismus konfrontierte mich von Angesicht zu Angesicht mit den Realitäten des Lebens. Ich sah die Lebensbedingungen in all ihrer Vielfalt, und ich lernte das Schwärmen der Menschen kennen. Die Journalistik lieferte mir den Stoff, ohne den Romane wie *Stuck* und *Die Vaterlandslosen* niemals entstanden wären. Und doch birgt der Journalismus eine Gefahr. Der Journalist schreibt hastig und kann seine Worte nicht verwerfen. Die Kunst des Dichters hingegen ist es, gerade zu verwerfen, bis das einzige Wort gefunden ist. Dieser Gefahr kann sich nur entziehen, wer erkannt hat und sich stets daran erinnert, daß Journalismus und Dichtung zwei verschiedene Welten sind, in denen zwei verschiedene Sprachen gesprochen werden.«

Die beiden Gattungen berühren sich und regen sich gegenseitig an. Natürlich wurden die Reportagen der »Wechselnden Themen« für den Tag geschrieben, doch sind sie keine flüchtigen Abbildungen der Wirklichkeit, sondern vielstimmige und sehr genau beobachtende Stimmungsbilder, die sich aus vielen einzelnen Realitätspartikeln zusammensetzen und so direkt in den impressionistisch-realistischen Stil des Erzählers Herman Bang münden.

Daß der Autor sich mit den sozialkritischen Inhalten seiner Reportagen bei den konservativen Abonnenten der *Nationaltidende* nicht unbedingt beliebt macht, versteht sich beinahe von selbst. Und auch seine literarischen Arbeiten stoßen zunächst auf wenig Verständnis. Noch zwanzig Jahre nach Erscheinen seines ersten Erzählungsbandes *Tunge Melodier* (*Schwermütige Melodien*, 1880) wiederholen Literaturhistoriker das negative Urteil der Zeitgenossen über die »Bangschen Eigentümlichkeiten«: Seinen Erzählungen werden »winselnde Sentimentalität, das hypernervöse Gefühlsleben, die ebenso lüsterne wie raffinierte Erotik und der bis zur Unnatur manierierte Stil« attestiert.

Dazu kommt Herman Bangs extravaganter Lebensstil

und seine effeminierte Selbstdarstellung. Bang läßt sich die Fingernägel maniküren, benutzt teure Toilettenartikel, trägt rotseidene Strümpfe und bestickte Handschuhe, schreibt auf goldumrahmtem Briefpapier und nennt sich auf seinen Visitenkärtchen »Herman de Bang«. In späteren Jahren leistet er sich zeitweilig sogar einen Diener. Seine Wohnung, seine Kleidung, sein Auftreten, seine gesamte Person sind nicht nur Stadtgespräch, sondern auch Anlaß für Zeitungsartikel:

»Aber in welche Exzentrizitäten man auch hier verfallen kann, geht aus einem Kostüm hervor, in dem einer unserer jüngeren und aufsehenerregendsten Feuilletonisten sich neulich in einer Gesellschaft präsentiert hat«, berichtet *Fyns Stiftstidende* über einen seiner Auftritte. »Der Anzug bestand aus hellgrauen Beinkleidern, einer weißen Weste, einem blauen Hemd mit vergoldeten Knöpfen, und dazu wurde am Hals statt eines Tuches ein Rosenbukett getragen und – im Haar eine Agraffe oder Nadel. Ein Bekannter, der diesen Herrn begleitete, hatte die Ärmel seiner schwarzen Jacke oberhalb des Ellenbogens abgeschnitten und erschien wie eine Dame in einem Paar langer Handschuhe mit zwölf Knöpfen.« Der »Bekannte« war sein lebenslanger Freund Peter Nansen, der später als Direktor des renommierten Gyldendal Verlags zu einem der wichtigsten Förderer seines Werkes wurde.

»Fräulein Hermine Bang«, wie er in satirischen Zeitschriften lächerlich gemacht wird, versteckt seine Homosexualität nicht und macht sich damit nur um so angreifbarer, denn auch in Dänemark wurde Homosexualität seit gut einem Jahrzehnt als Strafdelikt geahndet.

Im Herbst 1883 kommt es nach dem Pornographie-Vorwurf gegen seinen ersten Roman zu einem erneuten Skandal. In den Kellerräumen des Verlags Salomon & Riemenschneider, für dessen Wochenzeitung *Vor Tid* Bang nebenher arbeitet, hebt die Polizei eine Falschgelddruckerei aus. Obwohl der Autor keinerlei Kenntnisse über diese illegalen Geschäfte hat, ist sein Ruf in der Öffentlichkeit doch nachhaltig beschädigt. Darüber hinaus frönt er, sehr zum Ärger des Verlegers der *Nationaltidende*, der unter seinen Redakteuren keine »Gaukler« dulden will, weiterhin seiner Theaterleidenschaft. Die Rolle seines Lebens meint Herman Bang in dem syphiliskranken Osvald Alving, einer der Hauptpersonen in Henrik Ibsens *Gespenster*, gefunden zu haben. Und als er sich auf einer »Herman Bang-Tournee« in der dänischen Provinz tatsächlich als Schauspieler präsentiert – mit überaus mäßigem Erfolg –, verliert Bang, im März 1844, seine angesehene und gut dotierte Stellung bei der *Nationaltidende* und muß eine Abschiedskolumne schreiben:

»Ich höre nun auf und übergebe meinen Platz an andere. Ich tue das um so lieber, da ich auch die ewigen Angriffe leid bin … Vielleicht darf ich nun sagen, daß nur wenige einen bittereren Kampf zu bestehen hatten als ich, während ich an dieser Stelle schrieb … Es war mein Schicksal, zahlreiche, verschiedene Gegner zu haben. Man hat mit allen Waffen gekämpft, und immer mit dem gleichen Eifer. Der eine sprach mir das Herz ab, der andere den Verstand; meine ersten Bücher und Artikel wurden als schlecht bezeichnet, und über alle späteren hieß es, sie seien noch schlechter … « Wenige Monate später arbeitet Bang ein letztes Mal für die *Nationaltidende*, als er mit Blick auf das brennende Schloß Christiansborg seine Reportage »Der Brand« schreibt, die bis heute als Meilenstein der dänischen Journalistik gilt.

Mit siebenundzwanzig Jahren, in der Mitte seines Lebens, steht Herman Bang mittellos da – doch endlich kann er seinen Traum von der Bühne verwirklichen: Er tritt eine Tournee mit Theateraufführungen und Rezitationsabenden an, die ihn nach Norwegen, Finnland und Schweden führt.

Im Dezember 1885 bricht Herman Bang nach Berlin auf, um sich in der deutschen Hauptstadt als Schriftsteller und Journalist zu etablieren. An Peter Nansen schreibt er:»Lieber

Peter, da sitze ich nun. Ich bin im Tiergarten spazierengegangen – in der Siegesallee. Und während all die glänzenden Equipagen an mir vorüberrollten, schwur ich mir, daß ich diese Stadt besiegen müsse.« Doch daraus wird nichts, denn kaum hatte Bang in Berlin eine Wohnung bezogen, wird er im Januar 1886 wegen Majestätsbeleidigung ausgewiesen. Für *Bergens Tidende* hatte er ein einigermaßen respektloses Bild der kaiserlichen Familie gezeichnet:

»Der Kaiser – der Kaiser. Er ist ein zitternder Greis geworden: Wilhelm der Eroberer ... Wie wenig Geist ist doch in diesen hohenzollerschen Gesichtern ... Man schaue sich den Kronprinzen an. Er ähnelt einem Offizier der Kavallerie, der seinen Säbel schwingen kann und ansonsten keine Ambitionen hat, da er genau weiß, daß er auch nichts anderes zustande bringt. Diesen Mann scheint das Schicksal dazu bestimmt zu haben, in einem Wohnzimmer zu kommandieren .... «

Bang hat Berlin und Preußen innerhalb von achtundvierzig Stunden zu verlassen; er flieht ins thüringische Meiningen, von dort geht es weiter über Wien nach Prag. Und überall wird er von der Geheimpolizei, die längst über seinen Fall informiert ist, bespitzelt und der sozialistischen Agitation verdächtigt; dazu kommt die ständige Sorge, daß seine Beziehung zu dem Schauspieler Max Eisfeld ruchbar wird. Um schreiben zu können, konsumiert Bang große Mengen Alkohol und Drogen: Wein, Cognac, Rum mit Chloral, Opium, Morphium.

Es bleibt ein unstetes, getriebenes Leben, das sich auch in den folgenden Jahren nicht grundsätzlich ändern wird. Es ist ein Leben zwischen ständiger Flucht und Heimkehr, ein Leben zwischen Kopenhagen, Berlin und Paris, Triumphen und Niederlagen, literarischen Mißerfolgen, Geldnot und Skandalen. Bang veröffentlicht Erzählungen und Romane und arbeitet als Rezitator, Schauspieler und Regisseur. In

Dänemark ist seine Homosexualität immer wieder Anlaß zu heftigen Attacken gegen ihn.

Ende 1911 bricht Herman Bang krank und zermürbt zu einer Weltreise mit Rezitationsabenden auf, die ihn über Skandinavien, Rußland und Deutschland bis in die USA führt. Um die anstrengende Reise einigermaßen zu überstehen, hat er sich mit Morphium und Schlafmitteln versorgt. Im Januar 1912 erreicht er von Cuxhaven aus die USA. Er liest vor dänischen Auswanderern in New York und Chicago, dann wird er auf der Zugfahrt von Chicago nach San Francisco bewußtlos und linksseitig gelähmt aufgefunden. Am 29. Januar 1912 stirbt Herman Bang im Alter von nur vierundfünfzig Jahren im Krankenhaus von Ogden, Utah.

Er hinterließ ein literarisches Werk, das neben Dramen, Gedichten und Essaybänden rund einhundertfünfzig Feuilletonartikel, zehn Romane und zehn Erzählungsbände umfaßt. Und vermutlich existieren noch weitere, bisher nicht bekannte Erzählungen, die Bang in Zeitungen und Zeitschriften veröffentlichte.

Eine wirkliche Anerkennung seines Werkes hat Herman Bang zu Lebzeiten nicht erfahren. Der große Erfolg blieb ihm versagt.

So auch in Deutschland. Bereits 1898 hatte Samuel Fischer auf Hinweis und Anraten Peter Nansens »Die vier Teufel« in sein Verlagsprogramm aufgenommen und in den folgenden Jahren insgesamt vierzehn Bände mit Romanen und Erzählungen vorgelegt. Doch die Gemeinde der Bang-Leser blieb klein, und Fischer mußte seinem Autor die gleichbleibend negativen Honorarabrechnungen immer wieder mit dem beruhigenden handschriftlichen Vermerk »Nur zur Information« senden. Allerdings fand Bang unter deutschen Schriftstellern wie Thomas Mann, Rainer Maria Rilke und Hermann Hesse schnell begeisterte Anhänger. Vor allem Hesse wies in seinen Rezensionen regelmäßig auf den

Dänen hin und beklagte 1912 nach Bangs Tod: »Es weiß also in Deutschland noch fast niemand, daß er ein ganz großer Mensch und Dichter war, daß seine Bücher Meisterwerke sind und daß es Zeitverlust ist, unsere deutschen Modebücher zu lesen, wenn man Bang noch nicht kennt!«

Erst in den Jahren nach dem Ersten Weltkrieg erfuhr Bang größere Aufmerksamkeit. 1919 entschloß sich Samuel Fischer zu einer vierbändigen Ausgabe der »Gesammelten Werke«. »Und jetzt horchten die Menschen auf«, so Peter de Mendelssohn, Chronist des S. Fischer Verlags. »Eine neue Generation war herangewachsen, der Herman Bang etwas zu sagen hatte.« Samuel Fischers Geduld zahlte sich aus: Bis zur Machtergreifung der Nationalsozialisten, die von einem »Dekadenten« wie Bang gar nichts hielten, stiegen die Auflagen seiner Erzählungsbände und Romane kontinuierlich, und nicht wenige Ausgaben erreichten Auflagenhöhen von dreißig-, fünfzig- oder sogar weit über einhunderttausend Exemplaren.

Und obwohl Herman Bang zu den wenigen dänischen Autoren der Jahrhundertwende gehört, die Eingang in die Weltliteratur gefunden haben, ist sein Werk mit der Fokussierung auf die angloamerikanische Literatur nach dem Zweiten Weltkrieg erneut aus dem Blickwinkel geraten.

Die vorliegende Ausgabe präsentiert den Erzähler Herman Bang in all seinen Schaffensperioden – von den frühen, fast sentimentalen ersten Geschichten bis hin zu späten, bitterbösen Gesellschaftssatiren von maliziöser Ironie. Bang – der seine Erzählweise selbst in der Tradition der französischen impressionistischen Maler sah – erweist sich darin als ein genauer Beobachter seiner Zeit und seiner Zeitgenossen, dessen Anteilnahme, Mitgefühl und Sympathie den Menschen am Rande galt. Ihm war bewußt, daß man »die Gesellschaft, die man schildern wollte, genausogut kennen mußte wie ein Botaniker das Gebiet, in dem er lebt und sich ständig bewegt: Er untersucht und kennt nicht nur die Pflanzen, sondern auch den Erdboden und seine Zusammensetzung.« Bang weiß die Gefühls- und Gedankenwelt und die daraus resultierenden Handlungen seiner stillen und manchmal auch exzentrischen Existenzen mit nur wenigen »Pinselstrichen« zu bewahren. Er liefert keine Beschreibungen seiner Protagonisten, er charakterisiert sie eher durch ihre Handlungsweisen, durch Rede, Gegenrede und das stillschweigend Mitgedachte. Nach und nach werden sie vor den Augen des Lesers lebendig – und liefern so mit ihren Geschichten und Schicksalen ein komplexes Sittengemälde ihrer Zeit.

Ergänzt wird die Ausgabe durch ausgewählte Reportagen aus den Anfangsjahren des Journalisten und Schriftstellers Herman Bang, die überraschend aktuell sind und belegen, wie eng diese Arbeiten inhaltlich und stilistisch mit seinen Erzählungen verknüpft sind und als Voraussetzung und Basis seines schriftstellerischen Werkes dienten. Sämtliche Erzählungen und Reportagen wurden für diesen Band neu übersetzt; ein Teil der Texte liegt hiermit überhaupt erstmals in deutscher Übertragung vor. Notwendig erschien diese Neuübersetzung, da die vorliegenden Übertragungen – allein an den vierzehn im Verlag S. Fischer erschienenen Ausgaben waren elf Übersetzer beteiligt – in Qualität und Ton sehr unterschiedlich ausfallen.

1911 schreibt Herman Bang eine Einleitung zu seiner Erzählung *Die Raben*, die gleichsam ein Resümee all seiner Erzählungen und Reportagen darstellt: »Das Alltagsleben ist das Element, in dem wir atmen. Seine kleinen Begebenheiten sind die Strahlen für unseren Schmerz und unsere Freude. Alle Dichter, die ihre Menschen vom Leben fort auf eine verzauberte Insel bringen, schaffen nur eine Fiktion und ein Traumbild. Sie wollen uns den Menschen in reinen Linien und vom Zufall befreit zeigen. Sie erreichen nichts weiter als eine Abstraktion – ein Schattenspiel auf einem weißen Tuch.

Nein, mögen Tante Viktorias Verwandte nur ruhig zu Tisch zu gehen. Alles bringen sie von draußen aus dem Alltag mit, der das Leben ist. Und wenn sie zu Tisch gegangen sind, verraten sie sich, wie wir uns alle demjenigen verraten, der sehen kann.

Sehen können … Ja, das ist das ganze Geheimnis der Kunst.«

Und sehen, genau hinsehen, konnte Herman Bang.

Ulrich Sonnenberg

Nachweise und Anmerkungen

Erzählungen

Stille Existenzen
Erstdruck in der Zeitung *Illustreret Tidende,* 1899 in *Udvalgte Fortæl-linger (Ausgewählte Erzählungen)* aufgenommen.
S. 10 *L'hombre:* Kartenspiel.
S. 10 *Marschall Ney:* Michel Ney (1769-1815), französischer Marschall, von Napoleon als »der Tapferste der Tapferen« bezeichnet.
S. 12 *Axel und Walburg:* 1810 uraufgeführtes Trauerspiel von Adam Oehlenschläger (1779-1850).

Pernille
Erstdruck in der Zeitung *Nutiden,* 1899 in *Udvalgte Fortællinger* aufgenommen.
S. 16 *Pernille:* das Dienstmädchen Pernille ist eine feste Figur der Komödien Ludvig Holbergs (1684-1754). Sie tritt in der Tracht einer Magd auf und verhilft mit ihrem gesunden Menschenverstand gern jungen Verliebten zu ihrem Glück.
S. 23: Der letzte Satz variiert in den verschiedenen Druckfassungen. Anstelle von »Ein Spaß – ein glücklicher Spaß ...« findet sich auch der Schlußsatz: »Arme kleine Pernille!«.

Vor dem Altar
Erstdruck 1880 in dem Erzählungsband *Tunge Melodier (Schwermü-tige Melodien).*
S. 25 *Thorvaldsens Apostel:* die Erzählung spielt in der Vor Frue Kirke, der Kopenhagener Domkirche, in deren Chorraum und an beiden Seiten des Innenraums lebensgroße Marmorstatuen von Christus und den zwölf Aposteln des dänischen Bildhauers Bertel Thorvaldsen (1770-1844) stehen.

Franz Pander
Erstdruck 1885 in dem Erzählungsband *Excentriske Noveller (Exzen-trische Erzählungen).*
S. 52 ... *Carl Schultze:* Carl-Schultze-Theater, 1858 gegrün-

detes populäres Boulevard-Theater an der Hamburger Reeperbahn.

Die vier Teufel
Erstdruck 1890 in dem Erzählungsband *De fire Djævle* (*Die vier Teufel*).

S. 71 *Jockeysprung*: Sprung aus dem Stand auf ein galoppierendes Pferd.

S. 73 *Schirting-Schuhe*: Schuhe aus einem leinwandartigen, leichten Baumwollgewebe.

S. 75 *Hanlon-Voltasche Figuren*: »Hanlon-Volters and Martinetti Pantomime and Novelty Co.«, englisch-amerikanische Artistentruppe, die Ende des 19. Jahrhunderts durch ihre spektakulären Trapeznummern bekannt wurde. Bangs Schreibweise *Volta* ist vermutlich auf einen Hörfehler zurückzuführen.

S. 102 *Cricri*: einfaches Musikinstrument, bei dem in eine Nußschale eine dreieckige Lamelle geschnitten ist, die mit dem Fingernagel angerissen wird.

Durch den Garten von Schloß Rosenborg
Erstdruck in *Udvalgte Fortællinger*.

Ein schöner Tag
Erstdruck 1890 in dem Erzählungsband *Under Aaget* (*Unterm Joch*). Die Erstveröffentlichung trug den später verworfenen Untertitel: »Erzählung aus einem Winkel des Lebens«.

S. 152 *Alfredo*: Tenorstimme in Giuseppe Verdis (1813–1910) 1853 uraufgeführter Oper *La Traviata*.

S. 158 *C' est bonnet blanc et blanc bonnet*: »es ist doch alles Jacke wie Hose«.

Irene Holm
Erstdruck in der Zeitschrift *Nordstjernen*, 1890 in *Under Aaget* aufgenommen.

S. 165 *Les Lanciers*: als »Quadrille der Lanzenträger« Anfang des 19. Jahrhunderts in England entstandener Tanz.

S. 166 *Berlingske*: Berlingske Tidende, älteste, heute noch erscheinende Tageszeitung Dänemarks. 1749 in Kopenhagen von dem deutschstämmigen Ernst Heinrich Berling gegründet.

S. 170 *Barège*: gazeartiger Kleiderstoff.

S. 171 ... *das Lied vom »Landsoldaten«*: »Den tapre Landsoldat« (»Der tapfere Landsoldat«), populäres Volkslied des Kopenhagener Telegraphendirektors und Schriftstellers Peter Faber (1810-1877).

S. 172 *Scribe*: Eugène Scribe (1791-1861), französischer Autor von Lustspielen und Opernlibretti.

S. 174 *Fenella*: weibliche Hauptfigur in François Aubers (1782-1871) historischer Oper »Die Stumme von Portici«. Fenella stirbt am Ende der Oper einen tragischen Tod, sie stürzt sich ins Meer, nachdem sie Abschied von ihrem ermordeten Geliebten genommen hat.

Eine Geschichte von denen, die sterben müssen
Erstdruck 1899 in dem Erzählungsband *Liv og Død* (*Leben und Tod*).

S. 178 *Schloß Sorgenfri*: 1756 in Kongens Lyngby, nördlich von Kopenhagen, erbautes königliches Schloß.

S. 181 *Dybbøl*: dt.: Düppel, Ort in Südjütland, Schauplatz der entscheidenden Schlacht des Deutsch-Dänischen Krieges im April 1864, die mit der Erstürmung der Düppeler Schanzen durch die Preußen endete und damit die endgültige Niederlage Dänemarks vorbereitete.

S. 184 *Berlingske*: siehe Anmerkung in »Irene Holm«

Die Raben
Erstdruck 1902 in dem Erzählungsband *Ravnene* (*Die Raben*). Eine leicht abweichende Textfassung findet sich in der sogenannten Erinnerungsausgabe »Værker i Mindeudgave« (Kopenhagen 1911). Die Übersetzung folgt dem Erstdruck.

S. 220 *Heiberg*: Johan Ludvig Heiberg (1791-1860), dänischer Kritiker und Theaterautor, der vor allem durch seine unterhaltsamen Vaudevilles berühmt wurde.

S. 220 *Bournonville*: Auguste Bournonville (1805-1879), dänischer Choreograph und Ballettmeister des Königlichen Theaters.

S. 220 *Die Hochzeit*: »Brudefærden i Hardanger« (»Die Hochzeit von Hardanger«), 1853 uraufgeführtes Ballett in zwei Akten von Auguste Bournonville.

S. 221 *Scharff*: Harald Scharff (1836-1912), dänischer Solotänzer und Schauspieler, der 1876 nach einem Sturz auf der Bühne seine Karriere aufgeben mußte.

S. 221 *J. P. Jacobsen*: Jens Peter Jacobsen (1847-1885), dänischer Naturwissenschaftler und naturalistisch-impressionistischer Schriftsteller. Übersetzte u. a. Darwins Lehre ins Dänische.

S. 235 *Amager*: durch zwei Brücken mit der Innenstadt verbundene Insel vor Kopenhagen.

S. 236 *Rubber*: Begriff des Bridge-Spiels. Als Rubber wird der Gewinn zweier Spiele zu jeweils mindestens 100 Punkten bezeichnet.

Reportagen

Während der Illumination

Erstdruck: *Morgen-Telegrafen*, 25. Dezember 1878.

Anlaß für die Illumination Kopenhagens war die Heirat der dänischen Prinzessin Thyra (1853-1933), der Tochter von König Christian IX., mit Kronprinz Ernst August von Hannover (1845-1923), der 1878 den Titel »Herzog von Cumberland« annahm.

S. 255 *Marielyst*: Ferienort auf der Insel Falster.

S. 256 *Dags-Avisen*: Kopenhagener Tageszeitung, die sich als »Avertissements Tidende for Kongeriget Danmark« (Anzeigenzeitung für das Königreich Dänemark) bezeichnete.

S. 256 *Fastnachtsbesen*: dänischer Faschingsbrauch, mit buntem Seidenpapier und Bonbons geschmückter Reisigstrauch.

S. 257 *Etatrat Meldahl*: Ferdinand Meldahl (1827-1908), Architekt und Direktor der Kunstakademie in Schloß Charlottenborg am Kongens Nytorv.

S. 257 *Kammerherr Fallesen*: Edvard Fallesen (1817-1894), Direktor des Königlichen Theaters am Kongens Nytorv.

S. 257 *Hymen*: Hymenaios, antiker Gott der Ehe.

S. 258 *das Pferd*: 1771 errichtetes Reiterstandbild König Frederik V. auf dem Amalienborg Slotsplads.

S. 259 *Mellinis Wunderfontäne*: Hermann Mellini (eigentlich Hermann Mehl, 1843-1923) führte im Kopenhagener Tivoli mehrfach seine »Wunderfontäne« vor. Die von der Hannoveraner Firma Ernst Basch hergestellten Maschinen erzeugten mit einer aufwendigen Konstruktion aus Wasserfällen und Springbrunnen die Illusion einer exotischen Wasserlandschaft.

S. 259 *Laube*: der Vormärzdichter Heinrich Laube (1806-1884) reiste 1833 durch Italien.

S. 260 *Die Hochzeit auf dem Ulfsberg*: Stück von Frans Hedberg (1828-1908) zur Musik von August Södermann (1832-1876).

S. 260 *Balduin Dahl*: Balduin Dahl (1834-1891), Komponist und Kapellmeister.

S. 260 *Peter à Porta*: Schweizer Konditor, der 1862 das Café »À Porta« an der Ecke Nygade und Gammeltorv eröffnet hatte.

S. 261 *Magasin du Nord*: Kaufhaus am Kongens Nytorv.

S. 261 *Ledreborg*: Graf Johan Ludvig Holstein (1839-1912), Politiker der liberalen »Venstreparti«, Eigentümer von Gut Ledreborg auf Seeland.

S. 261 *Halmtorvet*: ehemaliger Name des heutigen Rathausplatzes.

S. 261 *Boulevard*: »Concert du Boulevard«, Unterhaltungslokal.

S. 261 *Tapferer Landsoldat*: siehe Anmerkung in »Irene Holm«.

S. 263 *Makarts Pinsel*: Hans Makart (1840-1884), österreichischer Maler, der für seine historischen Motive mit einer großen Zahl von Personen bekannt war.

Landleben

Erstdruck: *Nationaltidende*, 18. Juli 1880.

S. 267 *Peder Madsens Gang*: im 19. Jahrhundert eine berüchtigte Seitengasse der Østerbrogade in der Kopenhagener Innenstadt.

S. 268 *Rosenaaen*: Wasserlauf im Kopenhagener Arbeiterviertel Vesterbro.

S. 268 *Anhöhe von Ry*: nahe des Ortes Ry (oder Rye) auf Seeland gelegener, bis zu fünfzig Meter hoher Hügelzug.

S. 269 *Dyrhave*: Tiergarten, Parkanlage nördlich von Kopenhagen.

S. 269 *Christian Winther*: dänischer Dichter (1796-1876).

S. 269 *in der Badeanstalt*: die seit 1846 existierende Wasserkur- und Seebadeanstalt in Klampenborg bei Taarbæk verfügte über einen Konzertsaal.

S. 269 *Drap*: Tuch, festes Wollgewebe.

S. 275 *Dyrehavsbakke*: volkstümlicher Vergnügungspark im Tiergarten, kurz *Bakken* genannt. Eine der Attraktionen sind bis heute die Schaubuden mit Sängerinnen pikanter Lieder.

S. 275 *Grøndalshus*: volkstümliche Waldwirtschaft mit Tanzsaal im Wald von Charlottenlund.

S. 275 *Gyldenlund*: eigentlich der ehemalige Name von Schloß Charlottenlund nördlich von Kopenhagen, hier Name eines Vergnügungslokals.

S. 275 *Alexanderpavillon*: Vergnügungslokal mit Sängerinnen im Wald von Charlottenlund. Der Alexanderpavillon und das Ausflugslokal Gyldenlund wurden Ende der achtziger Jahre des 19. Jahrhunderts nach Beschwerden von Anrainern geschlossen.

Die Stadt der Wahnsinnigen
Erstdruck: *Nationaltidende*, 5. September 1880.

Die psychiatrischen Einrichtungen von Gheel existieren u. a. in Form eines großen Kurzentrums für psychisch Kranke und fachlich begleiteter psychiatrischer Familienpflege bis heute.

S. 280 *Dymphna*: Sankt Dymphna, heilige Jungfrau und Märtyrerin. Vermutlich im 7. Jahrhundert in Irland oder England geboren, gestorben in Gheel bei Antwerpen. Patronin der Wahnsinnigen und Besessenen. Der Tag der heiligen Dymphna wird am 15. Mai begangen.

S. 285 *Poniatowski*: seit dem späten Mittelalter nachgewiesenes, ursprünglich polnisches Adelsgeschlecht.

S. 285 *Steewens*: Alfred Steewens (1823–1906), belgisch-französischer Maler, der u. a. durch seine Frauenportraits aus dem mondänen Pariser Gesellschaftsleben bekannt wurde.

S. 286 *Aliéné*: Geistesgestörte.

S. 288 *Gladstone*: William Ewart Gladstone (1809–1898), konservativer britischer Staatsmann.

S. 288 *Kaulbach*: Wilhelm von Kaulbach (1805–1874), deutscher Maler und Buchillustrator.

Armenleben
Erstdruck: *Nationaltidende*, 19. Dezember 1880.

Die Reportage erschien ursprünglich unter dem Titel »Aus den Winkeln II. Einige Armenbesuche vor Weihnachten«. Für den Band *Herhjemme og Derude* gab Bang dem Artikel den Titel »Armenleben«.

S. 298 »*Pferd*«: 1687 errichtetes Reiterstandbild Christian V. auf dem Kongens Nytorv in Kopenhagen.

S. 298 *d'Angleterre*: das 1795 eröffnete Hôtel d'Angleterre am Kongens Nytorv gilt als das älteste Hotel Kopenhagens.

S. 303 *Molbech*: Christian Molbech (1783–1857), Literaturhistoriker und Autor des 1833 erschienenen »Dansk Ordbog«, des führenden dänischen Wörterbuchs der Zeit.

S. 310 *Stoff eines Hogarth*: William Hogarth (1697-1764), englischer Maler und Kupferstecher, wurde u. a. für seine sozialkritischen Darstellungen der Londoner Unterschicht bekannt.

An Bord der »Thingvalla«

Erstdruck: *Nationaltidende*, 3. und 10. Juli 1881.

Das 1874 gebaute Dampfschiff »Thingvalla« wurde 1880 von der »Sejl- og Dampskibsselskabet Thingvalla« (Segel- und Dampfschiffgesellschaft Thingvalla) übernommen, die im gleichen Jahr in Kopenhagen gegründet worden war. Die Thingvalla-Linie unterhielt ein weitverzweigtes Netz von Agenten, deren Aufgabe darin bestand, potentielle Emigranten als Kunden zu gewinnen. Die »Thingvalla« fuhr auf der Atlantikroute Kopenhagen-Oslo-Newcastle-New York und ging 1898 in den Besitz der »Scandinavian-American Line« über.

S. 317 *Musset*: Alfred de Musset (1810-1857), französischer Schriftsteller.

S. 317 *Paul de Kock*: Paul de Kock (1793-1871), französischer Schriftsteller niederländischer Herkunft.

S. 318f. *Fräulein Zahle*: Nathalie Zahle (1827-1913), Gründerin eines Seminars für Privatlehrerinnen.

S. 329 *Møn*: dänische Insel bei Seeland, bekannt durch die Kreidefelsen von Møns Klint.

S. 329: *Kristianiafjords*: Kristiania war der ursprüngliche Name Oslos.

Der Garten des Belvedere

Erstdruck: *Nationaltidende*, 10. Juni 1883.

Das Belvedere war ein ehemaliges Pesthaus im überwiegend von Arbeitern bewohnten Kopenhagener Stadtteil Vesterbro. Mit dem in Anführungszeichen gesetzten Untertitel »Cirkus Variété« spielt Bang vermutlich auf den Kontrast zum mondänen Cirkus Variété in der Innenstadt an, dessen Publikum aus dem wohlhabenden Bürgertum bestand.

S. 334 *»Matrose beim Schiffbruch«*: Der Ablauf dieser Dressurnummer war nicht exakt zu ermitteln. Der dänische Zirkusdirektor Benny Schumann vermutet, daß das Pferd über blaue Bänder sprang, die das Meer symbolisierten, während ein Reiter im Ma-

trosenanzug sich vom Pferd herabgleiten ließ, um so den »Untergang« darzustellen.

S. 336 *Mignons Augen*: »Mignon«, Oper des französischen Kom-
ponisten Ambroise Thomas (1811–1896), die auf Goethes Figur aus
»Wilhelm Meisters Lehrjahre« basiert. Im 1. Akt der Oper soll Mignon unter Androhung von Schlägen für das Publikum tanzen,
weigert sich jedoch.

Der Brand

Erstdruck: *Nationaltidende*, 4. Oktober 1884.

Am Abend des 3. Oktober 1884 brach auf Schloß Christiansborg in Kopenhagen ein Brand aus, der das Hauptgebäude bis auf
die Grundmauern vernichtete. Noch am Abend desselben Tages
schrieb Bang seine Reportage im Gebäude der *Nationaltidende*, das
dem Schloß direkt gegenüberlag.

S. 339 *Tirailleurs*: französische Infanteristen, die während der
Revolutionskriege in verstreuten Formationen kämpften.

S. 340 *Jerichaus »Ofelia«*: Frauenstatue des Bildhauers Jens Adolf
Jerichau (1816–1833).

S. 340 *Der Pantherjäger*: Statue von Jens Adolf Jerichau.

S. 341 *Astrallampe*: Petroleumlampe, deren Licht kaum Schatten wirft.

S. 345 *Hagar und Ismael*: Statue des Bildhauers Aksel Hansen
(1853–1933)

S. 346 *Zeltner*: Johan Theodor Zeltner (1822–1904), dänischer
Architekt und Schloßverwalter.

Quellen

Herman Bang, *Noveller*, Kopenhagen 2006.

Herman Bang, *Reportager*. Redigeret af Claes Kastholm Hansen, Kopenhagen 1983. (Darin: *An Bord der »Thingvalla«*).

Ulrik Lehrmann, *Virkelighed – set i Herman Bangs Speil*. Temaer, indtryk og reportager, Kopenhagen 2001. (Darin: *Während der Illumination, Landleben, Die Stadt der Wahnsinnigen, Armenleben, Der Garten des Belvedere, Der Brand*).

Für das Nachwort wurden u. a. verwendet:

Herman Bang – Forfatterportræt. Arkiv for Dansk Litteratur. www.adl.dk

Herman Bang, *Wanderjahre*. Erzählt in Briefen an Peter Nansen, Wien 1924.

Josef Kleinheinrich, *Kopenhagener Panoramen um 1900*. Varianten der Großstadtapperzeption und der poetischen Transformation von Großstadterlebnissen im journalistischen Œuvre Herman Bangs, Münster 1986.

Ich danke Birgit Bendix Madsen und Isabella Brauns, Frankfurt am Main, sowie Gert Posselt und Ole Sørensen, Kopenhagen, für ihre Hinweise und Hilfe. U.S.